神

奧修

THE GOD **CONSPIRACY**

THE PATH FROM SUPERSTITION TO SUPERCONSCIOUSNESS

OSHO

ONE OF
THE MOST
INSPIRING SPIRITUAL
TEACHERS
OF OUR TIME

如何免於迷信，
找到喜樂之境！

奧修靈性智慧 4

Sevita —— 譯

目次

前言 005
第1章 神已死，而人自由了……為什麼？ 039
第2章 神無法解決任何問題 103
第3章 神是你的慰藉 159
第4章 神是一個謊言 207
第5章 神是你的不安全感 261

第6章 神是你的空虛 321
第7章 神是傳教士的生意 365

前言

擁有一個懷疑的頭腦是這個世界上最美好的事情之一。宗教總是譴責懷疑的頭腦，因為他們無法回答那些被質疑的問題；他們想要的只是信徒。

一個懷疑的頭腦和信徒是剛好相反的兩回事。

我完全支持懷疑的頭腦。不要相信任何事情，除非你自己曾經經驗過。不要相信任何事情——持續的質疑，不論那要花上多久的時間。

真理並不廉價。它不屬於那些信徒；它只屬於那些質疑的人。

只要記得一件事：不要只是敷衍式的質疑。要成為一個全然的懷疑論者。當我說成為一個全然的懷疑論者時，我的意思是你「懷疑」的這個想法也要像其他信念一樣的經過檢驗。一個懷疑的頭腦，當它夠徹底時，也會把它自己燃燒殆盡，因為你也需要懷疑你自己的懷疑論點。你不能只留下你的懷疑論而不加以質疑；否則那也是一種信徒式的觀點。

如果你能夠質疑你內在的懷疑，那麼你距離神祕家也就不遠了。

什麼是神祕家？——他是一個知道沒有答案的人，他是一個曾經問過各種問題，卻發現沒有什麼問題能夠獲得解答的人。了解這一點之後，神祕家放下了問題。不是因為他找到了答案，而是他了解到一件事情：那就是答案根本不存在——生命是一個奧祕，不是一個問題。它不是一個需要被解決的謎題，也不是一個等待被解答的問題，而是一個需要親身經歷的奧祕，一個值得熱愛以及歡舞出來的奧祕。

一個全然質疑的頭腦注定會成為一個神祕家；因此，我的門是向所有的人敞開的。我接受懷疑論者，因為我知道如何讓他轉變成為一個神祕家。我邀請有神論者，因為我知道如何摧毀他的有神論。我也邀請無神論者，因為我知道如何帶走他的無神論。我的門不拒絕任何人，因為我不給予你任何信念，我只提供你方法，提供你靜心，讓你自己去發覺什麼才是真實的。

我已經知道答案是不存在的。所有的問題都是沒有意義的，而所有的答案也只是徒勞。所有的問題都是由那些傻瓜所提出來的，而偉大的哲學卻因為這些問題而產生。這些哲學其實都是由那些聰明和狡猾的人所創造出來的。

如果你想要與現實保持和諧一致，你不能是個傻子，也不能是個精明的人。你必須是天真的。

所以不論你帶了些什麼到這裡來——不論它是懷疑論、無神論、有神論、共產主義、法西斯主義，還是任何一種鬼扯理論，你都可以到這裡來——我的藥方都是一樣的。

不論你來到這裡，你的頭腦塞滿了什麼樣愚蠢的理論。我都會毫無區別的切掉你的頭。是誰盤據在你的腦袋裡並不重要——重要的是我都會把它們砍掉。

我就只是一個伐木的人。

問題　能否請你談談懷疑和否定？它們有什麼差別？

懷疑和否定之間的差別非常大。它們看起很像；表面上它們有著同樣的顏色，但內在深處它們的差異是非常大的。

首先，懷疑不是否定；也不是肯定。懷疑是一種敞開的頭腦狀態，它沒有任何偏見。它是一種探詢的方式。懷疑沒有做出任何陳述，它就只是提出一個問題而已。而這個問題是為了能夠找到、知道真理是什麼。

懷疑是一種朝聖之旅。它是人類諸多價值裡最神聖的一項。懷疑並不意味著「不」。它只是說，「我不知道，而我準備好要去了解。我願意盡可能的深入了解，除非我自己真的知道，否則我如何能夠說『是』呢？」

否定則是已經說「不」了。否定不是詢問。而是像有些人在有所結論之後說「是」一樣，它已經有結論了。只不過一個人說神存在；他的陳述是肯定的。另外一個人說神不存在；他的陳述是否定的。但是兩者都在同一艘船上，他們沒有什麼差別。兩者都不是在詢問。不論是有神論者還是無神論者，他們兩者都不曾質疑過；兩者都接受借來的知識。但是懷疑論者會說：「我想要知道，而且除非我自己知道了，那不是知識。只有我自己的經驗才是具有決定性的。」他不是傲慢，也不是否定任何事情。他只是保持敞開的心去探尋。

懷疑不是不相信——這點是宗教一直企圖在混淆人心的。他們把懷疑混淆成不相信。事實上，不相信和相信是完全一樣的。兩者都是接受來自他人、書本或是上師的知識。記得一件事，對於任何你不懂的事情，當你開始相信或不相信的時候……你就錯失了一個探索的絕佳機會。透過你的「是」或「不」，你已經關上了門。你哪裡都沒去過。說「是」是比較容易的，說「不」也是比較容易的，因為你什麼都不需要做。但是懷疑是需要勇氣的。

懷疑需要勇氣才能夠讓自己保持在一種不知道的狀態，然後繼續質疑每一件事情，直到自己發現真實。當你發現真實的時候，那時既不是否定也不是肯定。你就只是知道——那是來自於你自己的經驗。我不會說那是一種肯定，因為肯定總是伴隨另外一極的否定而存在。經驗是超越這兩者的；經驗超越了整個世界上所有的二元性。這才是真正的智慧。

懷疑是到達真理的方法。「不」或「是」則無法到達真理；它們只會阻礙你。當我告訴你「是」或「不」都是一樣的時候，你或許會覺得很奇怪。因為字典上它們的意義是相反的，但是事實上它們並不是相反的。它們只是看起來是相反的，它們兩者都不曾質疑過。兩者都不曾試著去尋找真實到底是什麼。

共產主義的相信，跟天主教的相信是一樣的。共產主義相信神不存在。你可以說它是一種不相信，但那是它的信念。因為他不曾質疑過，他不曾靜心沉思過；他不曾做過什麼事情來發現神的不存在。有神論者說神存在。但是他不曾做過任何事情。兩者都不曾試圖向真理前進一步，但是兩者都做出了選擇。那也就是為什麼有時候會發生這種很奇怪的事情：一個有神論者，一個相信的人有可能會在瞬間變得不相信，變成一個無神論者；而且反之亦然。

在俄國大革命之前，俄國人是世界上最相信神的存在、最具有宗教性的國家。在蘇俄，上百萬人可以為了神犧牲自己的生命。但是俄國大革命之後，政權改變了，教士改變了，當《聖經》被馬克思的《資本論》所取代之後，整個國家在十年之內全都變成了無神論者。

這是不可思議的！那些一輩子都相信神存在的人開始變得不相信了。甚至連共產主義都無法相信這群人和之前那些可以為神而死的人是同樣的一群人——而現在他們居然願意為神的不存在這個主義而死？到目前為止從來沒有人分析過這種情況，到底哪裡發生了問題。事實的解析是：否定和肯定兩者都是一種信念。

懷疑是反對這兩者的。懷疑是一個獨立個體的堅持，他想要自己去品嚐、去經驗真理。他不準備從別人那裡接受真理，不論是哪一種形式。

那些懷疑的人是非常非常稀有的人。但是讓我告訴你：這些懷疑的人都是被祝福的人，因為他們將到達真理的王國。懷疑是艱辛的，懷疑是冒險的，懷疑是危險的。他就只是一個人進入未知裡，沒有任何準備、沒有任何偏見。他進入到黑暗的洞穴裡，甚至不相信在洞穴通道的盡頭會有出路，他自己還能走出黑暗。這其中沒有任何信念；他就只是接受了挑戰。這其中有的只是懷疑、問題。他自己變成了一個問題。

擁有答案是非常令人感到安慰的事情，而且如果答案還是隨手可得的話，就像是……耶穌說過：「只要相信我，然後你不需要煩惱：我會照顧一切。我會在審判日的那一天選擇你。我會向神推薦你：『這些是我的人——他們應該被允許進入天堂。』而你唯一需要做的就是相信。」這是一條真正的捷徑——只要相信就夠了。那就是為什麼世界上成千上萬的人開始相信，也有成千上萬的人不相信。他們的源頭或許不同，但是他們的基本取向都是一樣的。

在印度有一個非常古老的哲學——無神論教派（charvaka）。這個哲學認為世界上沒有神、沒有天堂、沒有地獄，你做惡的行為不會被懲罰，你行善的行為也不會有獎賞。當時有上千個人相信這個哲學。這個哲學是否定式的，它是絕對負向的，但是它讓那些相信的人感到非常舒服。你可以偷竊，你可以殺人，你可以做任何你想做的事情；而沒有任何事情會在死亡後存留下來。在許多方面，西方是落後於東方的，特別是宗教、哲學和文化。無神論教派是一個擁有五千年以上的意識型態；而卡爾・馬克思才剛在上個世紀末提出「神不存在」這個說法。他並不知道無神論教派，他認為自己提出了一個偉大的發現。但是無神論教派已經抱持這個信念五千年了；只是他們也沒有探詢過。

創造出無神論教派這個哲學的人叫做布瑞哈斯帕提(Brihaspati)——他必然是個富有魅力的人。他讓人們相信他們可以做任何他們想做的事情，因為不論是小偷、謀殺者還是聖人，最終都會走向一樣的死亡終點。而在死亡之後沒有什麼會留存下來；聖人消失了，罪人也消失了。所以不需要擔憂任何關於死後的生命，那根本就不存在。這不是什麼探詢後的結果，因為無神論教派和他們的師父布瑞哈斯帕提從來不曾超越過死亡。根據他們的哲學，如果他們曾經超越死亡，他們也無法再回來——所以他們是根據什麼來說「死後沒有任何東西會留存下來的」？沒有人曾經拜訪過死亡之境。但是要相信是很容易的。

布瑞哈斯帕提最有名的陳述是：Rinam kritva ghritam pive。這句話的意思是：「如果你向人借了錢，那就借了，然後盡你可能的喝酥油。」——因為在你死後你不會遭到任何質疑、處罰。那個借你錢的人沒有辦法把你拖到神的法庭上；因為這種事情根本不存在。布瑞哈斯帕提的整個哲學很簡單，就是「吃、喝，還有享樂」。你可以相信這種哲學——雖然那些有神論者會說那是一種不信任。

這就是卡爾・馬克思對共產主義所做的事。他說沒有靈魂，沒有意識；這些都只是物質的衍生物，所以當身體崩毀後，沒有什麼會留存下來。這是一種非常危險的態度，因為共產主義者可以因此而不加思索的殺人。他們的信念是殺人不是什麼罪。因為沒有人在身體裡；沒有所謂的內在。一個人只不過是化學、生理和生理合成物而已——其中沒有靈魂。所以約瑟夫・史達林可以在大革命之後殺掉上百萬人，卻對自己的行為沒有任何一絲的懷疑。

在蘇聯，人們被物化成機械。你可以殺戮——卻沒有被殺掉，因為一開始就沒有人在那裡。就像是時鐘在作用一樣。它會移動，它會顯示出時間；但那不表示其中有人在裡面。你可以把鐘錶拆開來而不會找到任何東西。這就是馬克思在共產主義裡所倡導的觀念：人就像是時鐘一樣。很快的幾乎半個世界的人都相信了馬克思的話。這很奇怪——因為同樣這些人以前都相信過神的存在。不論蘇聯、中國、印度還是回教徒——各式各樣不同的人從「是」改變成「不」。要從「是」改變成「不」是如此容易的一件事，因為它們之間根本沒有差別。基本上它們只是給你一種慰藉，讓你不需要經歷通往真理的艱辛旅程。

我問過許多共產主義者，非常老的共產主義者……在印度旦戈(S.A. Dange，印度共產黨主席)

有一個幕僚，隸屬於國際性的共產主義黨團，這個黨團和列寧、托洛斯基、史達林有關聯。這個人也是俄國大革命的見證者。我曾問過他：「你曾經靜心過嗎？」

他說：「靜心——我為什麼要靜心？」

我說：「如果你從來不曾靜心過，那麼你沒有任何立場說世界上沒有靈魂、沒有神、沒有意識。在沒有進入自己內在的情況下，你怎麼能夠說那裡沒有人存在呢？還有看看這其中的荒謬：是誰在說那裡沒有人存在的呢？就算是否認，你也必須接受有人在那裡。即使要說沒有人存在，也必須有某個人在那裡假設著。」

宗教的情況也是一樣。

沒有人曾經遇見過神——沒有任何基督教徒、印度教徒、回教徒曾經見過神——但是他們全部都說「是」，只因為他們誕生在一個有神論的群體當中。要在這樣一個群體之中說「不」會為他們帶來麻煩。說「是」只不過是接受遊戲規則罷了。他們敬拜神，他們祈禱，但他們卻不知道為什麼要這樣做。只因為每個人都這麼做，所以就認為那必然是對的。

當這個群體改變時——就像蘇俄，同樣一群曾經如此確定神存在的人變得完全不確定。他們花了十年的時間從一個確定的狀態轉換到另外一個確定……其中穿插著不確定，但是不確定仍然不是懷疑。

懷疑就只是一個問題，懷疑說：「我想要**知道**。」懷疑沒有任何概念。懷疑是絕對純粹的詢問。

你問說：「在懷疑和否定之間有什麼差別？」

否定和肯定兩者是一樣的。而懷疑則和這兩者都不一樣。懷疑不會讓你變成一個有神論者，也不會讓你變成一個無神論者。肯定讓你變成一個宗教的信仰者，一個有神論者；否定讓你成為一個不相信的人，一個沒有宗教的人，一個無神論者。懷疑不會對你造成任何影響。它只是讓你成為一個探索的人。而這是人所應該具有的尊嚴。

我教導懷疑，因為我知道如果你懷疑到最極致的時候，你會開始明瞭自己存在的真理，同時了解整個存在的真理。而那將是一種解脫，一種自由。

懷疑既不是基督教、印度教的，也不是美國人或德國人的。「是」可以是一個印度教徒，可以是回教徒，可以是基督教徒；而「不」可以是共產主義，可以是法西斯主義——但是懷疑純粹就只是一個詢問，一個獨立個體所提出的詢問。

「是」和「不」兩者都屬於群眾。懷疑則讓你肯定你自己的個體性。你開始找到你自己的道路。你不接受別人給你的地圖。

相信是廉價的，不相信也是廉價的。而去尋找答案則是一趟真正危險的旅程。我要你既不否定也不肯定，而是敞開地、具有接受性地帶著一個問題、一個問號踏上尋找的旅程。很多時候你的頭腦會告訴你相信是件好事——因為這個旅程是如此的艱辛，一個人甚至不知道自己將走向何方，又是否能夠找到些什麼。但是不要傾聽你的頭腦。所有那些「是」和「不」的哲學都是由頭腦所創造出來的。

懷疑從來不會創造出任何哲學；懷疑創造出的是科學。同時懷疑將會創造出宗教。而科學和宗教其實是完全一樣的——同樣的懷疑，只是應用在不同的領域上。關於物質世界還有那包含了上百萬顆星球的外在世界，懷疑在三百年內提供了人類無與倫比的了解。而你的內在攜帶了另外一個世界，它的大小一點也不輸給你外在所看到的這個世界；它或許還更為巨大。為什麼我說它或許比外在世界更為巨大呢？我在這裡用了這個詞「或許」，所以你不會就此相信。基於一個很簡單的理由我**知道**它確實比較大，因為你知道星星，你知道太陽，你知道月亮——但是月亮不知道你，太陽不知道你。那些星星是巨大的，這個宇宙是浩瀚的，但是你是唯一一個知道的人。你擁有某些遠超過這整個宇宙的東西。那就是為什麼我說你的內在攜帶了某些比這個宇宙更多、更為巨大的東西。就只要去探索這一點。

馬哈希・拉瑪那(Maharishi Raman)是二十世紀最美的人之一。他是一個簡單的人，沒有受過什麼教育，但是他不接受他所誕生的群體提供的宗教和教條。當他十七歲的時候，他離家出去尋找真理。他在南印度的阿魯納恰爾山靜心了許多年，最後他終於領悟了他自己。在那之後他所有的教導只有三個字，這三個字向他顯示了整個存在的奧祕。他的哲學是最精簡的。而這三個字是哪三個字呢？不論誰去找他——因為他變得如此有名，以至於世界各地的人們開始去見他——他的整個教導就是靜靜的坐著，只問一個問題：「我是誰？」然後持續不斷的問這個問題。

有一天這個問題會消失，而只有你會留下來。那就是答案。這不是說你會在那裡找到寫好的答案；你只會找到你自己。你就是不斷的透過這個問題來挖掘——這個問題就像是一種挖掘——但是你有注意到這個問題嗎？它是一個質疑：我是誰？它不接受那些靈性主義者所說的「你是靈魂」。它也不接受那些物質主義者所說的「沒有人在那裡，不要浪費時間了；就是吃、喝還有讓自己快樂」。它懷疑。這三字的尾端跟隨的是一個問號：我是誰？

而這就夠了。如果你能夠耐心且持續不斷的問自己，有一天這個問題會消失，只留下你的真實。那就是答案。而且在你知道自己的那一刻，你也知道了所有值得知道的事情。

問　題　請問你是否同時反對神和耶穌這兩者？

我不反對神。

我曾經到處尋找和追尋過他，而我的發現是——他不在任何地方。我曾經往內看，我曾經向外看；我曾經做過所有能夠做的事情。但神不存在。這是一個簡單的事實，其中沒有憤怒，沒有敵意。他不存在，我能夠怎麼辦呢？那不是我的錯。

但是人的頭腦想要的是極端的說法。這一點值得我們去了解。為什麼人的頭腦想要極端的說法呢？你如果不是一個有神論者，那麼就是一個無神論者；你如果不是贊成，就是反對。頭腦不讓你有第三種可能。理由很簡單：第三種可能會造成頭腦的死亡。頭腦存活在極端主義裡；那是它最主要的養分。

完全的中庸之道會讓兩個極端消融不見，讓矛盾開始融合，而這會讓頭腦失去作用。頭腦沒有辦法想像矛盾的兩方如何能夠相融，相反的兩極如何能夠合為一體。但是在存在裡它們是相融的，它們是一體的。你曾經見過生和死是分離的嗎？是你的頭腦把它加以分類，成為不同的字眼。但是看看整個存在——生命變化成為死亡，死亡變化成為生命。其中沒有區隔，它們是同一個整體。

頭腦創造出了美和醜這種概念。但是在存在裡……試著想一想，如果所有的人類頭腦都從這個地球上消失——還會有任何事情是美麗的嗎？或任何事情是醜陋的嗎？玫瑰還仍然會是美麗的嗎？不，當頭腦消失時，沒有人會在那裡做任何評判，而美和醜是來自於頭腦的評判。

玫瑰還是會在那裡，就像那些刺也會在那裡一樣，但是不會有任何評判出現，因為評判的人消失了。玫瑰和刺兩者會同時存在，而它們之間沒有任何階級高低的差別。玫瑰不會比刺來得更高尚。然後金盞花也不會是一種貧窮的花，玫瑰花也不再是一種富裕的花；它們會有著相同的地位。

所有的階級都是頭腦所創造出來的：低等的，高等的，贊成的，反對的……。

現在試著用另外一種方式來思考：讓頭腦仍然在那裡，但是暫時放掉評判——這會有一點困難。你可以想像頭腦消失後的狀態，你也可以清楚的知道在那之後不會有所謂的美醜可言。所有一切事物就只是他們自己本來的樣子，沒有任何比較、評判和標籤。

現在再試著用另外一種更困難的方式。讓頭腦在那裡——所有的頭腦都還在，但是沒有人在評判——一個小時，不做任何評判。那麼還會有所謂的美和醜嗎？還會有所謂道德不道德嗎？還會有聖人和罪人嗎？在那一個小時裡，所有這些分類都會消失，而你會第一次真正如實地接觸到真實，不再是經由你的頭腦的投射。你的頭腦持續不斷地製造分裂；否則，誰是聖人誰又是罪人呢？

人類的頭腦很輕易就接受任何極端的部分，因為極端是頭腦的生命能量。當兩個極端會合，它們彼此抵消之後只會剩下空白。那就是中庸之道的意思：讓兩個極端的事物來到一個彼此抵消的點上，然後突然間你被留下來，你既不是一個無神論者，也不是一個有神論者。這些問題會變得完全無關緊要。但是人類的頭腦還沒有準備好要放下——不論是宗教、哲學，或甚至在科學上。

最近我看了一個關於數學演進史的紀錄片。整個數學的歷史可以被視為是人類頭腦的問題的歷史。西方用了超過兩千年的時間，而東方則花了五千年到一萬年的時間，兩邊的數學家都試著尋找最終極的科學。在他們的眼裡有一件事情是很明確的，那就是只有數學可以成為最終極的科學，理由很簡單，因為在你周圍沒有關於數學事物的存在。它是純粹的科學。你不會看到數學的事物：像是這是一張數學的椅子，那是一棟數學的房子。數學就只是一種純粹觀念上的遊戲。它純粹由概念所構成，其中沒有其他任何實質的東西。而因為概念是屬於頭腦的財產，所以你可以把它們琢磨精煉到它最終極的純粹狀態。所以人們普遍接受數學是最純粹的科學這件事情。但是它仍然還是有問題。那些數學家們沒有注意到你的頭腦本身就是一個問題，頭腦會不斷地嘗試創造一個沒有問題、沒有矛盾和衝突的科學。

你可以玩這個遊戲。你可以製造出一個龐大的體系，但是每當你看著它的基礎時，你會知道它最根本的問題仍然是懸而未決的。比如說，歐幾里德的幾何原理……我沒有辦法深入其中的理由非常簡單，我無法同意它最基本的假設。我的幾何老師曾經這樣對我說，「你的問題與我無關。去找歐幾里德——離開我的教室，去找歐幾里德，跟他把事情搞清楚！我只是一個窮教師，在這裡賺一份薪水；我和他最根本的數學邏輯沒有任何關係。不論書上寫些什麼，我就教些什麼。我對於他最根本的邏輯假設是對是錯沒有任何興趣。你出去！」他甚至不讓我待在教室裡。

我說：「可是在你知道它最根本的原理是如此荒謬之後，你怎麼還能夠年復一年的繼續教下去？」

他說：「我從來就不知道它是荒謬的；是你把『它是荒謬的』這個概念打進我的腦海裡。我從來就不在意；我既不是個科學家也不是數學家，我只是一個窮教師。而我以前從來就不想當一個老師。我試著應徵其他的工作；可是到處都沒有空缺，我是被迫在這裡當一個老師的。所以不要煩我，你的問題跟歐幾里德有關，不要把我扯進去。如果你想要知道那些書上所寫的東西，我可以教。但是如果你跟我說它根本的原理是錯的……」

我說：「除非我確定它的基礎，否則我沒有辦法繼續，因為這是危險的：在房子缺乏地基的情況之下，你要我繼續往上到高樓大廈裡？我甚至沒有辦法移動一吋。首先我必須知道它是否有足夠的基礎來支撐這整個大樓。你會摔下來的——那是你的問題——但是我不會和你一起摔下來。如果你要自殺的話，請繼續！」

他說：「這很奇怪！跟著歐幾里德，沒有人會自殺。你在說些什麼？」

我說：「我說的就是我字面上的意思。這是一種自殺。歐幾里德沒有任何一個假設是有道理的。」

兩千年以來，歐幾里德原理不僅被認為是幾何學的基礎，還是所有其他科學的基礎，因為它也被應用在其他的科學上。比如說，他說一條線只有長度——只有長度。

我問我的老師：「你畫一條只有長度的線給我看。當你畫一條線的時候，它還是會有寬度，不論那寬度是多麼的小。」而一個點——根據歐幾里德的說法——是沒有長度也沒有寬度的。我說：「你畫一個沒有長度也沒有寬度的點給我看。然後同一個歐幾里德，他還說過線是由點所構成的——一個點接著一個點，一排的點。現在，他說線只有長度，而點既沒有長度也沒有寬度——這麼一來線怎麼會有長度呢？因為線是由一排的點所構成的。它的長度是哪裡來的？」

他就只是把雙手交疊在一起，對我說：「離我遠一點。我跟你說過我只是一個窮教師，你已經超越我了。」

我說：「這不是什麼回答。你可以就只是接受這些數學邏輯是沒有道理的。」

但是頭腦對接受有些事情是無法解釋的這種想法是有困難的。頭腦有一種瘋狂的衝動，它要每一件事情都是說得通的……如果有什麼是無法解釋的，那麼至少要能說得通。任何矛盾或困惑的事情都會不斷干擾著你的頭腦。

哲學、宗教、科學和數學的整個歷史都有著同樣的根源、同樣的頭腦，也有著同樣的痛處。你可以用自己的方式來搔癢，其他人或許會有其他的方式，但是你需要了解這個痛點。這個痛點來自於認為「整個存在不是一個奧祕」這個信念，只有當存在不再那麼奧祕時，頭腦才能夠覺得自在。

宗教透過創造神、聖靈和唯一的聖子而達到了這一點；不同的宗教創造出不同的事情。這些都是他們用來掩蓋那個無法掩蓋的缺陷；不論你做些什麼，那個缺陷都會在那裡。事實上，你越是試圖掩蓋它，反而越是強調了它。你整個試圖掩蓋的努力顯示出你害怕有人會看到那個缺陷的恐懼。

在我小的時候這種事情每天都不斷的發生，因為我喜歡爬樹：樹越高，我得到的快樂就越多。所以很自然地我常常從樹上摔下來；到現在我的腳、膝蓋和身體到處都還有著傷痕。因為我持續不斷地爬樹又不斷地從樹上摔下來，所以我的衣服每天都會被扯破，而我的母親會告訴我：「不要穿著有破洞的衣服出去。讓我修補一下。」

我說：「不，不要做任何修補。」

她說：「可是人們會看到你是這個鎮上最好的服飾商人的兒子，卻老是穿著有破洞的衣服在鎮上晃來晃去；沒有人照顧。」

我說：「如果你修補它的話，它會變醜。現在每個人看到它都是新的。我出門的時候衣服上沒有洞，它是新的，我才剛從樹上掉下來。但是你一修補……它就變成是我試圖隱藏的老東西。你的修補會讓我看起來一副很窮的樣子，我這件有破洞的衣服只會讓我看起來很有勇氣。別擔心這些洞了。」

整個人類的頭腦，不論來自於哪裡，都曾經做著類似修補的工作——特別是在數學上，因為數學是一種純粹的頭腦遊戲。雖然有些數學家認為不是如此，就像那些神學家認為神是一個事實一樣。神只是一個概念，如果馬有概念的話，那麼他們的神會是一匹馬。你可以確定那絕對不會是個人，因為人對馬是這麼地殘忍，所以人只會被認為是惡魔，而不是神。但是這麼一來，所有的動物都會有牠們自己關於神的概念，就像每一個種族都有他們自己的神的概念一樣。

概念只是一種填充替代物，當生命是奧祕的，而你又發現其中有許多空隙是無法被事實所填補時，你就用各種概念來填充這些空隙；這麼一來你至少可以開始感到滿足：生命是可以理解的。

你曾經想過「understand(了解)」這個字嗎？任何你可以立足於其上(stand under)的東西，都是在你的拇指底下，在你的力量底下，在你的鞋子底下，你是他的主人。那些試著了解生命的人其實是用同樣的方式，讓他們可以把生命踩在腳底，然後宣稱：「我們是主人，沒有什麼是我們無法了解的。」

但是這是不可能的。不論你做些什麼，生命就只是一個奧祕，而且它會一直保持是一個奧祕。就算你終於了解整個生命，另一個新的問題也會出現：「這個人是誰？這個頭腦、這個意識，這個可以了解所有一切的人是誰？他是從哪裡來的？」

有一部紀錄片，談到一個二十世紀初的數學家——那是一個非常有名也是有史以來最偉大的數學家之一。他的名字是佛瑞格(Freger)，他把他的一生都用來創造一個能夠解決所有矛盾、奧祕、疑惑和問題的數學系統——一個最終極的解決之道。在那部紀錄片裡，他才剛剛要出版這本書——現在它已經出版了，而佛瑞格他真的完成了一個了不起的任務。當時另外有一個叫做伯特蘭・羅素的人——一個年輕又不怎麼有名的人，只有幾個人知道他是個哲學家——也對數學很有興趣。後來羅素寫了一本在數學上極具重要性的一本書《數學原理》（*Principia mathematica*），那本書裡的三百六十二頁都在證明「一加一等於二」這個事實。這本書簡直是一件奇蹟——光是要閱讀它就足以把任何人逼瘋！甚至羅素自己也承認：「在寫完這本書之後，我再也不曾那麼清晰過；我所有的明晰度都消失了。」可以確定的是他在其中投注了太多的能量，而且還是一種奇怪的能量；沒有人閱讀過那本書。

羅素對數學很有興趣。當他知道佛瑞格當時即將要出版這本能夠解決所有矛盾、奧祕和數學難題的書時，他送了一個小小的詭論(paradox)給佛瑞格——那是一個簡單的詭論。而當佛瑞格收到它的時候，他感到極度的驚愕，他覺得他所有的熱誠都消失了。那本書已經準備好要出版了——書有兩卷，那是他畢生的工作——但是這個人送來一封附有一個小小詭論的短信，裡面寫著：「在你出版之前，請想一想這個詭論。」這個詭論後來成為有名的羅素詭論。

它非常的簡單，但是佛瑞格卻沒有辦法回答它。他在世的時候始終沒有出版那部書；書是在他過世之後才出版的。這部書是一部極具歷史意義的書，但是就解決所有難題的目的而言，他失敗了。他沒有辦法解決羅素寄給他的這個簡單的詭論。

這個詭論非常簡單：一個國家裡的所有圖書館員被要求條列出圖書館裡的所有書籍，然後把這本圖書目錄送到國家圖書館。有一個圖書館員完成了他的目錄，而當他正要打包寄送到國家圖書館時，他的腦海裡出現了一個問題：「我是否該把這本目錄列在我的圖書目錄裡？——因為它現在也是我的圖書館裡的一本書了。而命令很清楚要圖書館裡所有的書籍都條列出來。所以關於這個部分我該怎麼辦？它是圖書館裡的一本書，所以根據收到的命令，把它條列進來似乎是對的。」

這個問題必然也出現在許多圖書館員的腦海裡。所以結果是被送到國家圖書館的目錄有兩種。一邊是包含了目錄本身的目錄，而另外一邊則沒有。這個國家圖書館的館員被要求把所有那些沒有包含自己的目錄編成一本目錄，所以他把那些沒有包含自己的目錄編列成目錄。但是當他結束時，他也困惑於該拿它自己這本目錄怎麼辦。如果他不把它條列進去，那麼他這本目錄就少了一本沒有含括自己的目錄。但如果他把它條列進去的話，那麼這本目錄就不再是不含括自己目錄的目錄了。

所以羅素寄出這個簡單的詭論：「這個圖書館員該怎麼辦呢？在你解決其他較大的問題之前，請解決這一個！這個圖書館員碰到困難了。」

現在，不論你做什麼都是錯的。如果你不把這個目錄列進去，那麼會有一本目錄沒有列在你的目錄裡：這意味著你沒有列出所有不包含自己目錄的目錄。但如果你把它列上去，那麼這本目錄便不再是一本不包含自己目錄的目錄了……你聽得懂嗎？

我不覺得這有任何問題。但是佛瑞格就此完了；羅素也沒有答案。而每一種科學、每一種哲學和每一個宗教都會面臨同樣的狀況：那就是它們遲早會碰到某個部分或某一個點，你只能毫不質疑、盲目地接受它……這就是宗教所說的信仰、信心。

那是一種修補工作。透過要求你相信它，對它懷有信心，那意味著你不應該試圖拿掉那個修補的補片，因為那裡有一個洞，一個無底洞，蓋住它！但是透過掩蓋它，它不會因此消失。事情不會因此被解決；掩蓋不會帶來任何幫助——除非你讓自己保持是盲目的。所以何必要掩蓋它呢？你只要閉上眼睛就可以了。

那就是為什麼所有的跟隨者都是盲目的——因為如果他們有眼睛的話，他們遲早會碰到麻煩。他們遲早會碰到那些無法解決的困難，那些無法回答的問題。為什麼神會被創造出來？——就是為了解決「是誰創造了宇宙」這個無解的問題。從這個問題裡，所有的宗教跳進了某種假設裡——像是「神創造了這個世界」……但是這個問題跟羅素的詭論是一模一樣的。它們沒有任何差別。雖然一個是數學，一個是宗教，但是問題是一樣的。這裡的邏輯在於任何存在的事物必然是由某人所創造出來的。那麼它自己是如何出現在這個存在裡的呢？

這就是問題所在。所有存在的事物，都是被創造出來的；否則它一開始的時候是怎麼出現的？所以他們把神帶進來，幫助你解決「是誰創造了宇宙」這個問題。

但是你要拿神怎麼辦呢？神存在嗎？如果神存在的話，那麼是誰創造了他？如果他不存在，那麼他當時怎麼能夠創造出宇宙？如果神他自己都不存在的話，他又怎麼能夠創造出宇宙呢？而如果他存在，那麼你那「所有一切的事物都有一個創造者」的基本座右銘又是怎麼一回事呢？不，不要問這個問題。所有的宗教都這麼告訴你——不要問是誰創造了神。但是這實在很奇怪——為什麼不呢？如果關於「存在是如何出現」的這個問題是有必要的，為什麼提到神的時候，這個問題就變得沒有必要了呢？

而且一旦當你問了是誰創造了神，那麼你就掉進了一個可以不斷回溯的荒謬情境裡。你可以繼續一個神、兩個神、三個神不斷的數下去……但是到最後問題還是同樣的問題。在數過上千個神之後，你會發現問題仍然是清晰、清楚而原封不動地在那裡。你所有的回答甚至不會對那個問題帶來絲毫影響。是誰創造了這個存在？——問題還是同樣的問題。

對我來說，存在是一個奧祕。我不需要把它踩在腳底下，存在不需要被了解。只要活出它、愛它、享受它——成為它。你為什麼要試著去了解它呢？

我不反對神，我只是反對這個無法帶來任何結果的假設。

你問我是否也反對耶穌基督？我為什麼要反對那個可憐的傢伙？我其實為他感到抱歉，

為他感到難過。我不認為他應該被釘死在十字架上。是的，他是有點瘋狂——這點我並不否認——但是這一點點的瘋狂不表示他應該被釘死在十字架上。釘死在十字架上不是治療瘋狂的好方法。

事實上，透過把耶穌釘死在十字架上，你已經創造出了基督教，並且把許多人都逼瘋了。是那個吊刑創造出所有這些已經持續了兩千年的不合理現象，而且它還在繼續著。是那個吊刑讓耶穌基督成為基督教的創始人，在他自己都不知道的情況下。我不反對那個可憐的傢伙。事實上，他值得人們用更好一點的方式對待他。如果我們可以在哪裡找到他的話，不需要對他施以吊刑；他需要的是一些治療來導正他、整合他。去除那些被加諸在他身上：像是「你是神之子」的程式——放掉那些概念。是這些不必要的概念讓你出醜。它不但不會證明你是個彌賽亞，它只證明了你是個瘋子。

我們曾經把許多分裂四散的瘋子給重新整修好。只是有些人的螺絲鬆了，有些人的螺絲比較緊——我們只要稍微修理一下就好了。耶穌一點也不危險。他是一個好人，但是他的好沒有辦法不讓他發瘋。他是好人，也是一個容易受騙的人。因此當他聽到那個「彌賽亞即將到來，他會拯救人類」的概念不斷的到處宣揚時，那個想法進入了他的頭腦；而他有一個膨脹的頭腦。其實只要一點點的治療，他就會完全沒有問題的。我不反對他，我能夠了解他。把他釘死在十字架上實在是太過分了；他沒有犯下任何一點罪行。是言論自由讓這種情況發生的；任何人都可以說：「我是神的兒子。」我不覺得那會對任何人造成傷害，或是剝奪任何其他人的權利。你也可以說你是神的兒子，這完全沒有任何問題。

為什麼他們會對他這麼大驚小怪呢？那根本是沒有必要的。他們只要忽略他就好了。如果沒有人注意他，那麼即使沒有任何治療，他也會自己恢復神智。但是因為人們開始注意他，人們開始對他感到憤怒，所以他變得越來越執著於這個想法。

這是很自然的一種現象：「如果人們對此感到生氣、發火，那麼其中必然真的有些什麼是真的，否則人們為什麼要在意？如果我只是一個瘋子，他們只會嘲笑我然後回家。」但是所有猶太人，所有猶太教教士都深受打擾。而這就足以讓耶穌認為他所說的話必然是有意義的。那些老笨蛋，那些猶太教教士毀了這個年輕人。透過注意他，賦予他重要性，他們毀了他。事實上，**他們**才是需要被處罰的人，結果被處罰的卻是**他**。我為他感到難過。我不反對他。我完全支持他去作一些治療、診療，擁有一個長而健康的人生。

……我一直不斷的跟你們說：接受存在是一個奧祕，因為唯有當它是一個奧祕，它才是美好的、有生氣的、可愛的、極樂和喜悅的。

幸運的是存在的奧祕是無法被抹除的。

沒有任何方式可以抹除存在的奧祕，而我是最後一個把所有事情奧祕化的人。我的目的是完全相反的。這也是我這輩子一直在做的事情——把每一件事情奧祕化。這不是什麼困難的事情，因為人們以往被逼迫著把事情看得不那麼奧祕；所以我只要去除那層掩蓋、那個補丁，然後我就可以給你一個自然無偽的人生，還原它原本的真實面貌。

沒有任何一個地方有所謂終極的答案。也從來沒有任何答案能夠解決所有的問題；因此，神是一件不可能的事情，因為神意味著最終極的解答。

而且沒有神是一件好事，否則我們都會受到譴責。這麼一來也不可能有任何的喜悅、自由、探索和歡欣——神會扼殺掉每一件事情。所以我會對你說，就算有神存在，我也會訓練你如何殺掉他。但是幸運的是他不存在，所以我們也不需要有任何暴力行為；不然那會是我唯一允許的暴力行為。雖然我是一個素食主義者，但是如果神存在的話，我還是會對你說，「把他結束掉！因為有他存在的話，生命是不可能的。」

你從來沒有想過這其中的關聯性：只有當神不存在時，你才會是自由的。唯有如此你內在的本性才會是自由的。唯有如此你的本質才會有成長的可能。也唯有如此才不會有人控制你、指揮你、壓迫你。除了你自己之外，你不需要對任何人負責。沒有人能夠質疑你為什麼這樣做；沒有人能夠處罰你或獎賞你。沒有任何方式能夠控制你，要你如何過自己的人生，因為神不存在。

也因為神不存在，所以又怎麼可能會有彌賽亞和神的兒子呢？那就是為什麼我說耶穌是個瘋子。我是出於愛和慈悲才說他是個瘋子，但是我不反對他。如果我當時在那裡的話，我會對猶太人和彼拉多說：「你們在幹什麼？你們在創造出一個宗教——一個瘋子的宗教！透過把這個人釘死在十字架上，你們對未來好幾個世紀的人犯下了罪行。不要理會他，讓他去說。那會帶來什麼害處嗎？那只是一種純粹的娛樂。人們享受他，人們聚在一起聽他說話——那沒有什麼害處。而且他沒有說任何反對猶太經典的話。讓他是自由的，所以也不會有什麼宗教因此被創造出來。」

耶穌他自己沒有辦法創造出基督教，你可以很清楚的看到這一點。他唯一能夠設法聚集的就是那十二個沒有受過教育的老糊塗；他們後來變成他的十二個使徒。但是你很難在這個世界上辨認誰是最嚴重的老糊塗——非常非常困難。那些老糊塗很了不起，但是現在還有更厲害的。他們是老糊塗中的老糊塗。

不論用什麼方式，耶穌是沒有辦法創造出基督教的。他沒有組織的力量，他沒有辦法影響社會主流。他怎麼能夠創造出一個宗教呢？但是，那個吊刑完成了這一切。

在這個世界上，事情以一種很奇怪的方式進行著。一旦他被釘死在十字架上，成千上萬個以往從來不在意他的人開始同情他。那些以往就算是在路上經過也不會去聽他演講的人，現在開始同情他。這是很自然的。因為甚至連猶太人自己都覺得太過分了。這個人是無辜的……或許他說話的方式有些過分，但是他也只是說話而已，就像熱空氣一樣，其中什麼都沒有。根本沒有必要把這個傢伙釘死在十字架上。

那創造了極大的一股同情的波浪。這股波浪是自然的現象。那十二個老糊塗開始發現以往從來不聽他們師父演講的人現在開始傾聽**他們**了。慢慢地人們開始聚集起來。他們創造出《聖經》，他們創造出教會。他們編造出故事、神蹟——這一點在耶穌離開之後變得比較容易。在當時，這些事情還都只是謠言。但是當謠言不斷的口耳相傳之後，它變得越來越大，因為每個人都會加點料進去。經過三百年的時間，耶穌變得比當時的他要大上一千倍；他變成了一個神話。原本的他只是一個在城牆邊說話的平凡木匠的兒子，但是經過三百年的時間，人們的想像力完成了所有的工作。

然後在這兩千年裡，所有學者、教授、神學家和哲學家又盡其所能的強化這個神話——闡述耶穌的話語、意義、哲學和神學等等，而這些都是那個可憐的傢伙自己都一無所知的。

我不反對神或耶穌基督——我不反對任何人。但是我支持真理。如果這一點打擊到任何人的話，我是無能為力的。

問題　當你說神不存在時，那是否表示你是個無神論者？

神不存在，但是那並不表示我是個無神論者。當然，我也不是一個有神論者——我說的是神不存在——那並不表示你就要跳到另外相反的那一端，無神論者。無神論者也說神不存在，但是當我這樣說的時候，我的陳述和無神論者的陳述有著截然不同的差別——因為我同時也說神性(godliness)是存在的。

無神論教派不會同意這一點；伊比鳩魯、馬克思和其他無神論者也不會同意這一點。對他們來說，否定神意味著否定意識。對他們來說，否定神意味著這個世界就只是物質而已，而所有你認為是意識的部分只不過是物質組合在一起之後的衍生物，只是一種副產品。一旦把那些物質拆解開來，這個衍生物也會消失。

這就像一輛牛車：你可以把輪子拿掉，你可以把其他零件拿掉，每一次拿掉之後你都可以問：「這還是一輛牛車嗎？」當你把輪子拿掉時，答案當然是「它不是」。沒有任何一個部分會是整體。你可以拿掉每一個部分，一件一件地拿掉，直到整個東西都不見了，而沒有任何一個單獨的部分可以說是牛車。到最後你可以問：「現在，牛車在哪裡？——因為我們沒有拿掉牛車，在這個過程裡沒有任何一樣被拿掉的東西叫做牛車。」

「牛車」只是一個綜合體。它自己本身並不存在，它只是一個衍生物。這就是馬克思說「意識是一個附帶現象」的意思：一旦你拿掉了身體，拿掉了大腦，拿掉了所有構成一個人類的各個部分時，你不會找到任何像是意識一樣的東西。而一旦你去除所有這一切之後，不會有意識被留下來；它只是一個綜合體。你把這整個綜和體拆解掉了。

所以當我說神不存在的時候，我並不同意馬克思和伊比鳩魯的說法。我當然也不同意耶穌、克里希納、摩西、默罕默德他們所說的「神存在」這種說法，因為他們把神看成是一個人。現在，認為神是一個人的這個想法只是你的想像。中國的神會有中國人的臉，非洲的神會有非洲人的臉，當然猶太人的神也必然會有猶太人的鼻子；他不可能是其他的樣子。這些都只是投射而已。把神人格化是你的一種投射。

當我說神不存在時，我否定的是神被人格化的那個部分。我說神不存在，但是卻有著無比的神性存在。神性是非個人的能量，它是一種純粹的能量。把任何形式加諸在它上面都是醜陋的，你其實是把你自己強加在它上面。

基督教的神會在基督教的教義消失時跟著消失，印度教的神會在印度教的教義消失時同時消失。你了解我所說的嗎？那是你的投射。如果你持續投射，它會持續存在。如果你不在那裡投射了，如果投射器消失，神也就消失了。我不喜歡這種神，我不喜歡這種被人類渺小頭腦所投射出來的神。而且這種渺小的頭腦當然會把它自己的品質加諸在神身上。

猶太法典裡的神說：「我是個憤怒的人。我不是什麼好人；我不是你的叔父。」就當時猶太人的處境來說，這句話是完全有意義的，但是對印度教徒來說，神說「我是一個憤怒的神」這一點是絕對不可能的事。憤怒和神？——它們是不可能會合的。猶太人的神是憤怒的；它非常人性化。如果你不敬拜他，如果你違背他，他會摧毀你。這一點不會吸引印度教的人，那是不可能的。這也不會吸引回教的人，因為回教徒每天的祈禱是「神，慈悲的祢……」，慈悲是他投射在神身上最根本的品質。所以，神只能是慈悲的，不可能是其他的樣子。回教徒說光是接受你的罪就已經夠了，因為神是慈悲的。你將被寬恕。

波斯文學裡最偉大的詩人奧瑪開陽(Omar Khayyam)說過：「不要阻止我喝酒、享受女人，因為神是慈悲的。不要說我在犯罪，讓我盡可能犯下所有的罪行。他的慈悲要比我所有的罪行加起來都還寬廣。如果你因為害怕神的處罰而停止某些行為，那意味著你不相信他的慈悲。」這是一種完全不同的態度——但是這些都是屬於人的態度。

所以當我說神不存在時，我說的是沒有一個像是人的神；所有神的人格都是人的投射。我要你去除所有神的人格，讓神是自由的，不再受到你強加在他身上的人格羈絆。

我不是一個無神論者。對我來說，整個宇宙充滿了神的能量，除此之外再也沒有其他的東西了。

你需要了解一件非常根本的事情。這個世界是由動詞所構成的，而不是名詞。名詞是人類的發明——它是必要的，但是它是人類的發明。存在是由動詞所構成的，只有動詞，沒有名詞或代名詞。看看這一點。你現在看到一朵花，一朵玫瑰。把它稱為一朵花是不正確的，因為它不會就此停止綻放，它會繼續綻放；它是一個動詞，它是正在流動的。當你說它是一朵花的時候，你把它變成了一個名詞。你看著這條河流。你把它稱為一條河流——你把它變成了一個名詞。它是正在流動的。就真實的存在而言，它比較正確的名稱是一條流動著的河

（rivering），流動著。而每件事情都在改變著、流動著。孩子正在變化成為一個年輕人；年輕人正在變老；生命正在變化成為死亡；死亡正在變化成為生命。每件事情都持續不斷的進行著，持續不斷的變化著；那是連續性的。從來沒有什麼是停止的，全然的停止。停止只出現在語言裡。存在裡沒有什麼是全然停止的。

你記得你是什麼時候結束不再是個孩子的？——什麼時候？你的童年是什麼時候結束，然後你才成為一個年輕人的？沒有這樣一個時間點，沒有這種劃分，沒有全然的結束。那個孩子仍然還在你的內在流動著。如果你只是閉上你的眼睛，往內看，你會發現每件事情都仍然還在那裡，流動著。你後來吸收到越來越多的事物，但是所有那些部分仍然還在那裡。河流變得越來越寬廣，新的溪流加了進來，但是最初的部分仍然還在那裡。

如果你曾經看過印度的恆河，你會了解它是最美的河流之一。而它的發源地是如此的小，小到只有一頭牛的臉——它的發源地的石頭被水切割成牛的臉型——而恆河就從這個牛的臉裡開始流動，開始它的旅程……這麼地小。然而當你在海邊看到恆河時，當它到達和海洋的會合點時，它自己看起來就像是海洋一樣……如此巨大。但是從牛口（Gangotri，印度恆河的源頭）這麼小小的一道溪流，在喜瑪拉雅山千里之遠的地方，從一個像牛嘴的石頭開始——那個溪流現在還在那裡。中間有許許多多河流匯入其中，讓它變得像海洋一樣。它仍然是活生生的。甚至當它進入海洋時，它仍然是活生生的，它還在不斷地流動著。或許它會變成一朵雲；或許它會再度成為雨。它會不斷地持續著。存在不斷地持續綿延著；它從不曾結束。它也不曾間歇。沒有任何地方你可以說它結束了。沒有任何事情會結束，你會找到起點，你卻不會找到終點，它是一個永遠流動的過程。

當你說「神」的時候你用的是一個名詞，意味著某種靜止的、死寂的事物。當我說「神性」的時候，我用的是一個活生生的字眼，它是流動著、移動著的。所以你需要清楚這些要點。我不是和耶穌或默罕默德、克里希納一樣的有神論者，因為我沒有辦法同意一個死寂的神這種概念。

神——是完美的、絕對的、全能的、全知的、無所不在的；所有這些宗教用來描述神的字眼——都是死的，它不可能是活生生的，它沒有辦法呼吸。不，我拒絕這種神，因為這樣一個死寂的神只會讓整個存在都變得死寂。

神性是全然不同的一種向度。如此一來，樹上的綠意、玫瑰的綻放、飛翔中的鳥兒——都是其中的一部分。如此一來，神和整個存在不再是分開的。它是這個宇宙最根本的靈魂。這個宇宙正隨時振動著、脈動著、呼吸著……神性。

所以我不是一個無神論者，但我也不是一個有神論者。

第1章 神已死，而人自由了……為什麼？

一個玩偶無法為自己的行為負責。
責任是屬於那些能夠自由行動的人。
神和自由只有一項能夠存在，他們無法並存。
這是尼采的論述中最基本的涵意：
「神已死，因此人自由了。」（一般譯為「上帝已死」，本書「God」皆譯為「神」。）
唐代禪師青原行思與石頭希遷第一次會面時，青原行思問石頭希遷：「你從哪裡來？」
希遷回答：「我從曹溪來。」

行思舉起豎拂問：「你在那裡有發現這個嗎？」
希遷回答：「不，不只是那裡沒有，連西方也沒有。」
行思問：「你到過西方，是嗎？」
希遷回答：「如果我到過那裡，那我應該已經找到了。」
行思說：「還不夠，繼續說下去。」
希遷回答說：「你也應該說一說你這裡的情況，你怎麼光是催促我呢？」
行思說：「要我回答你是沒有問題的，但是沒有人會同意這一點。」
行思繼續問：「當你在曹溪時，你在那裡得到了些什麼？」
希遷回答：「就算在曹溪之前，我也沒有少了什麼。」
然後希遷問：「當你在曹溪時，你知道自己嗎？」
行思問：「那你呢？你現在認識我了嗎？」
希遷回答說：「是的，我認識你了。我要如何才能多認識你一點？」
希遷繼續說：「師父，自從你離開曹溪後，你在這裡已經待多久了？」
行思回答：「我也不知道。你呢？你什麼時候離開曹溪的？」
希遷說：「我不是從曹溪來的。」
行思回答：「好，現在我知道你從哪來了。」

希遷說：「師父，你是一個了不起的人，不要浪費時間。」

（青原行思：唐代禪宗大師，六祖慧能大師座下五大弟子之一。

石頭希遷：唐代禪宗大師，江西青原行思禪師的法嗣。）

朋友們，一個新的系列演講將從今天開始：神已死，禪是唯一現存的真理。這個系列是獻給尼采的，他是歷史上第一個宣稱「神已死，因此人類自由了」的人。

那是一個不得了的聲明，其中蘊藏著許多含意。首先我想要討論一下尼采說過的這句話。

所有的宗教都相信是神創造了這個世界和人類。但是如果你是由某人所創造的，那麼你只會是一個玩偶，你不會有自己的靈魂。而且如果你是由某人所創造出來的，那麼他也可以在任何時候結束你這個東西。他從來沒有問過你是否想要被創造出來，所以他也不會問你：「你是否想要結束？」

如果你接受他創造了世界還有人類的這個謊言，那麼神就是最大的獨裁者。如果神的存在是事實，那麼人類就是奴隸，就是玩偶，而操縱這個玩偶的線都在他的手裡，甚至包括你的生命。這麼一來根本沒有所謂開悟不開悟的問題，也沒有所謂成為佛的這種問題，因為人類根本就沒有任何自由可言。他拉一拉線，你舞蹈；他拉一拉線，你哭泣；他拉一拉線，你開始殺人、犯罪、掀起戰爭。你只是一個玩偶，而他是那個操縱玩偶的人。

這麼一來也沒有所謂善與惡、聖賢和罪犯的問題。如此，沒有什麼是好的，也沒有什麼是壞的，因為你只是一個玩偶。一個玩偶無法為自己的行為負責。責任是屬於那些能夠自由行動的人，神和自由這兩者只有一項能夠存在，他們無法並存。這是尼采「神已死，**因此**人自由了」這句話最基本的涵意。

沒有任何一個神學家或宗教創始人曾經思考過這一點，如果你接受神是造物主，那麼你就摧毀了整個意識、自由以及愛所具有的尊嚴，你剝奪了人類所具有的責任，你也剝奪了人類所有的自由。你把整個存在簡化成那個被稱為神的一時興起之作。

但是尼采的這句話只是銅板的其中一面而已。他說得完全沒錯，但是他只說出了銅板的其中一面。他提出了意義深遠且重要的宣言，但是他忘記了一件事，而這件事是一定會發生的，因為他的話語是根據理性、邏輯和推理而來，不是根據靜心而來的。

人類是自由的，但是人類是為了什麼而自由呢？如果神不存在，而人類是自由的，那麼這意味著人類現在可以做任何事情，不論好壞；然後沒有人可以評判他，也沒有人可以原諒他。這種自由只會變成一種放縱。

這就是銅板的另一面。你除去了神，然後把人類留在全然的空無裡。當然，你宣布了人類的自由，但是人類是為了什麼目的而自由呢？他要如何以一種具有創造性與責任感的方式來運用這種自由呢？他要如何避免把自由貶低成為放縱呢？

尼采從來不曾覺知過任何一種形式的靜心——而靜心正是銅板的另一面。人是自由的，但是唯有以靜心為根基，人類的自由才會是一項祝福以及令人喜悅的事情。除去神的存在——這是完全沒有問題的，神一直都是人類自由的最大威脅——但是你仍然需要給予人類一些意義、一些創意、一些敬重、還有一些通往不朽存在的道路，所以禪宗是銅板的另外一面。

禪宗裡沒有任何神，那是它所具有的美。禪宗是一種無與倫比的科學，它能夠蛻變你的意識，為你帶來如此深的覺知，以至於你根本無法犯罪。而這不是來自任何外在的戒律，而是來自你內在最深的存在。一旦你知道了自己存在的核心，一旦你知道自己和這整個宇宙是一體的——而且這個宇宙從來不曾被創造出來，它始終都在這裡，它還會繼續無窮無盡地存在，從永恆到永恆——一旦你知曉了自己光輝燦爛的存在、知曉了你內在潛藏的佛，那麼你是不可能做錯任何事情，不可能犯下任何罪刑，也不可能做出任何壞事的。

尼采在他生命的最後一段時期裡是幾近瘋狂的。當時他待在瘋人病院裡。這麼偉大的一位哲學巨擘，他到底發生了什麼事情？他做出了「神已死」的這項結論，但是這是一個否定性的結論，他因此而變得空虛。他的自由是沒有意義的，因為其中沒有喜悅，那只是一種**免**

於神的自由，但是人到底是**為了**什麼而自由呢？自由有兩面：免於什麼的自由以及為了什麼而自由。尼采因為缺少了自由的另外一面，因此他走向瘋狂。

空虛總是驅使著人們走向瘋狂。你需要某種根基，你需要某種重心，你需要和存在保持某種聯繫。當神死了之後，你所有和存在的聯繫也不見了。神死了，你也被孤單的留下，沒有任何根基。然而一棵樹木不可能沒有根而存活，你也一樣。

神是不存在的，但是他是一種很好的慰藉。雖然他是一個謊言，他過去滿足了許多人們的內在。而一個謊言經過千年以來上萬次的重複之後，他幾乎變成了一個事實。在人類面臨恐懼、憂愁、病老、死亡以及超越性的事物——那些未知的黑暗——的時候，神曾經是一種無與倫比的慰藉，雖然他只是一個謊言。謊言可以安慰你，你需要了解這一點，事實上，謊言要比真相來得甜美。

佛陀曾經說過：「真相是先苦後甘，而謊言則是先甘後苦。」當謊言曝光時，那是令人難以置信的苦澀，因為你一直被自己的父母、師長、教士以及一切所謂的領導者所欺騙。你一直不斷地被欺騙。這種挫折在每個人身上製造出一股巨大的不信任感。「沒有人值得信任……」而這種不信任創造出一種虛無感。

所以尼采在他的晚年並不是真的瘋了，那是他否定的觀點所帶來的必然結果。理智只能是否定的；它可以辯論、批判與嘲諷，但是它無法為你帶來任何滋潤。你無法從任何一個否定性的觀點中得到任何滋潤。所以當他失去了他的神，他也失去了他的慰藉。他的自由只讓他變得瘋狂。

而且不是只有尼采一個人變得瘋狂，所以你無法說那只是一個意外。許多智性上的巨人到最後不是自殺就是進了瘋人院，因為沒有人能夠生活在一個否定性的黑暗裡。一個人需要光亮以及關於真理正面和肯定的經驗。尼采毀了他自己和他的跟隨者身上的光亮，他只帶來一種虛無感。

所以如果你覺得內在深處是空虛、全然虛無且沒有任何意義的話，那是因為尼采。西方因為尼采而興起了一整套的哲學，他是整個對生命持否定觀點的創始者。

齊克果、沙特、馬塞爾（Marcel）、雅斯培(Jaspers)和馬丁・海德格——所有這些前半個世紀裡的偉大哲學巨人——所談論的全都是關於無意義、苦悶、痛苦、焦慮、憂愁、恐懼和煩惱。而這股哲學思想被稱為西方存在主義。但是它並不是，它其實只是非存在主義。它摧毀了所有曾經為你帶來慰藉的事物。

我贊成這種破壞，因為那些曾經為人們帶來慰藉的事物都只是謊言。所有關於神、天堂和地獄的事——都是創造出來安慰人們的謊言。它們被摧毀是一件好事，但是這也同時把人類留在全然的空虛裡。出於這份空虛，存在主義誕生了，那就是為什麼存在主義所談論的全都是關於無意義這回事：「生命是無意義的。」存在主義說沒有什麼事情是重要的：「你只是一個意外。你的存在與否對整個存在沒有任何影響。」然後這些人把他們的哲學稱為存在主義。他們其實應該稱為「偶發主義」。你是不被需要的；只是基於某種意外，你從某個不知名的角落裡出現了。過去的神讓你變成一個玩偶，而這些從尼采到沙特的哲學家則把你變成是一個偶發事件。

然而人類的內在迫切地需要與存在有所聯繫。人類需要根植於存在，因為唯有當他深深的扎根於存在裡面時，他才會成為一個佛，他才會綻放出成千上萬的花朵，他的生命也才不會是徒勞無意義的。也唯有如此，他的生命才會洋溢著無比的美、深度與喜悅；他的生命會是一項純粹的慶祝。

但是那些所謂的存在主義論者所提到的結論卻是：「你是不必要的，你的生命是無意義的、不重要的。這整個存在根本就不需要你！」

所以，我要完成尼采的工作；他的工作是未完成的。它只會引導整個人類走向瘋狂——不只是尼采自己而已，而是整個人類。沒有了神，你確實是自由的，但是你是為了什麼而自由呢？你雙手空無一物的被留在虛無裡。過去的你手上也是空無一物的，因為那些看起來像是盈滿的雙手裡有的只是謊言。現在你充分覺知到你手裡的空無一物，還有自己的無處可去。

我曾經聽說過有一個非常有名的無神論者。他過世之後，他的太太在他被放進棺木之前，幫他穿上最好的衣服、最好的鞋子、最好的領帶，把一切盡可能最昂貴的都給他。她想要給他一個最好的告別、一個完善的送別。他穿著他一輩子從來沒有穿過的衣服。

然後他的朋友們來了，鄰居也來了。有一個女人說：「啊！他都打扮好了，可是卻無處可去。」

所有抱持否定式觀點的哲學為人們帶來的情況就是如此：你穿戴妥當，準備出門，但卻無處可去！這種情況讓人瘋狂。

尼采會發瘋並不是一個意外，那是他否定式哲學所帶來的結果。因此，我把這個系列演講稱之為：「神已死，禪是唯一現存的真理。」

就神這個部分而言，我完全同意尼采的觀點，但是我要完成他沒有辦法完成的宣言。他不是一個已經覺醒的個體，他不是一個成道者。

佛陀沒有主張任何神的存在，馬哈維亞也沒有，但是他們都不曾發瘋。所有禪宗和道家的師父——老子、莊子、列子——都沒有人發瘋，而他們都沒有主張任何神、天堂或地獄的存在。這其中的差別在哪裡？為什麼佛陀沒有發瘋？

而且不只是佛陀。在兩千五百年裡佛陀有上百個門徒開悟，而他們不曾談過關於神的事情。他們甚至連「神不存在」這件事都不曾提過，因為那不是重點。他們不是無神論者，我不是無神論者，也不是有神論者。神就是不存在，所以也根本沒有無神論或有神論的問題可言。

但是我沒有發瘋。你們都是我的證人。這一點並沒有在我的內在創造出空虛；相反的，神的不存在讓我獲得一個自由個體所擁有的尊嚴——能夠自由的成為一個佛。而這就是自由最終的目的。除非你的自由讓你的覺知真正地綻放，除非這份自由的經驗引領你進入永恆，引領你來到你的根，進入宇宙和存在，否則你遲早會發瘋。因為你的生命會是無意義的、無足輕重的。不論你做什麼都沒有差別。

根據這些所謂的存在主義者，也就是那些創始人尼采的追隨者的論點，整個存在是絕對愚蠢不聰明的。他們去除了神，所以他們認為——就邏輯而言，這看起來確實是如此——如果神不存在的話，整個存在便會是死寂的，沒有聰慧可言，也沒有生命可言。過去神就是生命，神就是意識。神是我們存在裡最有意義也是最重要的部分，因此當神消失時，這整個存在也就變得沒有靈魂、沒有意義，生命變成只是物質的衍生物而已。所以當你死亡的時候，一切也跟著死亡，沒有什麼會留下來。

也因此不會有所謂好壞的問題。存在是全然無動於衷的，它一點也不在乎你。過去神在乎你。但是一旦神被去除了，一種巨大的陌生感開始出現在你和存在之間。你們之間沒有任何關係，存在不在意你，它也**沒有辦法**在意。因為它不再具有意識，它不再是一個有智慧的宇宙，而是跟你一樣只是一個死寂的物質。而你所知道的生命也不過是個衍生物罷了。

而當衍生物跟創造出它的元素分開的時候，衍生物馬上就會消失。比如說，某些宗教相信人類是由五種元素所構成的：土、風、火、水和天空。一旦這五種元素聚集在一起時，生命就像是衍生物一樣的產生。當這五種元素分離時，生命也就消失了。

說的更清楚一些……當你一開始學騎腳踏車時，你會跌倒很多次。我也曾經學過如何騎腳踏車，但是我在學習的過程中從來沒有跌倒過，因為我先觀察其他的初學者，觀察他們為什麼會跌倒。他們跌倒是因為他們沒有自信。要能夠待在兩個輪子上，你需要絕佳的平衡感，只要你一猶豫……那就像你走鋼索一樣。如果你稍有瞬間的猶豫，那兩個輪子便會讓你無法安穩的坐著。只有保持在某種特定的速度，那兩個輪子才能保持平衡。而初學者向來移動的很慢。很明顯地——就一般邏輯而言——如果你剛開始學騎腳踏車的話，你不應該騎的太快。

我觀察過我所有的朋友如何學騎腳踏車，他們總是對我說：「你為什麼不學一學呢？」我說：「我先進行觀察。我觀察你們為什麼會跌倒，還有為什麼幾天之後你們就不再跌倒了。」一旦我抓到這個要點之後，當我第一次騎腳踏車的時候，我就盡可能的騎得飛快。

我所有的朋友都很驚訝。他們說：「我們從來沒有看過哪一個初學者騎得這麼快。一個初學者是注定會跌個幾次跤，然後才會學到如何找到平衡。」

我說：「我已經先觀察過，所以我找到了竅門。那個竅門是你們不夠有自信，你們沒有警覺到要保持平衡，你需要維持著某種特定的速度。你不可能停下腳踏車而坐在上面不跌倒，它需要某種動能，所以你必須不斷的騎。」

一旦我知道問題在哪裡之後，我就騎得飛快，結果我們村子裡的每個人都在想：「他會發生什麼事，他根本還不會騎腳踏車……而他居然騎得那麼快！」

對我來說，難的是如何停下來；如果我一停下來，那麼腳踏車也會跟著跌下來。所以我騎到火車站附近一棵巨大的菩提樹那裡，那裡距離我家幾乎有三公里遠。在那三公里的過程裡，我衝的飛快，所以每個人都讓出道路站到一旁去。他們說：「他簡直是瘋了！」

但是我的瘋狂裡是有方法的。我直接把車騎到那棵樹裡，因為我知道那棵樹是中空的。所以我把車騎進那棵中空的樹裡面，讓腳踏車的前輪卡在樹裡面。這麼一來我就可以停下來，而沒有所謂跌倒的問題。

我們村子裡當時有一個人正在他的田裡工作，看到這個情況時，他說：「這就奇怪了。」他問我：「如果沒有一棵像這樣的樹在這裡的話，你要怎麼停下來呢？」

我說：「我現在已經學會如何停車了，因為我剛剛辦到了；我以後再也不需要任何一棵樹了。這是我第一次騎腳踏車。我從來沒有看過其他人是怎麼停下來的，我只有看過他們跌倒。所以關於停車我沒有任何經驗，這也就是為什麼我會這麼飛快地騎到這棵菩提樹下。」它有一部分已經完全中空，而它又是一棵大樹，所以我知道我可以把前輪騎進去，讓前輪安穩地卡在樹裡。而一旦我停過腳踏車之後，我就學會了如何停車。

當我開始學開車時，我是從一個叫做瑪吉德的人那裡學的，他是一個回教徒。他是那個城市裡最好的駕駛，而且他非常喜歡我。事實上，我的第一輛車是他幫我選的，所以他對我說：「我會教你開車。」

我說：「我不喜歡被教導。你只要開慢點，好讓我可以看和觀察。」

他說：「你的意思是什麼？」

我說：「我只透過觀察來學習。我從來不想要任何老師。」

他說：「但是這很危險！腳踏車還好。頂多你就是傷到自己或別人，而且不會太嚴重。但是車子是一個危險的東西。」

我說：「我自己就是一個危險的人。你只要開慢一點，然後同時告訴我所有的事情，像是腳踏板在哪裡，加速器在哪裡，煞車又在哪裡……你只要告訴我就好。然後你慢慢的前進，我會走在你旁邊，觀察你是如何進行的。」

他說：「如果你想要用這種方式學習的話，我可以這樣做，但是我實在很害怕。如果你用騎腳踏車的方式來開車……」

我說：「那就是為什麼我會試著觀察得更仔細些。」在我獲得某些概念之後，我就叫他下車。然後我用我學騎腳踏車時同樣的方式開車。

我開得飛快。我的老師瑪吉德在我後面追著、吼著：「別開這麼快！」在那個城市裡是沒有行車速度限制的，因為在印度的街道上，你的速度不可能超過五十五公里。所以街上不需要到處掛著速限五十五公里的標示，無論如何，你的時速沒有辦法超過五十五公里。

但是那可憐的傢伙實在是太害怕了。他在我的車子後面追著。他是一個個子很高的男人，一個賽跑冠軍，當時他很有可能成為整個印度的冠軍，甚至哪一天進入奧運競賽中。他當時努力的在我後面追，但是我很快就消失在他的視線裡了。

當我回來時，他正待在一棵樹下祈禱，向神祈禱我的安全。而當我在他身邊停下來時，我停的很近，所以他整個人跳了起來，完全忘記了祈禱這回事。

我說：「別擔心。我已經學會開車這件事情了。你又在那裡做什麼呢？」

他說：「我追在你的後面，但是你很快就消失了。當時我心裡想著，我唯一能做的就是祈禱神幫忙你，因為你根本不知道怎麼開車。你第一次坐在駕駛座上，而且根本沒有人知道你開到哪裡去了。你是怎麼轉彎的？你從哪裡轉回來的？」

我說：「我根本不知道怎麼轉彎，因為剛才我走在你的車子旁邊時，你只是把車子往前開，所以我只能在市區裡到處開著。我根本不知道怎麼轉彎，還有要打什麼燈號，因為你之前沒有打過任何燈號。但是我設法辦到了。我飛快的經過整個市區，所有的車子、行人都讓出道路。然後我就回來了。」

他說：「『Khuda hafiz』，這句話的意思是『神救了你』。」

我說：「別把神帶進來。」

一旦你知道在否定和肯定之間需要某種平衡之後，那麼你就已經把自己的根深植在存在裡了。相信神是兩極中的其中一端；不相信神則是另外一端，而你必須待在中間，絕對的平衡。然後無神論會變得無關緊要，有神論也會變得無關緊要。而你的平衡會為你帶來一種新的光亮、新的喜悅、新的喜樂，還有一種不屬於頭腦的新的智慧。這種不屬於頭腦的智慧會讓你覺知到整個存在是如此的聰明。它不只是充滿了生命力，它還有著敏感度，有著無與倫比的智慧。

一旦你知道自己的內在是平衡、寧靜與平靜的，突然間那些因為思想而關閉的門會開始開啟，而整個存在會開始變得清晰。你的出現不是意外。存在需要你。沒有了你，這整個存在會少了些什麼，而這是沒有任何人能夠取代的。

賦予你尊嚴的也正是這一點，整個存在會想念你。那些星辰、太陽與月亮，樹木、鳥兒和地球——宇宙裡的每一樣東西都會感覺到某個小小的地方少了些什麼，而那是除了**你**以外沒有人可以滿足的。你和存在的聯繫以及存在對你的照料為你帶來一種無與倫比的喜悅和滿足。一旦你是清澈、清晰的，你會看到這無比的愛從四面八方來到你身上。

在存在的物種裡，在智性上，你是演化最高的生物，而一切都取決於你。如果你繼續成長，超越頭腦以及它所擁有的聰慧，朝向沒有頭腦(no-mind)以及沒有頭腦所能夠擁有的智慧繼續成長時，存在會為你慶祝：又有一個人到達那最終極的高峰。如此整個存在裡的某一部分會突然間往上提升，來到每個人內在潛能裡所能夠到達的最高峰。

有一個寓言說，佛陀開悟的那一天，他身後的那棵樹，在沒有任何風吹的情況下突然開始移動了起來。佛陀非常驚訝，因為當時沒有任何風吹動著，而且旁邊其他的樹也沒有任何移動，連一片葉子都沒有移動。但是在他背後的那棵樹卻移動著，像是在舞蹈一樣。它沒有腿，它的根是如此深深的扎在土壤裡，但是它至少可以表達它的喜悅。

這是非常奇怪的一個現象，某種能夠讓你變得更聰明，讓你的頭腦變得更好的化學物質在菩提樹裡要遠比其他樹木都來的多。所以，佛陀成道時所在的那棵樹被稱為菩提樹並不是一個意外，它是根據佛陀的名字命名的。**菩提**的意思是開悟。而這種樹，科學家發現它的智力遠比世界上其他樹木都來得高。它的特殊化學物質多到四處洋溢。

當文殊菩薩——佛陀最親近的弟子之一——開悟時，據說當時他所在的那棵樹突然間開始灑落下花朵，而當時並不是它開花的季節。

這可能只是一個寓言。但是這些寓言顯示出我們與存在是密不可分的，我們的喜悅甚至會感染到樹木、岩石，對整個存在來說，我們的開悟是一個歡欣的慶典。

唯有靜心能夠滿足你的內在本性。滿足以往由神這個大謊言，還有其他諸多相關謊言所填補的空虛。

如果你停留在否定的狀態裡，你遲早會發瘋，因為你失去了所有和存在的聯繫，你失去了所有的意義，也失去了每一個能夠尋找到意義的可能性。你確實需要放棄這些謊言，這是一件好事，但是光是這一點還不足以讓你找到真實。

放掉謊言，並且花一點功夫回到內在找到真理。這就是整個禪宗的科學。而這就是為什麼我把這一系列演講命名為：「神已死，禪是唯一現存的真理。」如果神已經死了，而你又不去接觸禪的經驗，你會變得瘋狂。你的清醒與否現在只能仰賴禪，這是**唯一**能夠找到真理的道路。唯有如此，你才能夠真正地與存在有所連結，不再是個玩偶，而是一個主人。

而一個知道自己和存在有所連結，而且是深厚連結的人沒有辦法做出任何違反存在、違反生命的事情。那是不可能的事情。這種人唯一能做的就是把所有你能夠接收的喜樂、善美與優雅傾注在你身上。而且這種人的源頭是無窮無盡的。所以當你發現自己無窮盡的生命與喜樂泉源時，是否有個神一點也不重要。天堂和地獄是否存在也不再重要。它們一點也不重要。

所以當那些宗教人士閱讀禪宗的典籍時，他們非常的錯愕，因為其中沒有談到任何他們從小就被灌輸的概念。其中有的只是奇怪且空無一物的對話……其中**沒有**神、天堂、地獄可以存在的空間。禪是一個科學化的宗教。它探求的方式並不奠基於信念，而是奠基於經驗。就像科學是客觀地奠基於實驗一樣，禪是主觀地奠基於經驗。一門科學走向外在，另外一門科學走向內在。

尼采對於回到內在沒有任何概念。西方不是一個適合尼采這種人的地方。如果他來過東方，那麼他會成為一個偉大的師父，一個絕對清醒的人。他會是和佛陀被歸類於同一種類型、同一個家族的人。

但是不幸的是西方到現在還沒有學習到這一課。它持續努力地達成物質上的成就。但只要其中十分之一的精力就足以讓他們找到內在的真理。甚至連愛因斯坦過世時都帶著深深的挫折。他的挫折是這麼地深，以至於有人曾經在他過世之前問他：「如果你再度誕生的話，你會想要成為一個什麼樣的人？」他說：「絕對不會是一個物理學家。我寧願當一個水電工人。」

這個世界上有史以來最偉大的物理學家帶著如此的挫折離世，以至於他再也不想做任何跟物理和科學有關的事情。他想要的是一份簡單如水電工的工作。但是即使如此也不會對他有什麼幫助的。如果物理不曾對他有任何幫助，如果數學對他不曾有任何幫助，如果像愛因斯坦如此聰明的人都在挫折中過世，那麼當一個水電工人也不會有什麼幫助的。因為你仍然還是在外在。或許一個科學家對於外在投入較深；而一個水電工人對於外在的投入較少，但是他仍然還是在外在的向度工作著。所以當一個水電工人並不會為愛因斯坦帶來任何他所需要的。他需要的是靜心的科學。唯有從靜心那樣的寧靜當中，才能夠綻放出意義、深度以及「你不是個意外」的無比喜悅。

我要對你說，我在這裡教導的才是真正的存在主義，那個在西方被認定的存在主義只是一種偶發主義。我在這裡教導你如何開始去接觸存在，如何找到你和存在的連結、聯繫。你要從哪裡一個片刻接著一個片刻地得到你的生命呢？你要從哪裡獲得你的聰明智慧呢？如果存在是愚蠢不聰明的，**你**怎麼可能會是聰明的呢？你要從哪裡獲得你的智慧呢？

當你看到玫瑰綻放時，你曾經想過玫瑰所擁有的這份色澤、這份柔軟、這份美都隱藏在種子裡的某一處嗎？但是，光是種子本身是無法成為一朵玫瑰的，它需要存在的支持——這些土壤、這些水和這些陽光。當種子消失在土壤裡，而玫瑰花叢開始成長時，它需要空氣、它需要水、它需要土壤、它需要陽光、它需要月亮。所有這一切讓原本如石頭般死寂的種子開始有所蛻變。一種變化、一種蛻變就這樣發生了。除非存在本身已經具足這些部分，否則這些玫瑰、這些色澤、這份美與芬芳是無法出現的。它們或許被隱藏起來，它們或許被種皮覆蓋在種子裡，但是所有這些的發生意味著它們早已經在那裡了——以一種潛藏的方式存在著。

你擁有聰明與智慧……

我曾經跟你說過拉瑪克里希納（Ramakrishna）和克夏夫・謙達・審（Keshav Chandra Sen）的故事。克夏夫・謙達・審是印度當時最聰明的人之一。光只是根據他智性發展出來的哲學他就創立了一個宗教*Brahmasamaj*——神的協會。而他有成千上萬個非常聰明的人追隨他。他對拉瑪克里希納這個沒有受過教育，甚至連國小都沒有畢業的人感到非常的困惑——在印度，國小是最基礎的教育，為期四年；而拉瑪克里希納只完成一半……為什麼還會有成千上萬個人去找這個笨蛋呢？克夏夫・謙達・審的頭腦是這麼想的。

後來他終於決定要去打敗這個人，因為他無法相信這個人不曾被辯論所擊敗。這對他來說是無法想像的事情。一個來自某個鄉下的笨蛋居然每天都有上千人去見他！而且是從遙遠的四面八方前去見他，還敬拜碰觸他的腳！

克夏夫・謙達和他的追隨者通知了拉瑪克里希納：「我會在這樣的一個日子裡來挑戰你所有的信仰。做好準備！」

拉瑪克里希納的追隨者變得非常的害怕。他們知道克夏夫・謙達是一個非常厲害的邏輯學家；可憐的拉瑪克里希納將無法回答他的任何問題。但是拉瑪克里希納非常的高興，他手舞足蹈了起來。他說：「長久以來，我一直在等待這個片刻。當克夏夫・謙達來的時候，那會是一個不得了的歡喜之日！」

他的門徒說：「你在說什麼？那會是不得了的悲哀之日，因為你無法跟他辯論的。」

拉瑪克里希納說：「等一下，誰要跟他辯論？我不需要辯論。讓他來。」

但是他的門徒非常害怕自己的師父會被打敗，被完完全全的擊垮。因為他們知道克夏夫・謙達這個人。在當時那個國度裡，沒有人能夠與克夏夫・謙達的智力相比。

克夏夫・謙達帶了他最頂尖的一百名門徒來見證這場辯論和挑戰。拉瑪克里希納站在路上迎接他，那離他所住的寺廟還有很長一段距離。他擁抱克夏夫・謙達，這讓克夏夫・謙達覺得有些困窘，而且這份困窘還變得越來越嚴重。

拉瑪克里希納握著他的手，牽著他進門。他說：「我等待這一天已經很多年了。你為什麼沒有早點來？」

克夏夫・謙達認為他似乎是個怪異的人，看起來一點也不害怕。他說：「你了解嗎？我來這裡是為了進行一場辯論的！」

拉瑪克里希納說：「當然！」

所以他們坐在寺廟旁邊一個很美的地方，恆河河畔的一棵樹底下。

然後拉瑪克里希納說：「開始吧！」

克夏夫・謙達問：「關於神你有什麼看法？」

拉瑪克里希納說：「我還需要說任何跟神有關的事情嗎？你難道無法從我的眼睛裡看到神嗎？」

克夏夫・謙達看起來有點錯愕——這是哪一種辯論？

然後拉瑪克里希納說：「你難道無法從我的手裡感受到神嗎？孩子，靠近一點！」

然後克夏夫・謙達說：「這算是哪一種辯論……？」

他曾經經歷過許多場辯論，他曾經打敗過許多偉大的學者，而這個鄉下人……在印度文裡，ganwar是笨蛋的意思，但是其實它真正的意思是鄉下人。Gaon指的是鄉下，ganwar的意思是「來自鄉間」。只是ganwar通常被用來表示愚蠢、遲鈍和笨蛋。

拉瑪克里希納說：「如果你能夠了解我眼睛裡的語言，如果你可以了解我手上的能量，那麼你就已經證明了存在是充滿智慧的。否則你是從哪裡得到你的聰明智慧的呢？」

這是一個漂亮的辯論。他說：「如果你擁有絕佳的聰慧——而我知道你是一個極度聰慧的人；我一直很喜歡你——告訴我，這些聰慧是從哪裡來的？如果存在裡沒有這些聰慧的話，你是沒有辦法得到它的。它要從哪裡來呢？你本身就是一個**證明**，證明了這個存在是聰慧的，而這就是我所謂的神。對我來說，神不是某個坐在雲端的人。對我來說，神只意味著存在是不聰明的。但這是一個聰慧的宇宙；我們是其中的一部分，而且我們是被需要的。它在我們的歡欣中喜悅，它在我們的慶典中慶祝，它在我們的舞蹈中跳著舞。你曾經看過我跳舞嗎？」——然後他開始跳起舞來。

克夏夫．謙達說：「能怎麼辦呢！」

而拉瑪克里希納的舞蹈是如此的美。他是一個絕佳的舞者，因為他有時候習慣在廟裡從早舞蹈到晚，他甚至不會停下來喝個咖啡！他會一直跳舞直到他倒在地上。

所以他帶著無比的喜悅與優雅開始舞蹈起來，然後突然間某種變化開始發生在克夏夫．謙達身上。他忘掉了他所有的邏輯，他看見了這個男人的美，這個男人的光輝，他看見一種以往他從來沒有感受過的喜悅。

而所有那些理智，所有那些辯論都只是膚淺的，它們內在是全然空虛的。而這個男人是如此洋溢著喜悅。所以他碰觸著拉瑪克里希納的腳說：「請原諒我。我過去完全誤解你了。我什麼都不知道，我只會賣弄哲學罷了。你了解所有一切，而你卻沒有說出任何一個話語。」

拉瑪克里希納說：「只有在一個條件之下，我才會原諒你。」

克夏夫．謙達說：「我接受你的任何條件。我準備好了。」

拉瑪克里希納說：「這個條件就是每隔一段時間，你必須來找我討論，找我辯論，來挑戰我。」

這就是神祕家的方式；而克夏夫．謙達，他變成了一個全然不同的人；他開始每天都來拜訪拉瑪克里希納。很快的他的門徒就遺棄了他：「他發瘋了。那個瘋子嚴重地影響了他。過去只有一個瘋子，現在有兩個。他甚至還跟他一起跳舞。」

但是，克夏夫・謙達曾經是個悲傷、怨恨、抱怨所有一切的人，因為他過去生活在一個否定的空間裡，突然間他開始綻放，花朵來到他的內在，產生一種新的芬芳。他忘掉了所有的邏輯。這個男人幫助他品嚐到某些超越了頭腦的事物。

禪是超越頭腦的方法。所以我們會同時討論禪宗和神這兩件事。神需要被去除，而禪則必須深深根植於你的存在。謊言必須被摧毀，而真理則必須被揭露出來，這就是為什麼我選擇同時談論禪宗和神這兩件事情。神是謊言，禪是真理。

現在回答你們的問題。

問題　神是否真的已經死了？光是他會死亡的這個想法就讓我產生劇烈的焦慮、恐懼、憂愁和苦悶。

我看待事情的方式是神從來就不曾在那裡，所以他怎麼能夠死亡呢？他一開始就從來不曾誕生過。他是被教士們所創造出來的，而他之所以被創造出來正是因為這些理由：因為人類感到焦慮，人類感到恐懼，人類感到憂愁，人類感到苦悶。

在那個沒有任何一點光亮、火焰的時代裡——想一想人類所在的那個時期——到處都是野生動物，黑暗的夜晚裡沒有火光，天氣極度的寒冷，沒有衣物，而野生動物在夜裡尋找牠們的食物，人類則隱藏在洞穴裡，或是坐在樹上試圖避開這一切……白天的時候，至少他們還可以看到獅子靠近了，他們可以努力逃生。但是到了夜晚，他們完全落入野生動物的掌握裡。

然後他們開始發現，當某個時間來臨時，人們會毫無理由的變老，然後有一天有些人死了。他們沒辦法了解到底發生了什麼事情。這個人之前還在說話、呼吸、行走，完全沒有問題。然後突然間他就不再呼吸，不再說話了。對那些古老原始的人類而言，這是如此巨大的一種驚嚇，以至於死亡變成一個禁忌：絕對不可以談論它。甚至連提及死亡都會帶來恐懼，害怕自己遲早也會站在同樣的行列裡，而且這個行列還不斷地變得越來越短。每當有人過世時，你又多接近死亡一分；當另外一個人過世時，你和死亡又更近了一些。

甚至連談論死亡都變成是一種禁忌，而且不只是那些古老的原始人，甚至連那些受過高度教育的人也一樣。精神分析的創始人佛洛伊德沒有辦法忍受「死亡」這個字眼。沒有人可以在他面前提到這個字，因為光只是提到死亡這個字眼，他就會昏倒，他會失去意識而開始口吐白沫。精神分析學派是由一個有著如此恐懼的人所創立的。

有一次佛洛伊德和卡爾容格——另外一個偉大的精神分析學家——一起從歐洲旅行到美

國，他們到許多大學裡進行演講。有一天在甲板上，容格提到了死亡這件事。佛洛伊德馬上昏倒在甲板上。那就是為什麼佛洛伊德後來把容格驅逐出精神分析學派，而容格必須自創另外一個學派的原因。容格把這個新學派稱為分析心裡學。這兩個學派只有名字不一樣，但是它們的過程是一樣的。容格被驅逐的原因就只是因為他提到了死亡。

在這個世界上有兩件事情一直是禁忌，而這兩件事情則是同一股能量的兩個極端。其中一個是性，它也一直是一個禁忌，是「絕對不可談論」的事；另外一個禁忌則是死亡，也是「絕對不可談論」的。然而這兩者是互為關聯的：性是起點，死亡是終點；是性把死亡給帶進來的。

只有一種生物不會死亡，那就是阿米巴原蟲。而關於這一點你知道的很清楚，因為普那這裡充滿了阿米巴。我當初特別選擇了這個地方，就是因為阿米巴是永恆的存在。而牠們的不死有賴於牠們是無性繁殖生物的這個事實。牠們不是性的產物，所以牠們也沒有死亡可言。性和死亡是絕對相關的。試著了解這一點。

性把你帶進生命裡來，而生命最終結束於死亡。性是開始，死亡是終點。而在這兩者之間的則是你所謂的生命。

阿米巴是無性生物，牠是這個世界上唯一的單身和尚。牠們以一種全然不同的方式繁殖後代。神——如果他真的存在的話——一定對阿米巴感到非常的高興；因為牠們全都是聖人。阿米巴就只是不斷的吃，然後牠會變得越來越胖，當牠們胖到某個程度時，牠們就一分為二。當單一個阿米巴變得越來越胖，胖到牠沒有辦法移動時，牠就分裂變成兩個。

這是一種不同的繁殖方式。但是因為其中沒有牽涉到性，所以牠們沒有雄性，也沒有雌性。分裂後的兩個阿米巴就只是再度開始吃。然後很快的牠們又會再度胖到可以進行分裂。所以阿米巴繁殖的方式是一種非常數學式的方式。其中沒有死亡，一個阿米巴原蟲是永遠不會死的——除非牠被殺死！如果醫學沒有殺死阿米巴原蟲的話，牠可以從永恆活到永恆。牠們的不死仰賴於牠們的無性繁殖。任何出於性行為而繁衍後代的生物是注定會死亡的，他沒有辦法永恆的待在身體裡。

所以在這個世界上有兩個禁忌：性和死亡。這兩者都必須被隱藏起來。

我在世界各地遭受到譴責，就只因為我毫不壓抑的談論每一個禁忌，因為我要你們知道生命從性到死亡的每一件事情。唯有如此，你才有可能超越性和死亡。透過你的了解，你才能開始邁向那個超越性和死亡的狀態。那是你的永恆，那是你的生命能量，純粹的能量。

透過性，你的身體誕生了，但是那不是你。

透過死亡，你的身體死亡了，但是那不是你。

所以談論這兩個禁忌是絕對必要的。但是每個宗教對於在你內在創造出焦慮、恐懼和苦悶有著莫大的興致，更何況大自然已經在你內在製造這些感受了。

每個宗教和它們底下那些散布於全世界的教士——不論他們有著什麼樣的名稱——都曾經利用人類的恐懼進行剝削，他們把神這個謊言、這個虛構物塞給人們，而他也至少暫時性地掩蓋住了傷口。「不需要害怕，神會照顧你。不需要任何憂愁和焦慮，神在那裡，一切都沒有問題。你唯一需要做的就是相信神，相信神的代言人，相信那些教士，還有相信神傳送給這個世界的神聖經典。你唯一需要做的就是相信。」這份信仰曾經掩蓋了你的焦慮、恐懼、憂愁與苦悶。

所以當你聽到神已經死了的時候，光只是他死亡的這個想法就讓你產生了劇烈的焦慮。這意味著你的傷口一直被掩蓋著。但是一個被掩蓋住的傷口不是一個被治癒的傷口；事實上，就痊癒的過程而言，這些掩蓋需要被拿掉。只有在太陽的光亮底下，在開放的空氣裡，傷口才會開始痊癒。一個傷口從來不需要被掩蓋，因為掩蓋住它只會讓你遺忘它的存在。但是你自己也想要遺忘它。所以一旦它被覆蓋住的時候，不只是別人無法看到它，你自己也會看不到它。一旦那些傷口被掩蓋起來的時候，它們會開始轉變成癌。

每一個傷口都需要被療癒，而不是被掩蓋。掩蓋不是適當的方法。過去神是那個掩蓋住傷口的東西，那就是為什麼光是神會死亡的這個概念就會帶來恐懼。不論出現在你頭腦裡的是劇烈的焦慮、恐懼、憂愁還是苦悶——這些事情都在以往被教士們以「神」這個字眼所掩蓋住。

但是透過這些掩蓋，他們也阻止了人們朝向佛的狀態演進，他們阻止了人們痊癒的過程，他們也阻礙了人們去追尋真實的機會。當一個謊言被當成事實交給你之後；很自然地，你就不需要去追尋真實了，因為你已經有了。

所以神的死亡是絕對必要的。但是我要你知道**我的**了解。尼采宣布神已死是件好事。但是我會說，神從來不曾誕生過。他是一個虛構，一個被捏造出來的東西，而不是一項發現。你了解捏造和發現這兩者之間的不同嗎？真實是經由發現而來，而捏造則是你所製造出來的。它是人為的虛構。

神確實提供了一些慰藉，但是這份慰藉是錯的！慰藉是一種鴉片。它持續地讓你無所覺知於事實，而生命不斷地從你身旁流逝——很快的七十年就消逝了。

任何一個給予你信念的人都是你的敵人，因為這個信念會遮蔽你的雙眼，讓你看不見真實。它讓你那渴求發現真實的慾望消失不見。

但是一開始當你所有的信念都從你身上被去除時，那是非常苦澀的。那些被你壓抑了千年的恐懼和焦慮，會在那裡活生生地浮現上來。沒有任何神能夠摧毀它，只有對真理的追尋與經驗——而非信念——能夠治療你所有的傷口，讓你成為一個完整的存在體。而一個完整的人對我來說就是神聖的人。

所以如果神被去除了，而你開始感受到恐懼、憂愁、焦慮和苦悶的話，這只表示神不是你真正的解藥。他只是一個讓你閉上眼睛的詭計。他只是一種盲目的措施，他讓你保持在黑暗裡，持續地期望著死後的天堂。為什麼要等到死亡以後呢？那是因為你害怕死亡，所以傳教士創造出死後的天堂，就只是為了解除你的恐懼。但那些恐懼並沒有消失，它只是被壓抑到你的潛意識裡。而它被壓抑的越深，你也就越難以擺脫它。

所以我要摧毀你所有的信念，你所有的神學，你所有的宗教。我想要打開你所有的傷口，好讓它們得以被治癒。信念不是你真正的解藥；真正的解藥來自於靜心。你知道醫藥(medicine)和靜心(meditation)這兩個字眼其實是來自於同一個字根嗎？醫藥治癒身體，靜心治癒靈魂。它們的作用是一樣的，就是治療。

一旦你放掉神，你會是自由的。但是在那份自由裡，你會被焦慮、恐懼、憂愁和苦悶所充滿。除非你開始走向內在，找到你真實的存在，你最初的臉孔，你的佛，否則你會感到顫抖，你的整個人生會被摧毀，你會走向瘋狂，就像是尼采一樣。

而尼采不是唯一一個發瘋的人。許多哲學家之所以自殺就是因為他們發現生命裡空無一物，而這些人從不曾往內看。他們覺得生命沒有意義、毫無道理……所以為什麼要活著呢？

有一本偉大的小說，或許它在所有語言裡都是最偉大的一本小說，那就是杜斯妥也夫斯基的《卡拉馬助夫兄弟們》(*The Brothers Karamazov*)。閱讀這本書比閱讀《聖經》、《可蘭經》、《吉它經》(Gita，印度教經典)或三本經典加起來都還重要。《卡拉馬助夫兄弟們》這本書對每一件事都有著深刻的見解……但是杜斯妥也夫斯基最後還是發瘋了。

他創造了世界上最偉大的小說，但是他自己卻過著一種極為悲慘、哀傷和恐懼的人生。他不是一個快樂的人，但是他有著無比的見解——智性上的——他洞悉人們注定會面臨的每一個問題。他觸及了所有的問題。《卡拉馬助夫兄弟們》是如此長的一部巨著，以至於現在再也沒有人去閱讀它了；人們只喜歡看電視。這本書將近有上千頁，其中充滿了激烈的辯論。

最小的弟弟——這本書裡有三個兄弟——是最虔誠、有信仰也最畏懼神的一個，他想要成為修士，進入修道院。老二則是全然的反對神，反對宗教，在他和他小弟的談話裡，他們不斷地討論到所有的問題。老二說：「如果我有機會遇到神的話，我要做的第一件事就是把票還給他還有告訴他：『你自己留著它。我不想要你的生命，它是無意義的。只要告訴我出口在哪裡，我不想待在這個世界上。我只想要離開這整個存在；死亡對我來說遠比你所謂的人生平靜的多。就是把票拿回去，我不想待在這個火車上進行這趟旅程。而且你從來不曾問過我；你違背我的意願。你強迫我上了這輛火車，讓我現在遭受著不必要的痛苦。我沒有任何選擇的自由。為什麼你要讓我生下來呢？』」

他說如果遇到神的話，他會向神提出問題：「基於什麼樣的理由，你讓我誕生下來？在沒有我的同意之下，你創造了我。這根本就是一場奴役。然後有一天，在沒有問過我意見的情況下，你又會殺了我。你在我身上種下了各式各樣的疾病，你也種下了各式各樣讓我現在遭受譴責的罪行，而這一切都是因為你。」

是誰在你身上種下了性？那必然是神，那個創造了人，還告訴亞當和夏娃到世界上去繁衍後代，盡可能生養後代的人。很明顯的，是他讓亞當和夏娃變得有性慾，是他創造了這一對伴侶。

依凡卡拉馬，也就是持無神論的那個兄弟說：「如果我找到神的話」——誰知道呢，說不定尼采是錯的，說不定神其實還活著——「那麼我一定會殺了他。我會是第一個讓全體人類免於這個獨裁者的人；這個人一方面把性、暴力、憤怒、貪婪、野心以及各種毒素植入人心，而另一方面，他的各個代言人又不斷地抨擊你，說性是一種罪，你必須禁慾。真是奇怪。」

葛吉夫(George Gurdjieff)曾經說過：「所有的宗教都反對神。」這就是他這句話的意思。葛吉夫不是一個沒經過深思熟慮就輕易做出定論的人。當他說所有的宗教都反對神的時候，他說的是神給了你性，但是宗教卻教導你要禁慾。他們這是什麼意思呢？神給了你貪婪，而宗教教導你不要貪婪。神給了你暴力，而宗教教導你不要暴力。神給了你憤怒，而宗教教導你不要憤怒。這實在是再清楚不過的論點了：所有的宗教都反對神。

依凡卡拉馬說：「不論我在哪裡碰到他，我都會殺了他，但是在殺他之前，我會向他提出所有這些問題。」

這整部小說就是一場了不起的辯論。三兄弟裡的老三並不是他們真正的兄弟。他是由他們母親以外的女子跟父親所生下的孩子，那個女人只是一個僕人。所以這個老三是不為社會所接受的，他一直都是遲鈍未發育的。他幾乎像個動物一樣：他吃、喝、生活在卡拉馬寬闊宮殿裡的黑暗角落。可以想見他的生命是全然無意義的。

而依凡卡拉馬說：「想一想我們同父異母的弟弟，一個私生子，他也是神創造出來的。他的生命又有什麼意義呢？他甚至不能出現在陽光底下，待在新鮮空氣裡。我們的父親把他關在黑暗的角落裡。沒有人去看過他，也沒有人去招呼過他。在這個地球上他沒有朋友。他誰也不認識。他甚至不太能說話，因為從來沒有人跟他說過話。他的整個人生就像是個動物一樣地吃、喝、睡、吃、喝、睡……他永遠沒有機會認識女人，他永遠不會體會任何愛的感覺。他性的本能該怎麼辦呢？」

那是一場激烈的辯論，觸及到任何一個有智之士都會面對的問題。依凡提出了所有這些問題：「關於我們同父異母的弟弟，你認為神會怎麼說呢？他的意義是什麼？他為什麼要把他創造成這個樣子？如果有任何人應該負責任，他是那個該負責的人，而我一定會報仇的。只要讓我找到他的話！」依凡卡拉馬說：「我希望尼采是錯的，我希望他還沒死。否則我就錯過了親手殺他的機會。我要殺了他，好讓整個人類能夠免於他而自由。」

但是一旦你讓人類自由了……人是為了什麼而自由呢？為了恐懼？為了死亡？為了自殺？為了殺人？為了偷盜？人是為了什麼而自由呢？

曾經有一本存在主義的小說描述一個被帶到法庭上的年輕人，因為他在海灘上殺了一個陌生人，一個他連臉都沒有見過的人。他走到那個人的背後——對方正坐著觀賞落日——把刀刺進對方的身體，殺了他。而他連對方的臉都沒有見到。

那是一個很奇怪的案例。通常除非你有某些憤怒、敵意或報仇的意念，否則你不會殺人。但是這兩個人甚至不認識彼此，他們甚至不是朋友。你可以謀殺一個朋友——反正朋友總是互相殺戮——但是他們甚至不是朋友，那就更別說會是敵人了？因為只有當你把一個人先變成朋友後，你才有可能讓他變成敵人。這一步是必要的一步：首先是朋友，然後才會是敵人。你沒有辦法把某人直接變成敵人。要創造出敵人，某種認識、某種友誼是必要的。

整個法庭的人都不知所措。法官問這個男人：「你為什麼要殺一個你連臉都沒有見過，連名字都不知道的陌生人？」

那個男人說：「這都不重要。我那時候感覺無聊極了，所以我想做些事情，做一些讓我的相片能夠登上所有報紙的事情。事情發生了；我現在的無聊變少了些。而且無論如何，生命是沒有任何意義的。那個笨蛋做過什麼事情？如果我沒有殺了他，他又會做些什麼呢？不過是繼續重複他已經做過許多次的同樣事情罷了。所以，有什麼值得大驚小怪的呢？為什麼要把我帶到法庭上來呢？」

那個法官看起來全然的不知所措：事發當時沒有目擊證人，除了這個男人自己說過的話：「我殺了那個男人，但是沒有證人，你沒有辦法懲罰我。說不定我在說謊，誰知道呢？你找不到任何目擊證人的。」

所以，次要證人被帶到法庭上來了。一個鄰居說：「這個男人是個奇怪的人。他的母親在星期天過世，當別人告訴他這個消息時，他說：『那個女人老是在製造麻煩——連禮拜天都不放過。禮拜天是假日，她難道不能在禮拜六或禮拜五死嗎？但是我從一開始就太清楚這個女人了，她已經折磨我一輩子了，她一定會毀了我的某個假期的。這果然成了事實。』「而當別人問他：『你為什麼這麼生氣？』他說：『我生氣是因為我已經替我和女朋友買了票，準備去看電影。而這個女人可以在任何其他日子裡死掉，為什麼要在禮拜天呢？我完全沒有辦法了解。但是我知道她是怎麼想的。』」

另外一個證人說：「在他埋葬完他母親之後，當天晚上他在迪斯可舞廳和一個年輕漂亮的女人跳舞到很晚。有人對他說：『你的母親今天早上才剛過世。你晚上就到舞廳來跳舞，這不是你應該做的事情。』他說：『你是什麼意思？從現在起，我每次的跳舞都是在我母親過世之後發生的事，所以我是在她過世後十二個小時，還是十二天或五年之後跳舞有什麼差別呢？反正都是在她過世後發生的事。難道你要我永遠不再跳舞，只因為我母親過世了嗎？」

他的話語絕對符合邏輯，但是缺乏人性。

所以這個證人繼續說了一些關於這個人的事情：「這個男人是個奇怪的人。他可以毫無理由的做任何事情。」這個人說：「我看不出生命本身有任何理由。殺人有什麼罪嗎？我只是讓他從束縛中解脫。我沒有做錯任何事情，我沒有犯任何罪。我只不過是幫助一個太懦弱而不敢自殺的人死去而已。」

這就是否定式的哲學帶來的結果。一個否定式的哲學基本上會帶領人類走向瘋狂，而它最終的結局只會是自殺。

希臘有一個偉大的否定式哲學家芝諾(Zeno)，事實上他終其一生都在宣揚自殺是生命唯一的出路。而他有上千個門徒自殺。他說：「生命是無意義的，沒有任何重要性可言。人們持續活著是因為他們的懦弱。他們沒辦法鼓起足夠的勇氣跳下去，結束一切。不要當個懦夫。只有自殺能夠證明你不是個懦夫。」

他在當時非常地具有說服力。他看起來非常有說服力是因為如果有人對你說：「只有自殺能夠證明你不是個懦夫，因為活著有什麼意思呢？你到目前為止做了些什麼呢？你已經活了一半的人生，又有什麼結果？你有什麼樣的成果呢？在剩下一半的人生裡你會用同樣的方式繼續過下去，最後像個動物一樣的死亡。你至少可以有尊嚴的自殺！」

這個男人說你沒有辦法控制你的出生，但至少不要讓死亡也成為你的主人。你可以成為自己死亡的主人，自殺！他的論點非常深刻。他說：「就你的出生而言，你是完全無能為力的，你沒有辦法做任何事情。它已經發生了，但是對於死亡你是可以選擇的：你可以像個動物一樣的死亡，也可以像個人類一樣的自殺。自殺賦予人類尊嚴，因為他可以自由的選擇自己的死亡。」他說服了許多年輕人自殺。

就在他九十幾歲即將死亡之前，有人問他說：「數以千計個人因為你的論點和哲學而自殺了，為什麼你自己沒有自殺呢？為什麼你活了這麼久呢？」

這個男人說：「我**必須**活著，就只是為了教導我的哲學。它是一種負擔，但是出於慈悲，我必須活著！否則誰會來教導這一切呢？面對生命唯一正確的方式就是死亡。我終其一生都一直痛苦著。由於我沒有自殺，我已經放棄了我的尊嚴，而這是因為我必須要照顧跟隨我的人，特別是我的門徒。我非常高興他們全部都自殺了。現在我可以平靜的死亡，我已經完成了我該做的事。」

這就是否定式的哲學帶來的結果。禪是唯一能夠讓人活下來的方法，肯定式的方法，因為它給予你一種方向感，一種滿足感，一種永恆感，還有一種超越生、死、身體的感覺，以及一種和這個美好而無比聰慧的存在合而為一的感受。

是的。事實上，沒有神是人唯一能夠活下去的方法。一個有神的人沒有辦法活下來，他會在每一個活著的時刻猶豫，他無法全心全意地活。

他會在做愛的時候擔心關於地獄的事情。當《聖經》不斷說著女人是通往地獄的道路，他怎麼能夠愛一個女人呢？他會在做愛的同時想著《聖經》上的話語還有禮拜天的傳道：「女人是通往地獄的道路。你到底在做什麼？」所以他既無法愛，也無法沒有愛而生活著。神讓人變得極度的精神分裂，在每件事情上都敷衍了事。

你賺錢，然而賺錢的同時你知道你的貪婪是一種罪。如果你不賺錢，你會餓死。你的自然本性反對飢餓，迫使你去賺錢養活自己。自然的本性在一邊拉扯著，神和他的代言人在另外一邊拉扯著。你處在一個奇怪的情境裡。

印度文裡有一個很美的諺語。在印度，洗衣工人通常靠驢子把衣物載到河邊。然後洗完衣物後，他又會再度靠驢子把衣物載到那些他早上收集衣物的家庭裡。所以這句諺語說：「你的生命就像是洗衣工人的驢子一樣。」他既不在房子那邊也不在河邊，他總是在這兩頭之間，從房子到河邊，從河邊到房子。

這個洗衣工人的驢子意味的就是分裂。你在每個行動裡從來不是全心全意的，但是因為整個人類都精神分裂了，所以你沒有意識到這一點。你愛、但是你也恨著你愛的這個人。是什麼製造出恨意來的呢？因為你愛這個女人，而這個女人卻是通往地獄的門。你是注定會恨她的。你們晚上交了朋友，但是到了早上你們成了敵人。你們不斷地遠離然後又不斷地靠近。這種情況不斷地持續著——就像洗衣工人的驢子。

你問：「人能夠沒有神而活嗎？」只有在**沒有**神的情況下，人才能夠全然地活著、靜心地活著、完整地活著。

佛洛伊德所說的話是值得記住的。因為他的一生都在性這個主題上工作，他認為性是所有問題的根源。但是他從來不了解問題不在於性，問題在於人們對性的壓抑。問題在於那些教士，問題在於神，問題在於那些神聖的經典；性從來不是問題。

性是如此單純的一件事。所有的動物都享受性；牠們從來不需要躺在精神分析師的沙發上。我從來沒有聽過任何一種動物因為覺得自己精神分裂而去找精神分析師。他們活著也享受著，沒有任何問題。

那些沒有宗教信仰的人在宗教出現之前都非常喜悅地生活著，特別是基督教，它摧毀了地球上的這群人。他們過去從來沒有任何關於罪惡的概念。他們熱愛女人，他們舞蹈，他們暢飲，他們演奏音樂。他們的一生就是純然的喜悅。

佛洛伊德說過這樣一句我接下來要告訴你的話：「教士沒有辦法摧毀性。」但是他們成功的毒化了性。他們沒有辦法摧毀性，否則人類已經消失了。性雖然還存在，但是他們摧毀了其中的喜悅，他們讓性成為一種巨大的罪惡。所以你認為你是有罪的，然後你認為女人是你犯罪的原因。

但是事實是全然相反的；讓你有罪的是神。而神只是一個虛構，他沒有辦法做任何事情。教士是神的代表，是神的代言人，他們在你內在不斷創造出各種罪惡感。那些罪惡感讓你沒有辦法活下去。每件事情都是錯的，每件事情都是有罪的。

所以對於你的問題：「人能夠沒有神而活嗎？」——我要對你說：只有當人沒有神的時候，那是他**唯一**能夠活下去的方式。但是這還不是全部。這個虛構的神必須被一種靜心裡的真實經驗所取代；否則你會發瘋。

問題　所有的宗教都奠基於神。他們的道德，他們的戒律，他們的祈禱，他們的神聖——他們每件事情都指向神，而你說神已經死了。那麼所有這些依賴神這個概念所產生的事情會變得如何呢？

所有那些依賴神這個概念所產生的事情都是虛假的；偽君子就是由所有這些事情所製造

出來的。你的道德不是真實的，它是出於恐懼或出於貪婪而被加諸在你身上的。真正的道德只會從靜心者的意識裡浮現出來。它不是某種從外在輸入的東西，它是某種從你的存在深處所出現的東西。它是自發性的。而當道德是自發性的時候，它是一種喜悅，它就只是分享你的意識和愛。

而所有那些仰賴神所產生的品質會在神消失的時候也跟著消失。它們非常的膚淺。

你們每個人都有後門。在前門你是一個人，在後門時你又是另一個完全不同的人。你曾經觀察過這一點嗎？在前門的時候你是一個偉大的天主教徒，如此地具有宗教精神，如此地虔誠，充滿了一顆祈禱的心，以至於每個人都認為你是一個聖人。但是這些都只在你的客廳而已。在後門你就只是一個普通的人類，有著人類所有的本能，有著人類所有的性，有著人類所有的貪婪，有著人類所有的憤怒。看看你們的神。不同的宗教有著不同的概念，但是所有的概念都只證明一件事情，那就是神是最初的罪人。

印度教的神創造了女人，然後他對她產生了迷戀——這是他自己的女兒。而這個女人如此地恐懼，所以她變成了一頭母牛，然後神就變成了一頭公牛。她立刻又變成其他動物，而神也跟隨著她變成其他動物——根據印度教的神學，所有的生物就是這樣被創造出來的；是神跟隨著那個女人變成各種不同的形式。那個女人不斷的改變形式，神也跟著不斷的改變形式。那個女人永遠都是雌性，而神永遠都是雄性。那就是為什麼世界上會有上百萬種不同的生物。如果那個女人變成一隻雌蚊子，神就會變成一隻公蚊子。這種情況不斷地持續，或許它還在不斷地持續著。

你認為這個神是個道德的神嗎？而同樣的情況也發生在所有宗教裡的神。《舊約聖經》裡的猶太神說：「我是一個非常嫉妒的神。我不是那種會原諒你的神，我是一個非常憤怒的神。你不應該敬拜其他除了我以外的神。還有記得我是你的父親，不是你的叔叔。」這是什麼樣的一個神？他嫉妒、擔憂你會敬拜其他的神？然後最後他還說：「記住，我是你的父親，不是你的叔叔。」叔叔永遠都比父親要來得和善。

有一個叫做烏塔・蘭克・賀曼(Uta Ranke-Heinemann)的德國神學教授曾經說過這樣一句話：「美國大部分的天主教主教都是性倒錯者。我們必須假設德國的主教很快也要召集一個會議來看看他們是否也有性方面的問題。」

邦斯堡(Barnsberg)教會的史學家，喬治・丹佐勒(George Denzler)教授評論過：「教宗需要為這種令人痛心且恐怖的性道德觀負起責任。」

另外，一個德國新教徒的牧師海格・弗里斯(Helga Frisch)說：「當禁慾在十世紀被介紹給人們時，當時的教士們殺了教宗的信使並且威脅要謀殺大主教。我很訝異今天的教士們沒有採取類似的策略。」

有一種道德是來自於外界加諸在你身上的，這種道德與你的心永遠無法和諧。另外有一種道德是來自於你的內在，它與你的心以及存在的心是永遠和諧同步的。那才是真正的道德。

我不會給你任何戒律，任何的道德教條。我只是給你一種清楚的視野。然後不論是什麼從那樣一份澄澈裡出現，它都會是良善、神聖和道德的。

現在，在我們開始經文之前，先來一點小小的傳記記錄。

石頭希遷於西元七百年時誕生於中國，他在九十年後離世。他以石頭和尚聞名，石頭希遷與馬祖道一隸屬於同一個時代。只是馬祖屬於中國禪宗裡的臨濟宗，希遷則是曹洞宗。

（馬祖道一：唐代禪宗大師，南嶽懷讓禪師門下，洪州宗的開創者。）

禪宗有兩派：臨濟宗和曹洞宗。這兩派是一樣的，只是來自於不同的師父；他們基本上沒有什麼不同。禪宗曾經出現過許多的師父，只有兩派實在是一件令人訝異的事。他們其實可以有上千個支派，只是禪只被傳遞給那些已經準備好的門徒。有時候師父從來沒有找到一個能夠傳承的人，所以那一派便就此消失，完全結束了。

禪曾經有許許多多的師父出現過，而他們的支派延續了兩代、三代之後就結束了；問題不在於延續，問題在於那是一個師父和門徒之間的直接傳承。除非師父選擇要傳承下去，否則那個支派就結束了。

目前只有兩派仍然存在著。其中一派是臨濟宗——我們幾乎談過所有臨濟宗的師父。這次的希遷是屬於曹洞宗。但是你不會在其中發現任何不同。在兩個成道者之間是**不可能**有任何不同的。

據說從馬祖和希遷開始，禪宗開始蓬勃發展。

馬祖是一個奇怪的師父——你們曾經聽過他的事蹟。他走路的方式和動物一樣是四肢著地的；他從來不用雙腿站立——不是因為他有什麼問題，也不是因為他駝背。他用四肢走路只是因為他說那是最放鬆的姿勢。那也確實是，因為人類的站姿幾乎是違反自然的。沒有任何動物是用兩腿站立的，因為當你用雙腿站立時，你的心臟必須對抗地心引力把血液輸送到頭部。這讓你的壽命因此而減半。

如果你用馬祖的方式行走的話，你可以活上一百四十年。但是請不要這樣做！你活一百四十年要做什麼呢？當你像動物一樣行走時，你的血液流動是平行的，你的心臟不需要負擔多餘的壓力。馬祖從來沒有心臟病發過，那是不可能的。沒有任何動物曾經有過心臟病發的狀況，只有人類，因為人類違反了自然。

他習慣用四隻腳走路……達爾文進化論的整個理論就是關於這一點：人類曾經是動物。

什麼樣的動物呢？關於這一點或許有各種不同的意見，但是有一件事是可以確定的，那就是人類曾經是習慣用四隻腳走路的動物。而那時候沒有心臟病發的這種問題。看一看那些動物是多麼的健康啊——除了那些在動物園裡的動物以外，因為動物園裡的動物已經變得越來越人性化了。你要看的是那些野生動物。

就在這附近，幾百里以外的地方有一個漂亮的湖叫塔多巴湖（Tadoba）。那裡是一個森林保護區，有一片非常巨大的森林圍繞著湖泊，而其中只有一個隸屬於政府的休息所。我過去曾經去過那裡許多次。不論何時當我經過那裡時，我總會在休息所裡待至少一天或兩天。那裡非常的荒涼，所以它也絕對的寧靜，那裡的森林裡有上千隻的鹿。

每天傍晚日落時分，當黑暗逐漸降臨時，成千上萬隻排列成行的鹿會到這座湖邊來。你只需要坐在那裡看著。黑夜裡牠們的眼睛看起來就像是燃燒中的蠟燭一樣，上千隻蠟燭在湖邊移動著。這種情境整晚沒停過。有時候你會因此而變得疲倦，因為有太多隻鹿了，牠們不斷、不斷的前來。那真是一種美好的經驗。但是有一件事情讓我很好奇，那就是牠們都非常地類似——沒有任何一隻鹿是肥胖的，沒有任何一隻鹿是瘦弱的，也沒有哪一隻鹿看起來是生病、虛弱的。牠們全都充滿了生命力和能量。

如果你在鹿的旁邊奔跑的話，你是沒有辦法贏過牠們的。沒有任何一個奧林匹克選手能夠像鹿一樣的奔跑，因為牠們有著如此細瘦的腿和如此勻稱的身體。牠們可以輕易地跳躍越過高大的樹叢。而牠們的奔跑是一件美好悅目的事情。看看牠們的肌肉，還有牠們移動的樣子，那是多麼的健康啊，相形之下，人看起來幾乎是病態的。

這就是人類雙腿站立後所浮現的問題。你的生命縮短了，你的心臟不斷承受著壓力，因為它必須對抗地心引力而輸送血液。而心臟原本的構造並不是為了如此而運作的。

所以馬祖是一個非常奇怪的人，或許再也找不到另外一個如此奇怪的人了。他是一個獨特的師父，他用四肢走路，而且他永遠看起來像一隻老虎。不論何時，當他看著某個人時，人們會開始深深的顫抖；他是一個危險的人。他非常的健康；那是必然的，他看起來幾乎像牛一樣。只是少了頭上的角，否則……

從馬祖所屬的這一邊和希遷所屬的另外一邊，禪宗開始蓬勃發展；這兩個人都是極有魄力的人，都是偉大的師父。

在希遷年幼時，他堅決反對用牛來祭祀神鬼的舊習俗；他會定期去摧毀這種祭祀的祭壇，放掉被圈綁起來的牛，讓牠們逃離。

在希遷十二歲的時候，他遇到慧能禪師。慧能預測希遷將會跟隨佛法，建議他出家並且師從青原行思。在慧能離世之後，希遷前往拜訪行思。

這只是關於希遷的一點記錄。

現在開始這段經文：

在他們的第一次會面時，青原行思問石頭希遷：「你從哪裡來？」

然後希遷回答：「我來自曹溪。」

……當慧能還在世時——慧能是希遷之前的師父，也是他在自己的死亡即將來臨之前把希遷送到行思那裡去——曾經對希遷說：「我沒有辦法看到你開悟，但是你是一定會開悟的。只要去行思那裡。」

這就是禪宗美的地方，它完全沒有競爭。禪宗的所有重點就只在於每個人應該要開悟。至於他是在哪裡開悟並不重要。誰是他的師父，是誰讓他開悟完全不重要。知道死亡即將來臨，慧能對希遷說：「你是一定會開悟的，但是我的死亡已經非常接近了。你最好去行思那裡。」而行思是他的對手，是另一派的師父。

慧能住在曹溪，所以當行思問：「你從哪裡來？」的時候，希遷回答：我來自曹溪。

換句話說，希遷的意思是：「我來自慧能那裡，來自於與你相對的另外一個師父。他把我送來這裡。」

行思舉起豎拂問：「你在那裡有發現這個嗎？」

希遷回答：「不，不只是那裡沒有，連西方也沒有。」

就中國來說，西方就是印度。「你問我的東西不只是曹溪沒有，甚至連印度這個誕生出佛陀以及摩訶迦葉、開創了禪宗的起源地也沒有。那到底是什麼？甚至連佛陀或摩訶迦葉或菩提達摩都沒有？」

行思問：「你到過西方，是嗎？」

希遷於是回答說：「如果我到過那裡，那我應該已經找到了。」

真正少的只是「我」，否則它到處都在。因為我沒有去過那裡，因此它不在那裡。希遷這裡所指的是他自己的存在本性。它在他的內在，不在曹溪，甚至也不在西方。這是一段偉大的對話。

希遷的意思是：「如果我曾經到過那裡，它會在那裡。它就在我的內在。」但是他並沒有直接點出它在他的內在。這就是禪宗對話的方式。沒有什麼是直接的，每件事情都是非常間接的，而你必須抓到那個訣竅，跟隨這種間接的暗示，去了解他們的意思。

行思說：「還不夠，繼續說下去。」

行思在測試希遷，看看是否要接受他為門徒。可以確定的是他有著莫大的潛能；否則他的對手慧能不會把他送過來。

師父之間的較勁是一種非常奇特的現象。印度有一個古老的故事是關於兩家賣甜點的商店。這兩家商店彼此是競爭對手，由於街道狹小，他們之間一直都有爭執存在。過去所有的街道都非常狹小，他們甚至坐在自己的店裡就可以跟對方說話了，而他們總是在爭執。

有一天事情演變到他們開始拿甜點互相砸對方。所有人都聚集過來，跳著去接那些甜點享用它們。這場爭執一直進行到兩家店都完全空了為止，而整個城市裡的人都很享受這場爭執，因為他們吃到了所有的甜點。

這個故事的意思是指，當師父們爭執的時候，就像是用甜點在砸彼此一樣。享受的是們徒。兩邊都有很多門徒吃到師父們丟向彼此的甜點。

較勁的師父們不是敵人。他們只是使用不同的方式，他們在同樣的真理上下功夫，只是從不同的角度切入而已。當慧能想到他的死亡即將來臨時，他沒有看到其他比行思更好的人，雖然行思是他一生的對手。但是那是精神上的；他知道他是最佳的人選。終其一生他們兩人一直在爭執、辯論著，進行一次又一次的對談，扯著彼此的後腿。而且他們住的不遠，距離彼此相當近。

行思說：「還不夠，繼續說下去。」

你說的還不夠。你很聰明，再多說一點。

希遷回答說：「你也應該說一說你這裡的情況。你怎麼光是催促我呢？」

你很清楚我是從哪裡來的。我從慧能那裡來的——你們兩個是旗鼓相當的對手；沒有人能夠打敗對方——而我是他最好的門徒。所以不要只是要求我說話；你也應該說一說你這邊的情況。我在這裡代表我的師父，他把我送來這裡。我感謝他所有的教導。所以這不應該是單方面的對談。你也應該要說些什麼才對。

這是一個很美的例子，顯示出即使門徒也有他自己的尊嚴。雖然他是來成為行思的門徒的，但是那不代表他需要放掉自己的尊嚴、自己的個體性，那不代表他必須臣服。沒有師父會喜歡一個沒有尊嚴的人。這證明了這個男人擁有他自己的完整性。

行思說：「要我回答你是沒有問題的，但是沒有人會同意這一點。」

行思繼續問：「當你在曹溪時，你在那裡得到了些什麼？」

行思在這裡輕描淡寫地說了很重要的一句話。他說：「要我回答你是沒有問題的，但是沒有人會同意這一點。」如果一個師父真的說出他的心聲，如果他真的說出那些超越了頭腦的部分，除了另外一個師父，沒有人能夠和他是意氣相投的，而師父是非常非常罕見的。

他對希遷說：「你不會和我有同感的。你還沒有開悟。你還沒有到達那樣的狀態。你可以聰明地和我辯論，但是你沒有辦法了解我的回答。記得，我準備好要回答你所有的問題，但是你無法和我有同感的。你無論如何是無法同意我的。或許你的師父能夠和我有同感。但是要找到另一個開悟的人對談，並且達成超越智性的同感是非常罕見的事。所以與其是我說些什麼，最好是你告訴我你在曹溪和慧能在一起時，你在那裡得到了些什麼？你了解到些什麼？」

希遷回答：「就算在曹溪之前，我也沒有少了什麼。」

這是一個很美的句子，非常的深刻且意義深遠。沒有所謂從慧能那裡得到些什麼的問題，我的內在已經具足所有一切。

一個偉大的思想家也是猶太教的哲學家馬丁・布柏(Martin Buber)，幾年前在他即將過世之前，曾經有一個猶太教的教士探訪過他：「你和神已經達成和平了嗎？」馬丁的最後一句話是——當他張開眼睛對那個猶太教士所說的：「我從來沒有和他爭執過。怎麼會有與他達成和平的這種問題呢？」然後他就過世了。

這就是希遷所說的：「就算在曹溪之前，我也沒有少了什麼。」所以也沒有所謂在那裡獲得什麼的這種問題可言。「我的內在具足所有一切。」

然後希遷問：「當你在曹溪時，你知道自己嗎？」

因為他說，即使在他到曹溪之前，到慧能身邊之前也沒有少了什麼，所以希遷問他：

「當你在曹溪時，你知道自己嗎？」

行思問：「那你呢？你現在認識我了嗎？」

希遷回答說：「是的，我認識你了。我要如何才能多認識你一點？」

希遷繼續說：「師父，自從你離開曹溪後，你在這裡已經待多久了？」

行思回答：「我也不知道。你呢？你什麼時候離開曹溪的？」

希遷說：「我不是從曹溪來的。」

希遷這裡完全改變了他回答的話。一開始的時候他說他來自曹溪。那只是針對「你從哪裡來？」這個問題的一種表面式回答。現在兩個人的對話變得越來越深。

希遷說：「我不是從曹溪來的。」

希遷這裡的意思是他來自於永恆。曹溪只是路上的其中一站而已；他不是來自於曹溪，他來自於永恆。這一路上曾經有過許多駐足處；曹溪只是其中一處。

行思回答：「好，現在我知道你從哪來了。」

希遷說：「師父，你是一個了不起的人，不要浪費時間了。」

希遷的意思是說：「你在浪費不必要的時間，考驗我是否值得你接受我成為門徒，我已經接受你是一個師父了。」那就是為什麼他突然間稱呼他為師父。他其實是說你是否接受我成為門徒一點也不重要，我已經接受你是我的師父了。「師父，你是一個了不起的人，不要浪費時間了。」讓我們開始真正的工作吧。

這是一個誠實求道者的回應。不要浪費時間在這種質詢和回應。就是讓我們開始真正的工作。而真正的工作是跟隨內在的道路回到你最深的中心。

一句禪宗的俳句，山頭火(Taneda)寫著：

為了什麼而追尋？

我行走於風中。

他的意思是說：「我不知道自己在尋找什麼。在我找到它之前，我怎麼能夠知道那是什麼呢？真理只是一個字眼而已。我怎麼能夠說我在尋找的是什麼呢？在我找到它之前，我沒有辦法說我在找的是什麼。」這是很奇怪但是很美的一段話。他的意思是說，在你找到真理之前，你甚至沒有辦法說你在尋找真理。你就只是尋找，而你不知道你在尋找什麼。如果你知道的話，那麼也就沒有尋找的必要了。所以你就只是摸索著。

山頭火是完全正確的。一個追尋者就只是在黑暗中摸索著，希望能夠找到某些路。存在不可能那麼殘忍的。

為了什麼而追尋？
我行走於風中。

我就只是到處飛翔著，在風裡行走著。但是我不知道我在尋找些什麼。只有當我找到它之後，我會知道它是什麼。山頭火的意思是說：如果一個追尋的人在他找到之前就已經有了某種信念的話，那麼它必然是錯的。而這正是所有宗教所做的事，它們在人們有所發現之前就製造出各種信念；在人們什麼都還不知道時就已經把人們轉變成信仰者，轉變成忠實信徒。而他們的整個追尋也因此被摧毀了。

我不會問你在追尋些什麼。我只會向你指出一條方向。我只會不斷地說「繼續！繼續！繼續！」你是一定會找到的，因為它在你內在的某一處。如果你帶著一種迫切性和全然性，追尋的夠深入的話，你是注定會找到的。而且只有透過找到它，你才會知道你在追尋的是什麼。這種方式和世界上所有的信念系統是全然不同且全然相反的。

問題　人們對於一個全能、全在、全知的神的幻想是否顯示了人們對於力量的慾望？

這是兩件事情。首先，那是一種對於生和死的深沉恐懼，一種對於無知的恐懼，一種不知道自己的恐懼。但是也因為這份恐懼，人們對於力量的慾望開始浮現。事實上，這種對於力量的慾望永遠奠基於一種自卑情結。

那就是為什麼我會說所有的政治家以及所謂的偉大宗教領袖都飽受自卑情結之苦。這種自卑情結對他們來說是一種折磨。他們想要擁有崇高的地位和巨大的權力。這些權力至少可以幫助他們暫時從自卑情結裡解脫出來。現在，他們知道自己是舉世聞名的人。現在，有上百萬的人跟隨他們，所以他們怎麼可能是差勁的呢？他們可以說服自己：「如果我擁有這麼多的權勢，我怎麼可能是差勁的呢？」但是不論你是否擁有權勢力量，你的自卑感是無法因此被化解的，它只會被掩蓋。

所以一方面有神掩蓋著恐懼、憂愁和死亡。而另一方面當你相信神是一個全能，無所不能；全在，無所不在；全知，無所不知的存在時，對於這種神的信仰某種程度幫助你把自己和神認同為同一件事。你是一個基督徒，你認同於基督——而他是神的兒子。所以就關係上而言，你跟神的距離也跟著變近了。

你相信克里希納，你相信他是神的化身，一個完美的化身。當你相信他的時候，你也變得非常接近力量。你或許沒有力量，但是你相信著一個有力量的人。所以那也是一種對於力量的渴望。但是你為什麼會想要力量呢？那是因為你覺得虛弱，你覺得自己無力，你覺得自己是差勁的。

所以宗教創造出自卑感，創造出恐懼，創造出貪婪，而由於這一切，你準備好去接受神是全知、全在和全能的，然後在你的忠誠、信仰和祈禱之中，你是如此靠近他，你也分享了神的某些力量。你變成了一個迷你神。但是這些全都是心理上的疾病，而神並不是治療的藥方。

現在來點笑聲吧……笑聲是比神更好的一劑藥方。

小亞伯特第一天上學，當他母親把他帶到教室然後離開時，他馬上大哭了起來。即使經過老師、校長、護士甚至是校門看守員這麼多人的努力，亞伯特還是不斷地哭著。最後，就在午餐之前，老師受不了了。

老師大吼說：「看在老天的份上，孩子，就是閉嘴！現在是午餐時間，再過幾個小時你就可以回家，再度看到你媽了。」

突然間，小亞伯特停止哭泣。

他說：「你為什麼不早說呢！我以為我必須在這裡待到十六歲！」

有一天派第和西蒙從酒吧穿過公園走在回家的路上，他們在進行一場深沉的哲學性討論。將近一個小時的時間，他們討論著神是否掌控了他們的人生。當派第開始感到厭煩時，他說：「啊，神沒有辦法告訴我該做些什麼——我決定要去海邊度假！」、

西蒙回答說：「你的意思是——如果神允許的話——你要去海邊？」

派第固執地回嘴說：「不！不管神准不准，我都要去海邊！」但就在那時候，天空傳來一陣響亮的雷聲。西蒙害怕的用手遮著頭，摔倒在地上。

當他再度張開眼睛時，他四處張望，然後發現派第已經變成了一隻黏稠的綠青蛙。

有七個星期的時間，派第這隻青蛙被迫住在公園的池塘裡，西蒙每天都帶著一堆死蒼蠅去餵他。

終於，在他的處罰結束後，派第變回他原來的老樣子。他馬上回家開始整裝打包。

西蒙驚訝地大喊著：「嘿，派第！我的老天啊，你回來了！但是你現在要去哪裡？」

派第大吼說：「就像我之前說的，我要去海邊！」

西蒙回說：「你的意思是——如果神允許的話——你要去海邊？」

派第火大的吼著說：「不！我要嘛就是去海邊，要嘛就是回到那個該死的青蛙池塘！」

一家大型香腸製造公司的經理把他的員工叫進辦公室。他兇狠地對他說：「讓我們直接進入主題吧！你最近的工作實在太不像話了。你不僅每天遲到，你的計算更是錯的離譜。你為我工作也有十五年了，但是最近你的樣子看起來像是連香腸和香蕉都分辨不出來了。」

員工回答說：「嗯……先生，我試著不要讓我的工作受到影響，可是我家裡的情況實在是越來越糟。」

老闆道歉說：「喔！我很抱歉聽到這一點，我希望我沒有干涉過多，但是如果你告訴我你的狀況，或許我能夠幫得上忙。」

那個不快樂的員工發出哽咽的鼻音說：「先生，你人真好。你知道我結婚兩年了，從六個星期前開始，我的太太開始不斷地嘮叨。你知道的，就是嘮叨！嘮叨！嘮叨！我不知道該怎麼辦才好。她快要把我給逼瘋了」！

老闆說：「歐！這我可以幫得上忙。你看，女人需要覺得自己是被需要的。你過去大概忽略了她的需要。比如說，當我工作完回家後，我會擁抱我太太，熱情的親吻她，一件一件地脫掉她的衣服，抱她到樓上的床上。」

員工大喊：「那聽起來實在是太棒了！」

老闆說：「那確實是。你為什麼不試試看呢？今天下午就休假；她沒有想到你會出現，而一點點驚訝總是會讓事情變得更好！」

員工說：「先生，你人真好。那麼你家在哪裡？」

現在……是靜心的時候了：

安靜，閉上你的眼睛，感覺你的身體全然的凍結住。

這是回到內在的最佳時刻。聚集你所有的生命力——你必須是全然的——帶著絕對的意識奔向你存在的中心，帶著這種迫切的感覺，就好像這個片刻是你在這個地球上最後的一刻。只有如此的迫切性能夠帶領你來到你內在最深的中心。

越來越快，越來越深……

當你越來越接近你的中心時，一種偉大的寧靜會降臨到你身上，就像是一陣溫柔的涼雨一樣。你可以感受到它，它是實質的。

再靠近一點，你會發現你的周圍綻放著平靜的花朵。

再多一點……一種莫大的喜悅會讓你沉醉在這份神性裡。

只要再多一步，你就到達了你存在最深的核心。這是你第一次看到自己最初始的臉孔。你最初始的臉是一張佛的臉。

我用「佛」這個字作為全然覺醒、全然開悟的一個象徵。

一種巨大的光輝會圍繞在你身旁，那是一種你從來不曾見過的光亮。

這個片刻你唯一需要記住的就是觀照。那是佛的整個存在。

觀照著你不是這個身體。

觀照著你不是這個頭腦。

觀照著你只是這一份觀照。

為了讓這份觀照能夠變得越來越深……

放鬆……

放下，但是持續地記得你是一個佛，而且這個佛只由一股能量所構成，那就是觀照。

在這個片刻裡，你開始像冰一樣融化在海洋裡。這個佛堂變成是一個意識的海洋。一萬個佛消失在這片海洋裡。

所有的分離都是一個幻象，只有這份融合是真實的。

你必然是這個地球上最受到祝福的人，因為所有的人都在擔憂著枝微末節的事情。你卻在尋找著那最終極、永恆的事物，而你非常的接近了。

一種莫大的喜悅沉澱在你最深的中心裡，花朵開始灑落在你身上。整個存在和你一起歡欣著。

聚集這所有的經驗。

你必須把它們帶回到你每天的日常生活裡——這份平靜，這份祥和，這份寧靜，這份喜悅，這首音樂，這隻舞蹈。你的生命必須變成是一個不間斷的慶祝。唯有如此你才是完整的。

而且不要忘記你仍然要去說服那個佛靠近些。你已經非常的接近了。他是你的自然本性。

這個靜心有三個步驟。

首先，佛像一道影子般地來到你的身後，但是這個影子非常的實質且金光燦爛，他帶著無比的光輝，他在你身旁創造出一種新的氣氛，一種祝福的、慈悲的、幸福的氣氛。

第二步，你變成是一道影子，而佛來到你的前方，然後你這道影子慢慢地消失。

第三步，你消失在那個佛裡面，現在只剩下佛還存在，而你消失了。當這一點發生時，你就來到了存在的最高峰。你回到家了。你到了。

現在，沒有什麼地方要去。

你和存在本身已經合為一體。

這就是為什麼我說我的哲學比西方否定式的哲學更是一種真實的存在主義。我試著讓東方和西方能夠匯聚在一起。

我所有的努力就是讓人變得更豐盛，不論是內在還是外在，並且達到一種無比的平衡。這種平衡就是禪。

然後記得：神**已**死，禪是**唯一**現存的真理。

你是一個新時代的先驅，一個新人類的先驅，一種新人性的先驅。

……現在，在你回來之前，說服那個佛，因為那是最根本的一步。他已經變成了你的一道影子。

回來……像個佛一樣地回來，帶著同樣的優雅，帶著同樣的寧靜，散發著同樣的喜悅。靜靜的坐著一會兒，只要記得你曾經經歷過的金色道路，還有那份如此接近你的超越性經驗，你內在世界的奧祕，那個無垠的空間，永恆的時光。

然後感覺佛就在你的後方。

這讓尼采的宣言得以完整。

沒有禪，它是不完整的，它會驅使著人們瘋狂。

有了禪，它變得完整，而且會驅使著人類來到他所能夠到達的最高意識狀態。

第2章

神無法解決任何問題

在希遷受戒之後，他的師父行思問他：「現在你已經受過戒了，你想要聽律（Vinaya），不是嗎？」

希遷回答說：「沒有必要聽律。」

行思問：「那麼你想要念戒嗎？」

希遷回答：「也沒有念戒的必要。」

行思問：「那你能送封信到南嶽懷讓那裡去嗎？」

希遷說：「當然。」

行思說：「現在就去，早點回來。如果你回來晚了，你會錯過我。如果你錯過我，你就無法得到我椅子底下的大斧頭。」

很快的，希遷到了南嶽。在交出信之前，希遷鞠躬之後問：「師父，當一個人既不追隨先賢聖者，也不表露自己內在最深的靈魂，該做些什麼？」

南嶽說：「你的問題太傲慢了。何不問得謙卑些？」

對於這一點，希遷回答說：「那麼寧願永墮地獄，也不希冀先賢聖者所知的解脫。」

希遷覺得自己和南嶽懷讓不投契，在沒有交出信的情況下快速離去。

當希遷回來時，行思問：「他們是否交託了什麼給你？」

希遷說：「他們沒有交託什麼給我。」

行思問：「那麼必然有些回應。」

希遷說：「如果沒有交託什麼事物，也就沒有什麼回應。」然後希遷接著說：「當我離開時，你要我早日回來接受你椅子下的大斧頭。現在，我已經回來了，請給我那把大斧頭。」

行思寧靜不語。希遷鞠躬後隨即退隱。

（南嶽懷讓：唐代禪宗大師，為六祖慧能門下，與青原行思形成兩大支派。）

朋友，在我回答你們的問題之前，我必須先回應兩封信，它們來自於兩個極度飽學的笨蛋。你們需要記住，有一種無知是知，而有一種學識淵博的則是什麼都不知。

有一封信是來自一個佛教學者，他信上寫著：「一個開悟者不可能會關注這個平凡世界的瑣事，以及那些瑣碎的相關事務。」

根據他的說法，我是一個無知的人。對我來說那是一個讚美，因為每一個開悟者最後都變得像是孩子一般的無知，或是像孩子一般的天真。蘇格拉底的最後一句話就是：「我什麼都不知道。」

這個人是一個學者，但他卻是盲目無知的。難道他認為會毀滅掉所有人類的第三次世界大戰是一種瑣事？難道他認為這個國家的人口爆炸會在未來十年裡殺掉將近五千萬人是一種瑣事？如果這些都是瑣事的話，那麼我必須提醒他佛陀所在的時代。

佛陀關注的是他所有的門徒不應該擁有超過三件以上的衣服——這是一種瑣事。他關注他所有的門徒不應該穿鞋——這是一種瑣事。然後佛陀他仍然是一個開悟者，而我卻是無知的。這就是我所謂充滿知識的笨蛋。

佛陀為他的門徒立下了三萬三千道戒律，全都是關於各種的瑣事。你要去哪裡找到三萬三千條真理呢？真理只有一個，而且是無可表達的。而佛陀所關注的那些事情絕對都是瑣碎的事情。

曾經有一個佛陀的門徒即將出去宣傳佛法，他臨走前來尋求佛陀最後的建議，因為他可能兩、三年內都不會回來。而佛陀對他說了些什麼呢？佛陀說：「不要看女人。」可是，除非你先看，否則你不會知道對方是女人還是男人。

我實在不了解佛陀這種沒有意義的話語。你要怎麼知道來到你面前的是一個女人還是男人呢？你必須要先看過才知道，看過之後你可以閉上眼睛——但即使如此，你也已經看過了。而且一旦你看過一個美女之後閉上眼睛，那會讓她變得更漂亮。難道這不是一種瑣事嗎？

然後佛陀對他說：「你的眼睛必須只注視你眼前四步的地方。你只要看著四步遠的距離，視線保持往下看。所以如果你碰到女人的話，你只會看到她的腳。」這真是了不起的一種靈性指引。

這個門徒覺得有點困惑，他說：「我會盡力，但是如果不小心我看到了某個女人——如果某個女人突然間從森林裡或岔路上出現的話——我該怎麼辦？」

佛陀說：「如果你不小心看到了某個女人，那麼不要和她說話。」這算什麼靈性？甚至連聲招呼都不打，只因為她是一個女人！

然後這個門徒堅持著。他問：「如果這個女人說了些什麼，不回答她不是一件很窘的事情嗎？那不是很不人性化嗎？」

佛陀說：「如果這種意外發生的話，你可以跟她說話，但是不要碰觸她。」這是哪一種靈性指引？

什麼是你所謂的瑣事呢？整個人類即將滅亡，而我卻不應該發表任何言論?!然而你的佛陀對那個門徒所說的話根本就沒有任何意義。

那個門徒夠聰明。他繼續說：「或許有一些情境我是必須碰觸女人的，那可能是一個女人掉進了井裡，我該怎麼辦呢？或是一個女人掉進某個坑洞裡，我該怎麼辦？我應該繼續前進，無視她悽慘的情況，不做任何協助嗎？」

然後佛陀說：「如果在這種情況下，你可以碰觸女人。但是記得，所有外在的一切都是幻象。」

如果那是幻象的話，那為什麼會說出當初的第一句話呢？女人是幻象，不要碰她！如果你碰觸一個幻象，那有什麼問題嗎？不要跟幻象說話！不要看著幻象！我說這才是真正的瑣事。

這個佛教學者激怒我。我就會徹底的貶損佛陀！

我對於人類的關注讓我無知，而佛陀對於女人還有衣服、鞋子的關注，還有不要接觸女人，不要注視四步以外的這些關注卻讓他開悟成道！這麼說來他的成道是腐敗的！那是一種牛步式的開悟。

我是一個現代人，領先佛陀將近二千五百年。他已經老掉牙了。但是這些佛教學者激怒我。我就會開始談論佛陀的事蹟，貶損他所建立起來的一切，因為它都奠基於這些愚蠢的事物。

我對於人類的關注是絕對靈性的。我對於這個美麗星球的關注是神聖的。那是我的慈悲和愛。而我不在乎什麼佛陀。我自己就是一個佛，而你的老舊佛陀已經過時了。我屬於我這個時代，我所說的是我這個時代的語言。

佛陀害怕讓女人進入他的社區。他拒絕女人的時間長達二十四年。他在害怕什麼？他其實不信任他自己的門徒；那是一種不信任。一個師父居然不信任他自己的門徒？他害怕如果女人進入他的社區，那麼這些和尚的禁慾戒律會發生什麼事情？但是如果那些門徒的禁慾戒律是如此的淺薄，光是女人的進入就會干擾到他們的戒律，那麼它也不是什麼真正的禁慾了。

他們必然是同性戀者，就像我們今天在世界各個修道院裡發現的各種性倒錯事件一樣。佛陀的門徒也不會有例外。只有我的人是過著一種自然、神性而真實的生活，不違反潮流，不違反這個宇宙。

從來沒有聽過我說的話語，從來沒有閱讀過我的話語，那些笨蛋還不斷地發表各種評論。

我所有的努力就是為了讓物質和靈性能夠達到平衡。對我來說，這個外在世界和內在世界一樣的真實。所以很自然的這兩邊的人都會找我的麻煩。社會主義者曾經出書反對我，因為我教導靈性和靜心，讓人們的注意力遠離了社會主義所關注的目標——也就是一個沒有社會階級的社會。我讓人們變得自私，因為我告訴他們只要往內走。

而那些靈性主義者也反對我；他們曾經透過文章、書籍出版來反對我，每天還寄來一堆信件。他們的問題在於我對於這個世界的興趣太大了。一個真正靈性的人應該閉上眼睛，因為這個世界只是個幻象。

但是沒有任何一個那些所謂的開悟者以及自認為是開悟者曾經花時間想一想。當你說這個世界是幻象時，那你也沒有必要放棄它。沒有人會放棄夢的。當你早上醒來的時候你會放棄你的夢嗎？一個夢就只是一個夢，沒有放棄不放棄的問題。而且如果你有一個美夢的話，我會說享受它。

讓這整個世界是一個美夢，而不是一場惡夢。你所有的政客和教士都試圖把它變成一場惡夢。那麼很自然的人們會想要放棄它，因為它是如此的一場悲劇。

但是我不贊成放棄這個世界，我也不會說這個世界是一個幻象；否則佛陀為什麼要每天行乞呢？如果這個世界是個幻象，你為什麼還要在一個幻象的房子前行乞呢？然後當一個女人給你食物時，她是個幻象而食物卻是真實的?!

你為什麼會需要三件衣服呢？那是馬哈維亞對於佛陀戒律的批評，馬哈維亞是個赤裸生活的人。馬哈維亞不接受佛陀是個開悟者，只因為佛陀不是赤裸地生活著。對馬哈維亞來說，對於這樣一個夏天、冬天、雨天都赤裸裸生活的人來說，三件衣服是奢侈的。很自然地他有權利對佛陀說：「你過著奢侈的生活。你有三件衣服！你太物質主義了。」

佛陀一日一餐；對馬哈維亞來說那是奢侈的。在馬哈維亞開悟之前的十二年裡，他只進食了三百六十五天。可以說他在十二年裡，只進食了一年——而且那還不是持續性的。往往兩個月過去了，他會進食一天；三個月過去了，他會進食一天。所以平均起來他每隔十一天會進食一天。當然就他而言，佛陀是沉溺在奢華裡。這些都是相對性的詞彙。

然後佛陀批評馬哈維亞只關注瑣事，因為他找不到其他理由來回應馬哈維亞批評他生活奢侈——每天一食，三件衣物，他只好用另外一種方式來批評他。由於馬哈維亞的跟隨者說他擁有全能、全在、全知等三種神所具有的品質，所以佛陀嘲笑馬哈維亞，他對自己的門徒說：「這個傢伙說他是全知，知道所有一切。可是我知道他這個人……他曾經在一個無人居住的空房子前面乞討。他說他知道所有一切：過去、現在、未來，而他居然不知道那間房子是空的，無人居住的。而且那間房子已經空了好幾年，這個人還算是全知的人嗎？」

「另外，有一天他一早出門去河邊時，他踩到一隻睡在路邊的狗的尾巴。那隻狗叫了起來，然後他才發現自己踩到了狗。這樣一個人還算是全知，無所不知嗎？他甚至不知道有隻狗在他的面前。」

你認為這些批評非常的靈性嗎？不論是馬哈維亞的批評還是佛陀的批評，兩者都與靈性無關。都只是瑣事。

所以我要告訴這個佛教學者，重新考慮一下誰是開悟的人。

曾經有過另外一個佛教學者對我說：「我看過你談論佛陀的書，我非常欣賞那些書。」但是他從來沒有寫過任何信給我，也沒有寫信投書給任何一家報紙。

這真是很奇怪的事情：當我所說的話被欣賞的時候，沒有人曾經寫下任何一句話。他們認為我所說的正是佛陀經典上的真正意義。它不是！那些意義是我所賦予的，而我也可以把它拿走。我可以一點一點地駁斥你所有的經書！

這個佛教學者投書在報紙上。他說我不可能有三摩地(samadhi)——開悟——因為我沒有**品性**(sheel)，我只有**般若**(pragya)。他實在一點也不了解——不論是佛陀還是我。般若是三摩地、開悟的衍生物。般若意味著智慧。除非你開悟成道了，否則你沒有辦法擁有智慧，你有的只會是知識。而般若指的不是知識，它指的是智慧。而它是三摩地、開悟的衍生物。

但是他沒有經驗過三摩地，他只閱讀過經書。而你會在接下來的這段經文裡看到，一個真誠的追尋者根本就不會認為sheel有任何重要性。Sheel指的是品性(character)。現在他在意的是我的品性，他說我沒有品性，所以我不可能開悟成道。關於我的品性，他到底知道些什麼呢？他曾經思考過關於佛陀的品性嗎？

有長達二十九年的時間，佛陀沉溺在性裡面，不只是跟他的妻子，他還有許多妾。他的父親被告知他要不是成為全世界的國王，就是放棄整個世界成為一個開悟的人。這是他唯一的兩種出路。當然他的父親想要他成為全世界的國王。

所以他詢問該如何避免這個兒子成為一個開悟者：「我要他變成全世界的國王。」他的父親是一個小國度裡的國王。阿若才剛從尼泊爾帶回一幅畫，那是佛陀所誕生的宮殿的廢墟圖。即使是廢墟，你也可以看得出來那個宮殿不怎麼宏偉。它看起來就像是一個普通的大房子。它座落在印度和尼泊爾邊界的一個小村落裡。所以很自然地佛陀的父親有著不小的野心，他希望佛陀能夠成為一個偉大的世界征服者。

而星象師建議他：「如果你想要避免他成為一個開悟者。那麼讓他盡可能的生活在舒適和奢華裡。他應該要在奢華和放縱中長大。他不能看到任何年老的人，任何過世的人。甚至連那些即將凋謝的花朵都要從樹上摘下，不要讓他看見它們。而所有即將枯萎的葉子也要從樹上摘除。」

「還有他應該在不同的季節裡住在不同的宮殿裡，好讓他永遠不會覺得任何一個季節是不愉快的。」所以他們在三個不同的地方建造了三座宮殿：一個是夏天居住的宮殿，一個是冬天居住的宮殿，一個則是雨季時使用的宮殿。而每座宮殿旁邊都有著巨大的花園。然後他的父親從他的國度裡收集了所有美女來作為他兒子的妾。有二十九年的時間，佛陀的生活裡充滿了女人、音樂和美酒，另外他還有一個妻子和兒子。後來他開悟了。

我沒有兒子，我沒有妻子，我也沒有妾，我甚至沒有女朋友。然後我沒有品性？而佛陀有品性！沒有人比佛陀更耽溺了。那是什麼樣的一種品性……？

在他開悟前他有五個門徒。他們之所以成為他的門徒是因為他當時用的是苦修的方式。他用禁食折磨自己，所以最後他變得像個骷髏一樣。而那五個門徒被他的自我折磨深深的折服。人們有著這樣一種想法：如果你折磨自己，你就是一個聖人。

從他開悟的那一天起，他放掉了所有的自我折磨；因為那是完全無意義的。那五個門徒全部馬上離開他，他們認為他墮落了，從神聖中墮落。他開悟了，而那五個追隨他多年，一直敬重他是個大聖人的五個門徒離開了，他們說：「他已經墮落了。他開始進食，他開始穿衣服保暖。」

或許這些佛教學者除了經文以外，他們什麼都不懂。

品性是從開悟中浮現的，而不是相反過來的。並不是品性製造出開悟，否則開悟會有一個「因」在那裡。開悟是你的本性；它沒有任何「因」。它已經在那裡了，你就只是領悟、發覺它而已。你有著什麼樣的品性並不重要，如果你往內，一個罪人所擁有的佛性和一個聖人是一樣的。而在你發現了自己開悟之後，這個開悟所散發的氣息就變成是你的品性。

你的開悟讓你變得天真，而出於這份天真，智慧開始浮現。但是智慧不是知識，而是一種對於萬事萬物的清澈了解，不論內在還是外在。

但是這些充滿知識的笨蛋只證明了一件我一直不斷告訴你的事：那就是不要投入學術研究，不要投入學術事業裡。這些都是開悟的最大障礙，因為那只會讓你充滿過多的知識，而所有的知識都是屬於頭腦的。

開悟不屬於頭腦的向度，它是來自於沒有頭腦(no-mind)的芬芳。沒有頭腦並非根基於任何的品性。正好相反的：所有的品性是從沒有頭腦的明澈當中浮現的。所以它不是任何加諸於外在的紀律。它是一種自發性的回應。你就只是再也無法為惡。問題不在於你決定不再為惡，而是你就是沒有辦法這麼做了。當你充滿了光亮時，你怎麼能夠像個盲人一樣的行事呢？當你是如此地充滿光亮時，你怎麼能夠像個在黑夜裡蹣跚而行的人一樣的行事呢？

所以品性會浮現，智慧會浮現，還有其他一千零一件事情會浮現：喜悅、歡欣、祝福、慈悲。那是無止盡的；越來越多的花朵會持續不斷的綻放。

但這就是一個充滿知識的人會碰到的困難。他已經接受了某種既定的程式。

我要你絕對清楚的知道一點，那就是每件事情都在不斷的擴展和成長，甚至開悟也會隨著時間的流逝而變得越來越清晰、越來越深，越來越高。經過二千五百年的時光之後，我不會是佛陀的複製品。我沒有什麼要向他學習的。如果有什麼事情應該發生的話，是他需要向我學習某些東西。二千五百年的時光不是一種耗費。正如每件事情都會不斷的發展和演進，意識也是一樣。

但是每一個學者都被完完全全的毀了！他們只會根據他們經文上的文字來思考，而那些經文已經是二千五百年前的東西了。我是一個現代人，我不屬於任何一種類別。我自己就是一種類別。我根據我自發性的回應來決定事情，而不是根據任何戒律、任何規範。不論這個戒律是來自佛陀還是馬哈維亞、基督還是克里希納，那都不是重點；他們都過時了。但是這些學者還活在過去。

我在每一個片刻裡都不斷的朝著未來前進。我已經把佛陀留在二千五百年前了。他的開悟也同樣已經是二千五百年的老舊。他累積了許多的灰塵。而我意識的鏡子是絕對鮮明的，我不會受到任何人的動搖。沒有人是我的主人！沒有人有權利告訴我什麼是品性，什麼是智慧，又什麼是開悟。沒有人有這個權利。

我是一個絕對自由的人。我根據我自己的光亮來生活。我不是任何人的跟隨者，我也不依據任何經文來過我的人生。這些笨蛋應該住嘴！因為他們的關係，我被刺激地開始貶損佛陀、馬哈維亞、克里希納和每一個人！而他們沒有辦法反駁我的。

這些人怎麼能夠說佛陀不關注瑣事呢？他非常的關注。而且我所關注的也不是什麼瑣事。

我在意的是第三次世界大戰已經就在前方不遠了。任何時刻這個星球上的生命都可能會消失，有可能再也不會有任何佛的出現！而你把這稱為瑣事。

小心那些學者。他們是這個世界上最蠢的人們。

現在關於你們的問題。

問題　神已經死了，但是這帶來一個問題：是誰開始這個宇宙的？

不需要由誰來開始這個宇宙，因為這個宇宙是沒有開始，也沒有盡頭的。

這個問題一直受到所有宗教的不當利用，因為每個人都想知道是誰開始了這個宇宙。你的頭腦是如此的渺小，它沒有辦法想像一個沒有起始的宇宙，一個沒有止盡的宇宙，就只是從永恆到永恆。因為你沒有辦法想像那種寬廣無垠的狀態，所以你才會提出這樣一個問題：「誰創造了這個宇宙？誰開始了這個宇宙。」但是如果這個宇宙真是某個人所開始的話，那麼必然已經有一個宇宙在那裡了。你有看到這個簡單的數學問題嗎？如果已經有某個人在那裡開始這個宇宙的話，那麼你不能把它稱為「開始」，因為已經有某個人在那裡了。

如果你認為神是必要的……它帶給你一種慰藉，因為神創造了這個世界，所以你有一個開始。但是又是誰創造了神呢？再一次你又會掉進同樣的問題裡。

所有的宗教都說神是永恆的存在；沒有誰創造了神。如果這對神來說是事實的話，為什麼對存在本身來說這不能是事實呢？存在是自主的，它自行存在著。它不需要任何創造者，因為那個創造者會需要另外一個創造者，然後你會掉入一個荒謬的回溯情境裡。你可以一直從A追溯到Z，但又是誰創造了Z呢？問題仍然在那裡，你只是不斷地追根究底。但是問題是不會解決的，因為你提出了一個錯誤的問題。

這個宇宙沒有開始。它不是由誰所創造的。它也沒有止盡。而且記得一點，如果它有任何開始的話，那麼它也必然會有結束的時候。每一個開始都是結束的開始；每一次誕生都是死亡的開始。所以很好！放掉神吧，因為如果他可以創造這個世界，他也可以摧毀這個世界，任何一個被創造出來的世界是遲早會被摧毀的。如果誕生存在，死亡也會存在。只有一個沒有起點的宇宙可以是無止盡的。

所以你的問題來自於頭腦，而頭腦所能夠了解的是如此的有限。那就是為什麼我要你超越頭腦。只有沒有頭腦的狀態可以想像這種沒有起點、沒有終點的狀態。只有在沒有頭腦的狀態，這種不可理解的事情才會變得如此清晰；完全沒有任何問題。那些已經超越了頭腦的人也同時超越了神的這種概念。頭腦需要神，因為頭腦沒有辦法理解無限、永恆的事物。頭腦所能理解的事物極為有限。這個問題會出現是因為你頭腦本身的限制，它是無能的。

你問說：「神已經死了，但是這帶來一個問題：是誰開始這個宇宙的？」但是你曾經想過嗎，光是神的存在是無法解決問題的？相反的，它把問題往後推了一步：「誰創造了神？」任何無法摧毀這個問題的假設性答案都是徒勞無用的。任何只會把這個問題繼續往後退一步，而沒有觸及核心的答案都不是答案。

你只能從你自己內在永恆的經驗裡發現這唯一的答案。然後你會知道沒有誰創造了這個宇宙。它沒有開始，沒有止盡。你沒有任何開始，你也沒有任何止盡。當你從自己身上經驗到這一點時，你會知道這個存在是自主的，它不是被創造出來的。

一個被創造出來的事物頂多只是一個機器；它沒有辦法是一個有機體。車子可以被創造出來，人無法被創造出來。如果人也是被創造出來的話，那麼他會變成一個機器，一個機械人。你可以拆除一輛車子，把車子所有的零件都拿掉，不論是輪子還是任何零件，然後你可以把它們再重新組裝在一起，而這輛車子會是毫無問題的。但是如果你把一個人切成片段，再把他組合在一起——這個人仍然無法恢復。

一個有機的現象是無法被支解的。當你支解它的時候，它根本的奧祕也就消失殆盡了。你可以把那些局部重新組合在一起，但是你只會得到一個屍體，而不是一個活生生的人類。

存在不是被創造出來的，這是存在所具有的尊嚴。人類不是被創造出來的，這也是人類所具有的尊嚴。神是對於存在、人類、意識以及所有一切事物的一種侮辱。神是一種羞辱。

神無法解決任何問題；事實上，他在這個世界上只會創造出更多的問題。他從來沒有解決任何問題。這個世界上有超過三百種以上的宗教，而這些宗教都彼此爭戰著。這些宗教都是根據神這個概念而被創造出來的，人們根據他們自己的概念創造出宗教。

印度教的神有三個頭。想一想這個可憐的傢伙！想像一下你有三個頭；我不認為你還能夠站得起來。因為一個頭會垂向一邊，另外一個頭會垂向另一邊，而第三個頭又會垂向另外一邊，想想那個重量……我曾經看過印度神的雕像和繪畫。他的身體看起來像是人的身體，而人的身體是無法承擔三個頭的。

我曾經看過馬戲團裡的畸形孩子。我見過那種有著兩個頭的孩子，他們甚至沒有辦法坐立；他們只能躺著。馬戲團利用他們的慘狀，用拖車載著這些孩子到處走，藉由他們來賺錢。

印度教的神必然住在推車裡。他的其中一個頭會總是壓著枕頭，連呼吸都會有困難。就更不要說走動了。而且印度神的這三個頭只有一個身體，但卻有著各自的妻子。想一想這種慘狀！每一個頭都和另外兩個頭連在一起，而每一個頭卻有著他自己的妻子。三個妻子對一個男人，因為性器官只有一個。我從來沒有聽說過印度神有三個性器官的。現在，我實在沒有辦法想像那是什麼樣的一種情狀。

……這些虛構製造出了三百個宗教，因為每個人都可以自由地創造出他自己的想像。所以為什麼要借用別人的想像呢？有些宗教認為神有一千個頭。一千個頭？那些頭必然長滿全身，就像是樹木的各種分枝一樣。我不覺得這種神能夠設法做到任何事情。一千個頭？背後也長著頭，前面也長著頭……完全沒有空間留給其他任何部分了！

也有些神有一千隻眼睛——我沒有辦法想像這種情況。即使我處在沒有頭腦的狀況下，我也沒有辦法想像！一千隻眼睛在一個頭上？這麼一來，他不可能有空間容納耳朵、鼻子，也沒有空間容納嘴巴或其他任何部分——更不要說頭髮了。他必然是個禿頭，然後頭上長滿了眼睛。即使如此，我也不認為他能夠設法處理好這一千隻眼睛。他要怎麼移動呢？要根據哪一個眼睛所看到的影像來移動呢？甚至當他跟女人眨眼時，他要用哪一隻眼睛來眨眼呢？一千隻眼睛同時對著一個女人眨眼？那一定非常地羅曼蒂克。

神的存在沒有解決任何問題。相反的，神創造了上千個問題。每一個宗教都有它們自己的想法，因為那是一種想像、虛構。你不會對太陽有不同的想法。你不會對玫瑰有不同的想法。你只能對虛構的事物有不同的想法。因為那完全是由你來決定的，不論你要怎麼想像它。

《聖經》說神根據他自己的形象創造了人。事實上恰好相反：是人根據自己的形象創造出了神。而且人還試著修飾這個神的形象，試著為各種不合理的部分找藉口。他需要一千隻手因為他必須照顧五十億個人。但是如果你需要照顧五十億個人，那麼你需要的是五十億隻手。一千隻手是不夠的。如果你想要跟全人類握手的話，至少你會需要五十億隻手。這麼一來這個神除了手還是手，完全不可能有其他任何部分呢！所以你去和神握手，卻發現根本沒有人在那裡！

人們不斷的尋找各種理由：神有一千隻眼睛，因為他必須照顧這整個宇宙。難道他不能移動他的頭，就像是我現在移動我的頭嗎？透過兩隻眼睛，我可以毫無困難的看到一萬個人。他不會往後移動換個方向嗎？他的頭上到處都是眼睛，當他想要往後移動時，前面的眼睛會閉起來，後面的眼睛會張開。當他想要往旁邊移動時，另外三邊的眼睛會閉起來，只有一邊的眼睛會睜開。這到底是神還是某種娛樂孩子的玩具。

神的這種概念會出現是因為我們的頭腦沒有辦法理解永恆。一旦你超越了你有限的頭腦，來到一種不受限、沒有頭腦的狀態時，你就可以理解所有那些以往無法理解的事物。神是沒有必要的。

問題　如果沒有神的話，還會有祈禱的空間嗎？

不會有祈禱存在的餘地，因為祈禱是一種以神為取向的行為。如果沒有神，你要向誰祈禱呢？所有的祈禱都是假的，因為沒有人能夠回應這些祈禱，沒有人在那裡聽到這些祈禱。

所有的祈禱都是一種侮辱、羞辱和退化的行為。所有的祈禱都是令人作噁的！你向一個不存在的虛構人物下跪。

還有你在祈禱中做的是什麼呢？你在乞討：「給我這個，給我那個。」——全然的乞憐——「神，請賜給我每日的麵包！」你不能一次要個夠嗎？為什麼你必須每天都要呢？而且有五十億人在要求著，只有一個人在傾聽——你認為他還能保持神智是清醒的嗎？「請賜給我每日的麵包！」為什麼不一次要求你這一輩子的份量，然後結束你的祈禱？這樣的話，你只要祈禱一次就夠了。

但是你每天都去打擾他，像個妻子一樣地早晚嘮叨他。還有回教徒一天必須祈禱五次。他們更是不得了的嘮叨者。

我過去常常到烏代普爾(Udaipur)帶領靜心營。那裡距離我住的地方捷布坡(Jabalpur)很遠。旅程要花上三十六個小時，因為當時這兩個地方沒有飛機往返。雖然捷布坡有一個機場，但是那是陸軍機場，它是不對外開放的。所以我必須搭火車，並且換很多次車。首先我必須在肯特尼(Katni)換車，然後我會在比納(Bina)、亞格拉(Agra)、區塔革(Chittaurgarh)換車，最後我才會抵達烏代普爾。而當火車到達區塔革的時候已經是晚上了，而亞日米爾(Ajmer)非常接近區塔革。亞日米爾是回教的一個大本營，所以在火車上會有很多回教徒。我搭的那輛火車會在亞日米爾車站待上一個小時，等待其他的火車到達，再把乘客載到烏代普爾。

在那一個小時裡，我通常會在月台上散步。月台上所有的回教徒都排列成行，坐著祈禱著，我會在一旁享受地觀察他們。有時候我會到某個人身邊說：「火車要開了。」然後那個人會跳起來。之後他會非常生氣的對我說：「你打擾了我的祈禱！」

我會說：「我沒有打擾任何人的祈禱。我就只是在進行我自己的祈禱。火車開車是我衷心的慾望。所以我不是在對你說話；我甚至不知道你叫什麼名字。」

他會說：「這真是奇怪了……在我祈禱到一半的時候？」

我會說：「那不是祈禱，因為我在觀察——你一次又一次的看向火車的方向。」那個人會承認：「這是事實。」

而整個月台上都是同樣的情況。我會走進一些更靠近月台的人，小聲說著：「火車要開了。」然後另外一個人會跳起來，接著非常生氣的說：「你到底是什麼樣的人？你看起來是有宗教信仰的人，而你卻干擾人們的祈禱。」

我說：「我沒有干擾任何人。我就只是在向神祈禱著火車應該要開了。」

你的祈禱是什麼呢？乞討這個，乞討那個。你的祈禱讓你淪落為一個乞丐。靜心則讓你蛻變成一個帝王。

沒有人在傾聽你的祈禱；沒有人會回應你的祈禱。所有的宗教都不斷地讓你往外，好讓你不會回到內在。祈禱是一種往外的行為：神在那裡，然後你對著那個神吼叫著。但這只是把你帶離你自己而已。

每一個祈禱都是反宗教的。

我常常會提到一個很美的故事，那是來自於托爾斯泰所創作的作品中的故事。蘇俄希臘正教的大主教——這是俄國大革命之前的故事——開始擔心了起來，因為有許多教徒離開他的禮拜聚會而聚集到湖邊去。那裡有三個村民住在湖中一個小島上，他們坐在一棵樹下，旁邊還圍著上千個認為他們是聖人的群眾。

在基督教你是沒有辦法自己變成聖人的。聖人這個字眼來自於sanction(認可)這個字。你必須經由教會來認可你是個聖人；那是一種證明。

但是認為教會能夠證明你是一個聖人的這種想法實在是一種醜陋的想法。甚至像是義大利阿西西(Assisi)的法蘭西斯(Francis)那麼美的一個人，都被教宗召喚說：「人們開始把你當成一個聖人來敬拜，但是你沒有經過任何的認可。」

也是在這裡，我覺得法蘭西斯錯過了要點。他應該拒絕的，但是他卻像個基督徒一樣跪下來請求教宗：「認可我。」否則他是一個很好的人，一個很美的人，但是我不想提到他的名字，因為他做了一項愚蠢的行為。這不是一個聖人的方式。

我不需要任何人認可我的開悟或佛的身分。我自己申明這一點！我不需要任何人的證明。誰可以證明我呢？甚至佛陀也沒有辦法證明我。誰又證明過他？

英文裡「聖人」的概念是錯的。它來自於這個字sanctus（聖哉）。

所以那個蘇俄主教非常生氣：「這些聖人是誰？我已經好幾年都沒有認可過任何聖人了。這些聖人是從哪裡冒出來的？」但是人們不斷地去探望那些聖人，來教會的人變得越來越少。

最後那個主教決定去看一看那些人是誰。他搭了小船到小島上。那三個村民……他們是三個單純、未受過教育而又全然天真的人。那個主教是一個有權有勢的人；在蘇俄他的權勢僅次於沙皇而已。他對那三個村民感到非常生氣，他說：「是誰讓你們變成聖人的？」

他們看一看彼此。然後說：「沒有人。而且我們也不認為自己是聖人，我們只是微不足道的人。」

主教說：「那為什麼會有這麼多人來你們這裡？」

他們說：「這你就需要問他們了。」

主教問說：「你們知道教會裡希臘正教的祈禱文嗎？」

他們說：「我們沒唸過書，而那個祈禱文太長了；我們記不住。」

主教說：「所以，你們用的是什麼樣的祈禱文？」

他們三人看著彼此。其中一個人說：「你告訴他。」另外一個人說：「你告訴他。」他們三個人覺得很困窘。而主教則變得越來越傲慢，因為他看到的是三個絕對的笨蛋，他們甚至不知道祈禱文。他們怎麼可能是聖人呢？

所以主教說：「你們任何一個人都可以告訴我——現在就告訴我！」

他們說：「我們覺得很不好意思，因為我們編造了我們自己的祈禱文。因為我們完全不知道教會裡經過認證的祈禱文。所以我們編造了自己的祈禱文，而它非常的簡單。請原諒我們沒有事先獲得你的允許就這樣做，但是對於我們沒有去拜訪你的這件事情，我們真的覺得很不好意思。」

他們說：「神是三個，我們也是三個，所以我們編造出這樣一個祈禱文：『你是三，我們是三，請憐憫我們。』這就是我們的祈禱文。」

那個主教真的發火了：「這不是祈禱文！我從來沒有聽過這種東西。」然後他開始笑了起來。

那些可憐的傢伙說：「那你教我們如何真正的祈禱吧。我們過去認為這個祈禱文完全沒問題：神有三個，我們有三個人，還需要什麼呢？就是憐憫我們吧。」

那個主教唱誦出希臘正教的祈禱文，那非常的長。當他結束時，他們說：「我們已經忘記前面是什麼了。」所以他又重新唱誦了開始的部分。然後那三個人又說：「我們已經忘記後面的部分了。」

現在主教開始變得不耐煩。他說：「你們到底是什麼樣的人？你們甚至沒有辦法記得一篇簡單的祈禱文？」

他們說：「它太長了，我們沒有念過書，而且其中又有艱深的字眼。我們真得沒辦法……請對我們有耐心一點。如果你再唸個三遍，或許我們就可以抓住它的竅門了。」所以那個主教又重複了三遍。他們說：「好，我們會試試看，但是我們害怕這個祈禱文可能不會是完整的……可能會漏掉些什麼……但是我們會嘗試看看。」

那個傲慢的主教非常滿意自己解決了這三個聖人的問題，他現在可以回去告訴他教會裡的人：「那些人根本就是笨蛋，你們為什麼要去見他們呢？」然後他就搭船離開了。

過了一會兒，他突然看到那三個人在水面上奔跑著追在他的船後面。他沒有辦法相信自己的眼睛！他揉了揉眼睛……而那三個人已經來到他的船邊了，他們站在水面上說：「再唸一次就好，我們又忘記了。」

但是看到這樣一個情況——「這三個人在水面上走路，而我坐在船裡。」——這個主教明瞭了。他說：「你們就繼續你們原來的祈禱文吧。不要理會我跟你們說的那些話。原諒我，我太傲慢了。你們的單純、天真就是你們的祈禱。你們就是回去，你們不需要任何認可了。」

但是那三個傢伙說：「你大老遠來一趟。就是再重複一遍吧！我們知道我們很可能再度忘記它，但是只要再一遍，或許我們就可以記住它了。」

但是主教說：「我已經重複這個祈禱文一輩子了，而它從來沒有被聽到過。你們正在水面上行走著，而我們只有在耶穌的奇蹟裡聽過他能夠在水面上行走。這是我第一次看到這樣的奇蹟。你們就是回去，你們的祈禱是完全沒問題的！」

重點不在於祈禱，因為沒有人在傾聽它——但是他們那份全然的天真和信任把他們蛻變成一個全新的個體，如此的鮮活，如此的童真，就像是那些在清晨陽光下綻放的玫瑰，展現了它所有的美。現在那個主教的傲慢消失了，他可以真的看見他們的臉，他們的天真，他們的優雅和喜樂。那三個人從水面上回去了，他們手牽手地跑著回到他們的樹下。

托爾斯泰被諾貝爾文學獎所否定的也正是因為這樣的故事。他曾經獲得諾貝爾文學獎的提名。諾貝爾文學獎委員會每十五年公布他們的記錄。當他們在一九五〇年公布記錄時，那些研究員爭相去看哪些人獲獎，而哪些人又被刷下，以及被刷下的理由。托爾斯泰曾經獲得提名，但是他從來沒有得到過諾貝爾文學獎。因為他不是希臘正教的教徒。他寫出這麼美的故事，這麼美的小說……雖然他是一個基督徒，但是因為他不是希臘正教教徒，所以諾貝爾文學獎不可以頒給他。

但是諾貝爾獎只能頒發給希臘正教教徒這件事從來沒有公布於世過。托爾斯泰是最單純而天真的人，也是這個世界上曾經出現過最富有創造力的人之一。他的小說是如此的美。雖然他是一個伯爵，但是他的生活卻非常的單純。他的祖先是皇家貴族裡的一員，他有著龐大的領地和上千畝的田地，還有上千個奴隸和佃農。

他的妻子對他一直很憤怒——而他一輩子都一直深受其擾——只因為他生活的像個佃農一樣，也像佃農一樣的在田裡工作著。他對那些佃農非常友善。他晚上睡在他們貧瘠的草屋裡，吃著跟他們一樣的食物。那些佃農沒有辦法相信。他們說：「老爺，你是我們的主人。」

他說：「不，我們全部一起分享。我和你們一起工作，我可以和你們一起吃飯，我也可以睡在這裡。」

他的妻子非常生氣。她是一個女伯爵；她自己也來自於一個非常富有的家庭，另一個伯爵家族，而她沒有辦法相信托爾斯泰是這樣一個人：「他和那些骯髒的人住在一起，他吃他們的食物，他不停地在田裡工作。他根本不需要那樣工作！」

而如此單純、天真又富有創造性的人被諾貝爾獎所拒絕，只因為他不是希臘正教教會裡的一員，他不屬於基督教狂熱份子裡希臘正教的支派。甚至連我看到這個理由時，我都非常的訝異。所以諾貝爾獎只針對希臘正教和那些狂熱的基督教徒與政客，而不是針對富有創造力的藝術家。

你問說：「如果沒有神的話，還會有祈禱的空間嗎？」完全沒有。

在一個真誠的宗教裡會有靜心的空間，但沒有祈禱的空間。祈禱是外向的，靜心是內向的。靜心讓你成為一個佛，祈禱只會讓你成為一個乞丐。祈禱是虛構取向的，靜心是真實取向的。靜心是禪，祈禱什麼都不是，它只是神這個虛構概念裡的一小部分。避免任何一種的祈禱，因為它帶你遠離了自己真實的存在。深入靜心裡。這是唯一的一種宗教精神。

現在來到經文裡：

當希遷受戒之後，他的師父行思問他：「現在你已經受過戒了，你想要聽律(Vinaya)，不是嗎？」

Vinaya是指佛陀的一部經文。它的全名叫做《律藏》(*Vinaya Pitak*)。

行思問希遷說：「你已經受戒成為門徒，你現在想聽一聽這部叫做《律藏》的經文嗎？」

vinaya這個字有謙卑的意思。它是佛陀諸多系列演講中的一部。

希遷回答說：「沒有必要聽律。」

沒有必要學這些經文，因為任何經文裡都無法找到真理。真理不是某種哲學或神學。那是沒有必要的。

希遷是被他的師父慧能送到行思那裡去的。希遷已經成熟了，但是因為慧能覺得他自己的死亡很快就會來臨——他當時已經很老了——他可能無法看到希遷的開悟。所以他覺得最好把希遷送去某個師父那裡，在他最後一個階段裡協助他。因此他把希遷送到行思那裡，行思是他終生的對手。但是他們彼此雙方在心裡都認可了彼此的開悟。

希遷並不是一個初學者，所以當行思問：「你想要學這部經文嗎？」他說：「沒有必要學這部經文。」

行思繼續問：「那麼你想要讀《屍羅》(*Sheela*)——這部討論品性的經文嗎？如果你不想學習跟謙卑有關的經文，你會想要了解這部談到品性和道德的經文嗎？」

Sheela(屍羅)的意思是品性。這也是那個佛教學者在他的問題裡反對我的部分：沒有《屍羅》，你怎麼能夠開悟呢？

希遷回答——而這是一個非常接近開悟的人的回答——「沒有必要讀《屍羅》這部經，因為所有這些事情都會隨著開悟而來。它們不會出現在開悟之前，它們是隨著開悟而來的。」

開悟含括了巨大的寶藏。光只是開悟，所有這些寶藏都會隨之而來。你不需要什麼學習，你不需要用戒律來規範自己，你也不需要做任何努力。每件事情都會自發性地出現。你唯一要做的就是先成為一個佛。

所以希遷說：「沒有必要念這本跟品性和道德有關的書。」

行思問：「那你能送封信到南嶽和尚那裡去嗎？」

南嶽懷讓是另外一個有名的師父，而這只是行思的一種策略而已。他在試著了解希遷的狀態。他的所有這些問題都不是為了問題本身；而是試著了解這個之前曾經和一個偉大師父——慧能——生活在一起的新來者，試圖了解他所到達的境界？他進入得有多深？行思試著從各個角落和方向來測試希遷，好讓他能夠知道希遷已經成熟到什麼程度，他還需要多少的幫助。所以這些問題只是另外一個方法而已。當他問到《律藏》時，他失敗了；因為希遷的回答就像是他已經成道一樣。當他問到《屍羅》時，希遷的回答也像是他已經成道一樣。

所以他嘗試了一種不同的方法。他說：

「那你能送封信到南嶽和尚那裡去嗎？」

南嶽懷讓生活在不遠的一座山中僧院裡。

行思說：「現在就去，早點回來。如果你回來的晚了，你會錯過我。如果你錯過我，你就無法得到我椅子底下的大斧頭。」

希遷說：「當然。」

很快的，希遷到了南嶽，在交出信件之前，希遷鞠躬之後問說：「師父，當一個人既不追隨先賢聖者，也不表露自己內在最深的靈魂時，該做些什麼？」

他的問題非常的重要。帶著一種絕對的敬重，希遷問：

「師父，當一個人既不追隨先賢聖者，也不表露自己內在最深的靈魂，該做些什麼？」

南嶽說：「你的問題太傲慢了。」

懷讓的意思是：「沒有人會馬上就問這樣一個問題的。你來到我的寺廟裡，然後你就開始問我問題。首先，你需要接受點化。首先，你必須是個門徒。我不是在這裡浪費時間回答任何經過的人所問的任何問題的。這是一種傲慢。」

但是那不是傲慢，那是行思的一種策略。因為南嶽是一個很不一樣的師父。

南嶽說：「你的問題太傲慢了。何不問得謙卑些？」

對於這一點，希遷回答說：「那麼寧願永墮地獄，也不希冀先賢聖者所知的解脫。」

「如果你說我的問題傲慢，那麼我寧願永遠在地獄裡受苦，也不會謙遜的問你任何問題。」

沒有任何問題是謙遜的。每一個問題某種程度來說都會是傲慢的。當你提出疑問時，你是在顯示出懷疑，你在干擾這個師父的寧靜。因此很顯然的，每個問題都會是傲慢的，沒有問題能夠是謙遜的。只有寧靜才是謙遜的。但是那不是一個問題。而是答案。

但是希遷是一個有風骨，有膽量的人。他說：「忘掉所有關於問題的事。我不會謙遜的提出問題，因為沒有任何一個問題能夠被謙遜的提出。問題本身就是傲慢的。任何問題都是一種質疑。任何問題都是對師父能量的一種干擾。」

「只有寧靜會是謙遜的。但是這麼一來我也不需要來見你了。我可以在任何地方保持寧靜。我甚至可以在那永恆的地獄之火裡保持寧靜。」

希遷真的是一個極度聰明又極度有勇氣的人。南嶽懷讓沒有辦法貶低他。希遷是故意被行思送到南嶽懷讓那裡去的，因為懷讓是一個以強硬而聞名的師父。行思想知道希遷的反應，他想知道希遷會如何回應懷讓的對待。而希遷做了對的回應！他說：「忘掉所有的問題。我寧願永遠墜入地獄裡，也不願意謙遜的問你一個問題。不論我用哪一種方法提出問題，沒有問題能夠是謙遜的。我已經帶著極大的敬重提出問題了。我已經稱呼你『師父』了，而你說我的問題是傲慢的？你這是在羞辱我。」

「沒有師父會羞辱他的門徒，而且我甚至不是你的門徒。我只是一個陌生人，而你卻沒有善待我。我只是一個客人。你應該要歡迎我。你沒有歡迎我，你卻羞辱我。我不會再提出任何問題了。」

希遷覺得自己和南嶽懷讓不投契，在沒有交出信的情況下快速離去。

這個人甚至不值得這封信。希遷沒有停留，他馬上就離開了。

當希遷回來時，行思問：「他們是否交託了什麼給你？」

希遷說：「他們沒有交託什麼給我。」

行思問：「那麼必然有些回應。」

希遷說：「如果沒有交託什麼事物，也就沒有什麼回應。」

然後希遷接著說：「當我離開時，你要我早日回來接受你椅子下的大斧頭。現在，我已經回來了，請給我那把大斧頭。」

行思寧靜不語。希遷鞠躬隨即退隱。

行思的寧靜就表示他接受了希遷以及他的勇氣。行思知道那封信沒有交出去，也沒有獲得任何回應，雖然希遷從來沒有提及那封信。他只是說：「他們沒有交託任何東西給我，所以怎麼可能有任何回應呢？」

行思看到這個人，他看到他的品質以及他值得開悟。行思的寧靜就是他的斧頭。他之前說過：「當你回來時，我會用斧頭砍下你的頭。」

而現在希遷提醒他：「現在我已經回來了，請給我那把大斧頭，斬斷我的頭。做任何你想做的事情，我已經準備好了。」

行思保持寧靜。在那個深沉的寧靜裡有著光亮的傳承。那不是任何語言上的問題；而是能量上的傳承。就在那樣的寧靜裡，那火光從行思身上跳躍到希遷身上。也因為希遷接受到了那道火光，他馬上拜倒並且退隱。現在他再也沒有必要去打擾師父了。他已經被接受了，不只是被接受；他之所以來這裡的最後一步也完成了。

慧能在希遷開悟前過世。事實上，當希遷離開慧能還沒有到達行思那裡時，慧能就過世了。慧能極度清楚他自己的死亡即將來臨，而且行思就是那個可以交託希遷的適當對象。他的判斷是絕對正確的；最後行思確實讓希遷開悟了。

但是開悟只發生在寧靜裡。那就是為什麼我所有的努力就是要讓你盡可能的寧靜。這麼一來你甚至不需要一個行思。你就只是坐在任何地方——不論是坐在自己的房間裡，還是在一棵樹下，在花園裡，在河邊或是任何地方——如果你的寧靜夠深的話，存在會點化你成為一個佛。而當這點化是直接來自於存在的時候，它所具有的美會遠比來自一個師父要多得多。

我教導的是立即式的頓悟。而你所做的靜心則是讓你能夠準備好進入寧靜裡，在那裡存在會成為你內在的火光。

越智越人(Etsujin)寫下這樣一首俳句：

墜落

但是帶著一顆自在的心——

噗。

花朵是帶著一顆自在的心掉落的。它們甚至不會回頭探望它們開花綻放的那棵植物，那棵植物長久以來一直是它們的家，那棵植物長久以來一直滋養著它們。現在它們要回歸大地了，那是它們的源頭。

掉落，但是帶著一顆自在的心……沒有任何悔恨。它們享受過陽光，它們享受過月亮，它們享受過星辰。它們在風中舞蹈過，它們在雨中舞蹈過，它們舞蹈過、慶祝過。還需要什麼呢？現在是它們回到永恆安息的時候了。那就是為什麼它們的心是自在的，沒有緊繃，沒有焦慮。它們全然地活過，它們舞蹈般地死亡。它們非常容易的朝著大地墜落，在那裡它們會再度消失。它們來自於大地，它們也回歸大地；它們完成了整個循環。

就像花朵來自於大地，也回歸大地永恆的安息一樣，你來自於存在，如果你有一個自在的心。你也將自在的回歸大地。那時候，你將不會再進入這個身體的牢籠裡，你將會回歸你最初來時的本源之處，回歸到那永恆的安息。

這永恆的安息就是涅磐，這永恆的安息就是莫克夏(moksha)，這永恆的安息就是解脫。

這永恆的安息就是三摩地、真實、開悟——它們是不同的名詞，但指的卻是同樣的經驗。你已經回到家了，而你是舞蹈般地回到家的，沒有悔恨，沒有抱怨，只是一顆自在的心，平靜而寧靜地消失。這是一種最絕妙的經驗，當你在消失的邊緣，帶著一顆自然而放鬆的心時，那就是純粹的放下。

問題

在尼采的《反基督》（*The Antichrist*）一書裡，他寫著：「那些相信自己的人，他們的內在仍然有著自己的神。他們仰慕他身上那些讓他們得以繁盛的品質，那些美德。他們把自己身上所有的快樂與力量投射在他身上，好讓他們能夠表達感謝。」你是否願意評論一下這個部分。

尼采是在精神病院裡寫下這本《反基督》的。但是他是如此的一個天才，即使所有的精神科醫師都宣布他已經瘋狂而且神智不清了，但是他的書仍然證明那些人是錯的。甚至在他神智不清的時候，他都比那些所謂神智清醒的精神科醫師要來得更為清醒。甚至在他死亡之前——他寫了一封信給他的朋友——而他也沒有忘記……他以往的簽名總是寫著「反基督，弗里德里希・尼采」。甚至在他即將死亡的時刻，他也沒有忘記先寫下「反基督」這個字，再簽下他的名字。

他在那個精神病院裡寫了許多極為重要的作品。《反基督》這本書能夠幫助你了解尼采所具有的深度。雖然他從來沒有超越過頭腦，但是即使是透過頭腦他仍然到達了一種了不起的高度和深度。

他終其一生都是反基督的。他說：「基督的教導是一種對於人類的污辱，因為他把人類稱為羊群，而把他自己稱為牧羊人。他說人類犯下了原罪，而他說自己是拯救者。只要相信他，他就會拯救你？這對於任何具有理解的人來說都是一種侮辱。」

這就是為什麼希遷說：「我寧願在地獄裡永遠受苦，也不會再問你一次問題。我們彼此不投契。我的心和你的心無法是和諧的。我這趟來拜訪你的旅程是白費了。」

在《反基督》這本書裡，尼采說了許多事情。他的整個教導都在強調超人。神已經死了，而人類現在可以自由地成為一個超人，他可以不再是個奴隸了。人類現在可以宣布他自己的自由，而在這份自由裡，他會成為超人。當人和神在一起的時候，人只能是一個在雕像、塑像和經書之前跪拜的奴隸，只能像乞丐一樣的向神禱告，他只能相信那些所謂的拯救者、先知與彌賽亞，而這些拯救者除了是極度的自我主義者以外，他們什麼都不是。然而整個人類都被引導成為一個不得了的靈性奴隸。

尼采反對基督是因為他說的是謊言：「那些貧苦的人是受到祝福的，他們將繼承到神的天國。」這是謊言，他只是在安慰窮人而已。而安慰窮人就是在摧毀任何可能的革命。那就是整個基督教所做的事情。它們保護資本主義，它們保護那些有權勢者，它們用空虛的言詞來慰藉窮人：「窮苦的人是受到祝福的。」這些都是胡扯！

為了給予窮人更多一點的慰藉，耶穌譴責有錢的人。他說：「即使駱駝都有可能穿過針眼，但是沒有任何一個富有的人能夠通過天堂的大門。」這種說法只是為了讓窮人感覺愉快：他們的貧窮是靈性的，它是神的禮物，他們是受到祝福的。像耶穌這樣的人製造了貧窮，他摧毀了革命的可能性，他摧毀了改變社會結構的可能性，也摧毀了創造出一個更好的社會、沒有任何階級、甚至沒有任何身分地位這種終極社會的可能性。

像耶穌這樣的人不是什麼拯救者，而是一種安慰者。或許在不知情的情況下，他們變成了既得利益者的經紀人。那就是為什麼尼采不斷的在他的簽名前面寫著「反基督」，因為他非常清楚這一點。

耶穌說：「如果有人在你臉上打了一巴掌，把你的另外一邊臉也給他打。」尼采不接受這一點，而我同意尼采，我不同意耶穌。為什麼呢？尼采給了一個很完美的理由。他說：「如果你把另一邊的臉也讓他打的話，你是在侮辱對方。你是在告訴他：『我比你更神聖。你只是個次等人。』在尼采之前，從來沒有人把這句話看成是一種侮辱；那就是為什麼我說尼采是一個具有原創性的人。他唯一錯過的只有一點，那就是靜心。否則，我們會有一個比佛陀更偉大的佛，因為他會是絕對現代化的。

你了解他說的意思嗎？當你把你的另一邊臉頰也給對方打時，你是在拒絕對方，拒絕他的人性。你在說：「我是一個聖人，而你只是一個平凡人。」尼采說：「當某人在你的臉上打了一巴掌時，盡你所能的把他打回來。那會讓你們彼此是平等的。」透過這種做法，你接受對方身為人類的尊嚴，同時你在告訴對方：「我也是一個人類；我並沒有比你更優秀，我沒有比你更神聖。」這是一個奇怪的論點，但是絕對的完美。

在《反基督》這本書裡，他說：「那些相信自己的人，他們的內在仍然有著自己的神。」現在他們自己變成了神。但是尼采對於靜心一無所知；這就是問題所在。當你進入靜心的時候，剛開始你會感覺像是有一個自己一樣，但是當你進入的越深，這個「自己」會開始消失。當你最後終於來到你的中心時，你消失了。此時這樣一個成為神的問題不會出現。你確實是神性的，因為這整個存在都是神性的。但這不是什麼權力遊戲，權力遊戲需要有人比你低下；它需要你是高高在上的。

在深沉的靜心裡，你知道甚至連一棵樹都和你一樣是平等的，甚至動物、鳥兒和石頭都和你一樣是平等的。這整個存在生活在一個無比的平等當中。而這也是我一次又一次不斷向你提過的。只有一個靈性、靜心的人才會是一個真正的社會主義者和無政府主義者，除此之外沒有真正的社會主義了。因為當你越來越深入自己的時候，你消失了；你不在了。所以沒有任何權力遊戲的問題，也沒有任何自我主義的問題。這整個存在突然間變得就是和你一樣。自我不存在，這個「我」不存在；存在的只有光、意識、觀照。這整個存在就像你一樣的寧靜，一樣的喜樂。沒有什麼是較高的，也沒有什麼是較低的。

共產主義和無政府主義這兩種運動某種程度來說都消失了，因為他們缺乏最根本的主要品質。只有一個靜心者才會知道所有一切是平等的，因為我們都是這整個宇宙裡的一份子。不同的型態和不同的形式創造出各種多樣性，創造出這份美。但是所有一切的內在深處都有著同樣的汁液；是這同樣的養分在樹木裡流動著，然後它變成花朵，也是這同樣的養分在你的內在流動著，讓你成為一個佛。你綻放成為一個佛的方式和一朵蓮花的綻放是完全一樣的，那其中沒有任何差別。沒有人是較高的，也沒有人是較低的。

尼采是對的。如果人們沒有靜心的話，當他們放掉神這個概念時，他們自己會變成神，因為誰能夠阻止他呢？他們的自我會極度膨脹，他們會變得越來越自我主義。當神在那裡時，他們是謙卑的，他們害怕來自地獄的懲罰。現在神不在了——誰能阻止他們變成自我主義者呢？

曾經有人反對拿破崙說：「你在做什麼，你居然違反了國家的憲法？」拿破崙說：「我就是法律。扔掉任何憲法。我說的就是憲法。」這種情況是注定會發生的。這些自我主義者會變成法律。這些自我主義者會變成神。

第二次世界大戰之所以對日本會造成如此的一場震驚，不是因為廣島和長崎，而是因為太陽帝國的失敗。日本人相信他們的天皇是太陽神，而不是一個人類，他們認為他是不可能被打敗的。因為天皇從來沒有被打敗過，所以這個概念一直持續下來，並且變得越來越根深柢固：「他是不會被打敗的，沒有任何力量能夠打敗他。他不再是個人類，它是神，一個太陽神。」但是所有的帝王和君主都相信他們分享了神的力量。如果沒有神的話，你的國王，你的帝王還有那些擁有權勢的人都會開始認為：「我是神，而其他人都只是普通人。」

所以尼采是對的。如果你不熟悉靜心的話，頭腦是一種危險的現象。沒有神，它會變得極度膨脹。它會開始認為自己就是神。

我想起一個很美的事件。它是發生在巴格達哈里發・歐瑪(Caliph Omar)時期的事。有一個人宣稱他帶來神的一個新訊息，而這個訊息會大大地改善《可蘭經》。所以他馬上就被逮捕並且被帶到哈里發・歐瑪的宮廷裡：「這個人宣稱他來自於神，並且帶了一個新的訊息給人類，遠比回教的《可蘭經》更精粹。」

回教徒沒有辦法接受任何比《可蘭經》更精粹的東西，那是神最後的話語。每個宗教都說著同樣的話。對耆那教而言，馬哈維亞的話語就是最終的話語，它是不可以被改變的，沒有什麼比那更精鍊的。對佛教徒來說，佛陀的話語是最終的話語。然後這同樣的事情也發生耶穌、摩西身上，世界上每個宗教的創始者都試著建立起這種情況：「我是最後一步，所有一切到我為止；再也不會有任何演進了。」但是演化根本不在乎這些人，它仍然不斷地進展著。

歐瑪非常的生氣。他說：「你是一個回教徒，而你居然宣稱自己是比穆罕默德更好的先知？」

這個男人說：「當然，因為我是在這麼多世紀之後才來的。這個世界已經變了，時代不同了；我們需要一個新的《可蘭經》。我已經把它帶來了。」

歐瑪非常生氣。他告訴士兵：「好好招待他一頓。把他赤身裸體的綁在監獄的柱子上鞭打七天。不要讓他睡覺，也不要給他任何食物。七天之後，我會來看看他是否改變了這種想法。」

那個男人被連續折磨了七天：沒有睡覺，沒有食物，持續不斷地被鞭打。到了第七天，歐瑪來到了監獄，那個男人已經全身被血所覆蓋，整個身體都是傷痕和血跡。

歐瑪問說：「你現在的想法如何？你改變主意了嗎？」

那個男人笑了起來。他說：「當我從天堂把這個新的訊息帶來給人類的時候，神已經告訴過我，我會受到人們的折磨。因為每一個先知都受過摧殘。所以這七天只是完全證明了我是一個先知。神是對的。」

歐瑪沒有辦法相信他的耳朵。而在這同時，另外一根柱子上突然傳來一個男人的聲音，那個男人是一個月前來到監獄裡的。他當時宣稱：「我就是神！」所以他在監獄裡被折磨了一個月。歐瑪已經完全忘記那個男人了——現在他的興趣放在這個先知身上——但是這時候那個男人突然說：「歐瑪！我是神！記得這一點！在穆罕默德之後，我從來沒有送任何先知來到這個世界上！那個男人在說謊！」

你能對這些人做些什麼呢？他們就是瘋了。

沒有任何一個精神分析學家——如果他真的忠於他科學性的分析——能夠說耶穌是神智清醒的。這個人說他自己是「神的兒子」，他其實需要的是進醫院！他不需要被釘死在十字架上；這是絕對錯誤的做法。他沒有犯任何罪，他只是宣告了自己的瘋狂而已。而你是不會把一個瘋狂的人釘死在十字架上的，你會同情他；因為他需要精神方面的治療。但不幸的是當時沒有精神科學也沒有心理學。那要等另外一個猶太人——佛洛伊德來發明它。但是佛洛伊德出現的太晚了，他在第一個猶太人——耶穌——被吊上十字架的兩千年後才出現。

這其實是一種誇大。如果神不存在了，很有可能每一個自我的頭腦都會發展到極致。一開始的時候他是跪在神的面前。現在，他知道神不存在了，他移動到另外一端。現在他宣稱：「我是神。」似乎不論哪一種形式，神都一定得存在。

但是尼采的這種說法只是來自那種知道頭腦而不知道任何超越頭腦事物的人。因為當你超越頭腦時，你也消失了。不會有人在那裡宣稱：「我是神的兒子」或「我是神」。不會有人在那裡宣稱：「我是人類的救世主」、「我是一個先知」或「我是神的化身」。所有這些人都是瘋子。而你們卻一直敬拜這些瘋狂的人，只因為他們宣稱自己是神。所有這些所謂的宗教創始人需要的其實是精神治療。

另外還有一些人……當賈瓦哈拉爾・尼赫魯(Jawaharlal Nehru)是印度的首相時，當時全印度至少有一打的人認為自己就是賈瓦哈拉爾・尼赫魯。我認識其中一個，因為他過去住在鄰近的一個鎮上，而我每隔一段時間就會去那個鎮上的大學演講。我是在那裡碰到他的，因為他來聽演講。當時學校的校長笑著把他介紹給我：「這位是潘迪特・賈瓦哈拉爾・尼赫魯(Pandit Jawaharlal Nehru)，也就是我們的首相。」而那個人的穿著就跟賈瓦哈拉爾・尼赫魯完全一樣。

我說：「他看起來像是潘迪特・賈瓦哈拉爾・尼赫魯。」

那個男人說：「看起來像是？我就是！」

後來校長告訴我那個男人不斷地傳送電報給各地的政府巡視處，通知他們首相會在某月某日到達那裡，要他們保留最好的房間給他：「首相會待上兩天。盡可能地通知所有的公務人員。」很多人都被他騙了，因為在一個小村落裡不會有人直接認識賈瓦哈拉爾・尼赫魯。人們只見過他的照片，而那個人的穿著和尼赫魯一模一樣。他們有著同樣的髮型，戴著同樣的帽子，穿著同樣的背心，還有著同樣的回教式睡衣——每件事都非常完美。然後，或許是因為他頭腦的關係，他的臉也長得越來越像尼赫魯。他自己堅決相信這一點，在他的頭腦裡沒有任何懷疑。他的舉止和尼赫魯的舉止一樣，他走路的方式也和尼赫魯一樣。最後他死於一場意外車禍。

還有另外一個人也認為自己是尼赫魯，他當時在印度巴瑞里最大的精神病院裡。三年後，他終於認知到自己不是尼赫魯，大概是因為那些折磨或是那些醫生不斷敲擊著他的頭腦：「你不是他。」我的感覺是他只是對這種治療感到厭倦了；而後來發生的事情證明了我的感覺是對的。

當尼赫魯到巴瑞里去參加某項慶祝的時候，他也去參觀了這家精神病院。為了要容納更多的病患，這家精神病院剛剛落成一個新的區域。精神病院的院長認為既然這個男人已經痊癒了，讓他從尼赫魯的手裡出院會是個好主意。

當尼赫魯來的時候，他們把這個精神病患帶了過來。他們對這個病患介紹說：「這是潘迪特・賈瓦哈拉爾・尼赫魯，我們的首相。」

這個人看了一下尼赫魯，然後他對尼赫魯說：「你不用擔心。那至少要花上三年的時間。我過去和你想的一模一樣，但是這些人真是會折磨人。最後我必須接受我不是，雖然我知道我是。三年以後，你也會接受你自己不是尼赫魯的。就是進去吧。現在我要出去了，你進去吧！不用擔心，只要三年你就會痊癒的。」

這個男人有著完美的邏輯。他認為自己是尼赫魯；只是這些人不斷地折磨他，把他「治療」好了。但是內心深處，他仍然認為自己是尼赫魯。

當邱吉爾是英國首相的時候，也有同樣的事情發生過……因為第二次世界大戰的緣故，倫敦當時從晚上六點開始實施嚴格的宵禁。沒有人可以在建築物外面逗留，否則他們會被射殺。

邱吉爾常常會在傍晚時分出去散步。而那一天的日落非常美……在英國這種落日是非常罕見的，因為那裡的太陽往往只會出現一下子。所以他坐在公園裡的椅子上看著美麗的落日，然後他完全忘記宵禁這回事。當太陽突然消失在地平線後，他注意到時間已經很晚了。已經過了他應該回到家裡的時間，而他家距離公園至少還有幾公里。而那個嚴格的命令，來自於他命令每個人都應該在六點前回到自己的家裡。他會被射殺的。

他尋找著任何他可以躲藏的建築物——他認為一旦人們知道他是英國的拯救者，首相邱吉爾，任何人都會給他一晚的庇護。所以他敲了最近一間房子的門，那剛好是一家精神病院。當有人來開門時，邱吉爾說：「很抱歉打擾你。我是溫斯頓．邱吉爾，你一定認識我，我是英國的首相。」

對方一把抓住他。邱吉爾說：「你在幹什麼？」

這個人說：「我們這裡已經有六個邱吉爾了。進來！」

他說：「我告訴你，我真的是溫斯頓・邱吉爾。」

這個人說：「他們每一個都這樣說。我會把你和他們放在一起。很快你就會知道誰是真的了。」

他不可能那時候離開。因為外面有著被射殺的危險，所以最好還是待在精神病院裡。但是他和六個胖子被安置在一起，他們全都抽著同樣的雪茄，就是那種邱吉爾總是在抽的雪茄。當這第七個邱吉爾進來時，他們全都跟他揮手——就是邱吉爾那個標準的勝利標誌。他們全都說著：「歡迎，進來吧！」

他們看起來都和他很像，全都一樣肥胖、自滿、抽著雪茄，還比著他那個勝利象徵的手勢。他很努力的試著說服他們，這種討論進行了整晚。邱吉爾對他們說：「你們都瘋了。我是真的溫斯頓・邱吉爾……」他們全部都在笑。其中一個人說：「這裡每個人都是真的。沒有假的。」

邱吉爾非常努力的嘗試：「難道你們沒有認出我嗎？」

他們說：「難道你沒有認出我們嗎？我們很高興有你在這裡。這裡已經有六個了，你是第七個。還會有更多人來的！但是全部都是真的！沒有人是假的。」

他花了一整個折磨人的夜晚和那六個不斷抽著雪茄的人待在一起，他們用邱吉爾慣常的說話方式說著話，討論著關於戰爭、計畫還有如何打敗希特勒的事情。邱吉爾非常的安靜，他想：「我能拿這些笨蛋怎麼辦呢？」他們騷擾他：「為什麼你這麼安靜的坐著呢？如果你是真的邱吉爾，加入我們，我們一起討論這個國家的問題。這個國家現在正面臨著危機，而你居然只是靜靜的坐著？是什麼讓你認為自己是真正的邱吉爾？」

邱吉爾後來說過：「那個晚上偶爾我也會懷疑……這些人是這麼的肯定，誰知道呢？說不定瘋的人是我？我很肯定，但是他們也很肯定。事實上，他們看起來一副比我更確定的樣子。我有時候會開始猶豫，或許……」

早上，邱吉爾打了電話給他的祕書：「找人來說服這個看守員。」當時所有的人都很擔心他，那個祕書整晚在倫敦各處尋找邱吉爾：「他去哪裡了？」整個英國還需要邱吉爾來打敗希特勒。「他到底去哪裡了？」這是某種陰謀嗎？希特勒綁架了他嗎？

所以在邱吉爾打過電話之後，馬上就有人來對那個管理員說：「你這個笨蛋，你居然折磨我們的首相。」

那個管理員說：「就是進來，你會看到這裡有七個首相。我沒有錯，因為他們都說著同樣的話。而這個人也說著同樣的話。我怎麼知道誰是真的呢？」

當那些人進入後，他們沒有辦法相信自己的眼睛。他們說：「你說的沒錯，我們向你道歉。但是這個人是真的邱吉爾。我們會把他帶走。」那些人是議會的高級官員，所以管理員同意了。

而那六個人說：「這是怎麼回事？那個假的傢伙被帶走。而我們是真的邱吉爾——不只是一個，是六個——卻沒有人注意。」

自我是瘋狂的，如果沒有神的話，自我會認為自己是神。但是只有當你不熟悉靜心時，這種情況才會發生。靜心會讓你消失在這個宇宙裡。你再也不在了，只有存在還在。

現在是該笑一笑的時候了……

一個新的年輕教士剛進入修道院。幾個星期之後，他深深受到性幻想的干擾，所以他去見高階神父，這個高階神父已經九十五歲了。

這個年輕人哭著說：「神父，我一直受到那些不純潔思想的干擾，性誘惑在我的腦海裡蜂擁而至——像是狗爬式、六九式，還有印著耶穌肖像的絲綢內褲！我越是試著抗拒它們，它們越是充塞著我的腦海。」

老神父調整一下自己的袍子，然後說：「嗯，所以，你想知道些什麼？」

年輕的教士說：「嗯，你已經九十五歲了，又是這個教會裡最資深的人——請告訴我，到底要經歷多少年，才能從這些肉體的慾望裡解脫？」

老神父注視著這個年輕的教士說：「嗯，它需要經過很多年的自我折磨以及神聖的祈禱，你的頭腦才能夠清除掉所有這些邪惡。」

年輕的教士問：「真的，到底要多少年呢？」

這個老教士嘆了口氣說：「嗯，我可以告訴你，它絕對是會超過九十五年的。」

牛頓搭上了一部紐約計程車要到城的另一端去，他發現自己在車中被甩來甩去，因為司機像是賽車一樣的行經各個街道。

當牛頓終於抓住車子裡的某個東西時，他大喊：「嘿！開慢一點！不然你會把我們兩個人都搞進醫院！」

司機回答說：「先生，你不用擔心。我才剛在醫院裡待了十八個月，我一點也不想要再回到醫院裡去。」

牛頓覺得稍微安心了，他說：「喔！我很抱歉。你在醫院裡待了十八個月——那必然很慘！你受的傷一定很重？」

司機回答說：「不！一點傷痕都沒有，我待的是精神病院。」

靜心：

安靜下來……

閉上你的眼睛，感覺你的身體全然的凍結。

這是回到內在的最好時刻。聚集你的能量，你全然的意識，帶著一種迫切的感覺，就好想這是你生命裡的最後一刻，衝向你內在最深的核心。

越來越快……

越來越深……

當你越來越靠近你最深的中心時，一種莫大的寧靜會來到你身上。像是細雨一般的降落在你身上。

再多一點，再近一點，這是一種全新的經驗……

平靜的花朵，祥和的花朵，全然安寧的花朵在你周圍到處綻放著。

只要再一步，你就到達了內在最深的中心，全然地沉醉在這個神性裡，被喜悅的氛圍所圍繞。這是你第一次見到你本然的面貌。佛的面貌只是一個象徵，它其實是每個人的面貌，那最終極的面貌。

佛只擁有一種品質……所有的佛，不論過去、現在、未來，佛只有一種品質——那就是觀照、覺知。

只要觀照你不是這個身體。觀照你不是這個頭腦。

還有觀照你就只是這個觀照。

你就只是一個佛，絕對的天真，超越了頭腦，你是一個純粹的空間，無限且永恆的。

讓你的觀照更深入些……

放鬆……放下，就像是花朵從樹上掉落一樣……帶著一顆自在的心，沒有緊繃，沒有焦慮。安處在中心，你和這整個存在是同一頻率的，你的心跳就是這整個宇宙的心跳。

在這個片刻裡，你是這個星球上最受到祝福的人，因為沒有其他任何存在比此刻的你更為燦爛輝煌。

享受歡慶這個美好的片刻。

享受歡慶這個真實和初始的經驗。

享受歡慶你是如此的飽受祝福，如此的與存在同調。

在你回來之前，擷取所有這些經驗。

你必須把它們從你的中心帶回到你的生活裡。你必須優雅、美好、喜悅、歡欣和喜樂的生活著——在每一個片刻裡，在任何的時刻裡。

不論是清醒還是睡著，你就是佛，而所有這些都屬於這個佛的——這份觀照，這份喜樂，這份歡欣，這份喜悅，還有降臨在你身上的這份沉醉。當你來到自己的中心時，你也就來到了整個存在的中心。

你沉浸在生命的美好汁液裡，被滋養著。

擷取所有這些經驗，還有記得你需要說服這個佛和你一起回來。

這個靜心有三個步驟：

首先佛像是影子一樣地來到你後面。但是這個影子是芬芳的，這個影子是絕對實質的，這個影子不只是個影子，而是一種在——它是絕對觸手可及的，你可以觸碰到它，你可以感受到它。它就在你的背後；它的溫暖，它的慈悲，它的光芒都將讓你沐浴在其中。

第二步：你變成那個影子，而佛來到你的前方。然後你這個影子會慢慢地消退，因為你的人格什麼都不是，只不過是一種虛假的概念、一種想像、一個虛構物、一個謊言。

而當你這個影子消失時，你的存在將和佛合而為一。這是第三步也是最後的一步。

當你成為佛的那個片刻，你就已經回到家了。那一天會是你人生裡最幸運的一天。你已經經歷過許多世，你以許多不同的形式，經歷過許多不同的身體，而你不斷地錯過、錯過、再錯過。這一次，你自己清楚的知道，你將不會再錯過：你已經開悟了，你已經到達你存在裡的最高峰，你存在裡的最深處。

也正是為了這個目的，我召喚你隱藏在內在的奧祕與輝煌來到你的外在。

神已經死了，禪是唯一現存的真理。

回來……但是非常緩慢地，非常平靜地，非常祥和地回來，就好像沒有人在那裡一樣。

就是靜靜的坐著一會兒，記得你剛才經歷過的路逕，記得當你的心和存在的心處在同一個頻率時，那樣美好的經歷，那樣美好的片刻。在那些罕見的片刻裡你的生命是不朽的。

然後感覺著這個佛，他的溫暖，他的慈悲。他就在你後面。

你跨出第二步和第三步的那一天就在眼前。

你們全都會根據自己與生俱來的權力成為一個佛。

第3章 神是你的慰藉

行思曾對希遷說：「有人說智慧來自於嶺南。」

希遷說：「沒有這種來自於他人的智慧。」

行思說：「如果不是的話，那《三藏》從何而來？」

希遷說：「它們盡皆來自於此地，其中沒有任何念想。」

行思過世後，希遷於南嶽山上尋了一塊平坦的巨石，蓋了一座草屋，從那時候起他以石頭而聞名，之後當他成為師父時，人們稱他為「石頭和尚」。

當南嶽懷讓聽到希遷住在石頭上時，他讓一個年輕和尚到希遷那裡，他說：「去山的東面細查一下那個石頭上的和尚。如果他是先前曾經來過此地的和尚，你就和他對話，如果他回應的話，你就誦唱出下面這首歌：『你如此驕傲地坐在石頭上，你最好來找我。』」那個和尚去了希遷那裡，誦唱了那首歌，希遷回答說：「即使你悲傷地哭泣，我也永遠不會越過這座山。」和尚回去告知南嶽這段話。

南嶽說：「這個和尚確實會讓人們的嘴顫抖上好幾代。」

在我們討論經文之前，先回答幾個問題。

問題

我最深沉的痛苦就是身為一個局外人，我這一生都沒有什麼歸屬感，我覺得自己從本質上就是錯的，好像死亡毫不仁慈地在那裡等著要奪走我的生命。我現在這種歸屬於這裡，珍惜自己，同時也被存在所珍惜的狀態讓我因此活了下來並且全然地慶祝著，這種情況讓我覺得迷惑。我的這種感覺是否是由那個以神為主的宗教所造成的？

以神為主的宗教是注定會製造出這種感覺的，這是一種必然的情況，因為它們給了你一個謊言作為慰藉。而當人類超越他原始的意識狀態時，他開始變得聰明，他開始能夠看到關於神的迷思。過去他曾經把這個謊言當成真理般地生活著，他曾經為此感到滿足。但是現在他變聰明了，他可以看見這整個宗教謊言裡的虛假，也因此一個嚴重的問題出現了。

神死了，人類的慰藉被摧毀了，因此他和存在不再有任何關係，而這開始讓人感到全然的空虛。過去，神是人生命裡的滿足與慰藉，因為神讓人覺得有人在那裡關心我，有人在那裡原諒我，有人是如此慈悲的在那裡。一旦沒有了神，突然間你覺得自己是這整個存在的局外人。但是，這是一個好的開始，不要誤解這一點。

每一個謊言被去除時都會留下一段時期的空虛感。你可以因為這個空虛而讓自己變得痛苦；痛苦可以填補這個空虛。你可以因為這個空虛而覺得苦悶、焦慮、煩惱、難過，你也可以讓這個空虛成為一個新的開始，一道新的門。這些都取決於你。神已經死了，現在你必須自己去尋找真理；沒有人能夠給你真理。這種空虛應該成為一道你通往內在的門。

當你進入自己內在中心的那個片刻起，你就不再是局外人(outsider)了，你開始第一次成為局內人(insider)！神過去一直讓你保持在真理之外，存在之外。神讓你感到安慰，但是安慰沒有辦法帶來任何幫助。你需要的是一種本質上的蛻變，你需要以一種喜悅的方式來運用你的這種空虛感。因為它為你打開了一道通往永恆的大門；它為你打開了一道通往你內在深沉根源的大門，而你的根是扎根於存在裡的。它會讓你突然間覺得自己和這些樹木、這些鳥兒、人類、星辰同在，和你身邊的所有事物同在，你就像是在家裡一樣。這整個宇宙就是你的家。

所以這完全取決於你要如何運用這份空虛感。西方所謂的存在主義以一種錯誤的方式來運用它，他們用煩惱、焦慮、緊繃、擔憂、痛苦、苦悶與不安來填補它。

一開始的時候你充滿了謊言和虛假；但是至少它們還是一種慰藉，至少他們給予你某種希望，讓你覺得自己和存在是有關聯的。但是存在主義運用你這份空虛的方式比宗教曾經用過的方式還更糟。

宗教過去利用這份空虛感來剝削你。他們給了你一些慰藉，然而每件事情都是需要付出代價的，所以他們剝削你。但是你好幾個世紀以來都覺得滿意的不得了，因為有神在天堂裡，所以每件事情都沒有問題——神會照顧你的。

這種慰藉是虛假的；它不會為你帶來任何改變，它不會讓你成為一個佛，它不會讓你覺醒、開悟。它對於你的靈性成長沒有任何興趣，但是至少它讓你不再感到焦慮、苦悶與無意義。過去你覺得自己有種在家的感覺，雖然那種感覺比較像是一場夢。然後現在這個夢被摧毀了，突然間你發現自己是孤單的，神不見了，而你也不知道還有其他任何方式能夠與存在有所聯繫。你舊有的程式再也不管用了。

你現在需要的是一種新的視野。你需要的不是祈禱，而是靜心；你需要的不是神，而是意識。意識能夠滿足你的存在，而那不是一種慰藉，那是一種真實的滿足；它讓你與存在有所連結，你不再覺得自己是個局外人。

你覺得我有任何一點覺得自己是個局外人嗎？我以一個人類所能夠深入的方式與這整個

存在深深地在一起。這整個存在已經成為我的存在，我的心和這個宇宙的心一起舞蹈著。

神過去阻礙這種狀況的發生，阻礙這種無與倫比的蛻變現象發生。神從來不是你的朋友；神是你最大的敵人。而那些傳教士則一直在剝削你。

現在，人的聰慧讓他知道神不存在了，所以一個空隙是注定會出現的，而你如果不是選擇西方的存在主義——雖然它不是真正的存在主義，而是一種偶發主義——那麼就是像每一個曾經覺醒的人一樣，開始往內看。你必須停止仰望天空，你需要的是閉上你的眼睛，然後看向你的內在。在那裡你和整個存在是連結的，很快地那份空虛感會消失，而且不只那份空虛感會消失，**你**也會跟著消失，只有一種舞蹈會被留下來，而那是來自整個宇宙的慶祝歡舞。至於你則是全然地與存在合而為一，甚至沒有所謂**局內人**的這種問題。一種巨大的一體感會出現，你會突然間看到自己以各種不同的形式體現著：在樹木裡，在花朵裡，在浮雲裡，在星辰裡，你無處不在。當你消失的那個片刻，你就是這整個存在，你綻放著、飛翔著；在所有的綠意裡，在所有的山巒裡，在所有的冰雪裡，在所有的河川裡，在所有的海洋裡——你散布於各處。而這種狀態就是一個佛的狀態。這是真正的解脫。

所以你覺得自己是一個局外人——這很好！這是一種暫時性的過渡；現在你需要非常警覺地不要用痛苦和煩惱來填塞自己。現在神再也不存在了，還有誰會來安慰你呢？不，你不需要任何安慰。人類已經成年了。現在就成為一個男人，成為一個女人，然後站在你自己的雙腳上。

數千年以來，你因為神，因為所有那些傳教士而變得殘障難以行動，他們從來不要你是健康和完整的。他們的整個工作完全仰賴於你的痛苦和煩惱。是他們掩蓋了你的痛苦並且給予你希望，而希望是一個空洞的字眼。馬克思說的沒錯，他說宗教是無望裡的希望。但是那個希望不過是個懸掛在你面前的紅蘿蔔。你永遠摸不到那根紅蘿蔔，可是它看起來是如此的近，好像你馬上就可以碰到它一樣，如果不是今天，那麼就是明天，如果不是明天，那麼後天你一定可以碰到它。那根紅蘿蔔一直懸掛在你的眼前。

蘇菲裡有這樣一個故事：

一個人買了一頭母牛，而他不知道該怎麼處理這頭牛，所以他捉住牛角試圖把牠拖走。結果那頭牛非常的抗拒，因為很顯然地，牠碰到了一個新手，所以牠想要回牠自己的家，牠想要回到牠舊的主人那裡。

一個蘇菲神祕家在旁邊看著這一切，他對那個人說：「看起來你是一個新手；你不知道如何照顧牛，你用錯方法了。」

那個人說：「我該怎麼辦呢，我沒有牠強壯，這頭牛比我有力多了；根本就是牠在拖著我走。」

這個神祕家給了他一些鮮美的綠葉，然後告訴他：「放掉牠的牛角，你把這些葉子放在牠前面移動著，葉子和牛之間的距離要很近，但是不要讓牠吃到那些葉子。然後當牠朝著葉子移動時，你也持續的朝你家移動。」這個方法非常管用，那頭牛一路跟著他走，因為那些葉子距離很近，看起來又是如此地新鮮、翠綠。所以牠忘記了原來的主人；牠眼前的問題就是如何吃到那些葉子。它們是這麼地近，就在眼前！買牛的人持續緩慢地移動著，所以葉子和牛之間的距離一直是不變的，最後當牛進了他的農庫裡時，他就把門關上了。

宗教一直在你面前吊著一根紅蘿蔔，那些希望是永遠也不會實現的，它們是沒有希望的。他們的承諾是空的。

當你的希望、期待、你理想中的神，還有你和這個世界的聯繫都被摧毀時，很自然地，在你選擇正確的道路之前，你一定會感受到某種空白。而西方的存在主義不是一條正確的道路，正確的道路是東方已經沿用了好幾個世紀的靜心，東方已經把靜心完全蛻變成一種科學。你要做的就只是往內走。

神過去阻礙了你，因為他在外面，而你一直是朝著一個不存在的神在祈禱著。現在你**在**這裡，你不需要任何證據來證明你在這裡，也不需要任何辯論來證明你在這裡，所以何不探索一下這個「這裡」，這個你所**在**的存在，這個你所**在**的意識？何不來探索它呢？

那些探索過它的人從來沒有回來說他們是局外人，他們甚至沒有說過他們是局內人，因為即使局內人也仍然是一種分離。當他們出現時，他們說的是：「Aham brahmasmi!——我就是這個整體。」、「Ana'l haq!——我就是真理，我就是存在本身。」沒有所謂局外人或局內人的問題。它們是同一個銅板的兩面。當你放掉這整個銅板時，你會突然發現自己和整個宇宙的舞蹈是一體的，你分離的人格消失在一種無與倫比的韻律當中，你和這個整體合而為一了。

海洋中的每一道波浪偶爾會認為自己是個局外人，認為自己不屬於這片海洋。但是下一個片刻它就消失在海洋裡了。你也會以同樣的方式消失在意識的海洋裡；你只是一道波浪而已。不論你是否已經存在了七十年，還是你根本就已經冰封凍結住了，你唯一需要的就是融化。融化、融化，像冰塊一樣的融化，然後和那圍繞著你的海洋合而為一。

我曾經告訴過你一個故事，這個故事是跟一隻年輕而又非常具有革命性的魚有關。這隻魚牠到處追問其他的魚：「我聽說過這麼多關於海洋的事情，那麼海洋在哪裡呢？」沒有一隻魚能夠回答牠，牠們說：「你需要找到某些有智慧的魚，或許是某些開悟的魚。我們不知道海洋在哪裡，我們也聽說過關於海洋的事情，但是如果每隻魚都說著同樣的話，我們相信海洋必然就在某個地方。好幾個世紀以來，我們魚的祖先都說海洋**存在**著，所以我們就是相信牠們的話。」

後來這隻年輕的魚抓到了一隻老而且是神祕家的魚，牠說：「你這個笨蛋！你就**在**這個海洋裡。你就是這個海洋！你誕生在海洋裡，你生活在海洋裡，你消失在海洋裡。你只不過是一道比較扎實的海浪，但是你最終還是會消失在海洋裡的。」

這就是你所生活的海洋。這個宇宙性的意識就像是空氣一樣，圍繞在你的周圍；你沒有辦法看到它，但是它不停地滋養著你。你的意識受到宇宙意識的滋養，就像是你的心因為呼吸而跳動。那些你無法看到的空氣一直在給予你氧氣，讓你的身體存活下來。

但是你不只是身體。在這個身體後面隱藏著你燦爛的光輝，一份意識。而這份意識也需要不斷地得到滋養。這份意識就像是空氣般地圍繞在你的周圍……

一旦你覺得自己是空無的時候，只要稍微等待一會；不要做任何決定。然後突然間你會感覺一股新的能量從你的內在、從你的外在，蜂擁而至來到你身上。你會突然間發現自己被意識所圍繞著，而你則是融化於其中。然後你會開始領悟到：「我之前對於自己以及我所生活的這個存在是多麼地無知啊，它讓我誕生，它也將是我最終極的家。我需要讓自己遍布在這個家裡。」

但是那樣一個讓你感到極度顫抖的空白是一定會出現的。

前幾個晚上，我談到葛吉夫還有他在能量上工作的方式。他把能量劃分在第一層，而這一層非常的小，只足夠應付日常的生活事務……第二層要大多了。當第一層的能量用盡了，而你仍然持續的話，你會發現第二層的能量突然開始發生作用。而如果你耗盡了第二層的能量——這一點是非常困難的，因為要耗盡它，你會需要幾個月甚至幾年的時間——那麼第三層屬於宇宙性、無窮無盡的能量會開始發揮作用。葛吉夫的方式非常的古老，非常的原始。但是宇宙的能量正圍繞在你的周圍。你唯一需要的就是內在某種空無的空間。

所以這種空虛感是好的；不要用任何信念來填補它，不要再找另外一個神來填補它，不要找另外一種哲學或存在主義來填補它。不要填補它！讓它是清澈、新鮮的，而且深入其中。然後你會很快地發現，有一股能量從你的外在和內在蜂擁而至，有一種無與倫比的意識會蜂擁而至。然後你會消失。你會幾乎像是被宇宙所淹沒一樣；你是如此的渺小而這個宇宙是如此的浩瀚。你突然消失在其中，而這種消失是開悟的終極經驗。到那個時候，你會知道你既不是一個局外人也不是一個局內人；你和存在是一體的。

除了與存在合而為一以外，沒有其他任何事情能夠對你是有所幫助的。而且那份融合是如此地容易，如此地明顯。你只需要讓自己稍微放鬆一點，你只需要讓自己稍微轉向內在，你不需要什麼努力，不需要什麼戒律，也不需要折磨自己。

如果你覺得自己是個局外人，那是一件好事，因為神再也無法填補那個空隙了，所以你開始感受到自己和宇宙之間的分離。這是好事。這只是意味著那些虛假的連結已經不見了。

曾經有這樣一件事情發生過……

目拉那斯魯丁坐在他的辦公室裡等著客戶上門。終於有一個人進來了，而目拉那斯魯丁甚至沒有給對方說話的機會。他揮揮手要對方坐下，然後拿起電話談起關於上百萬元的事情。

他對著電話另外一端說：「一百萬美元？好，沒問題，我買了！」

就在這時，那個剛進門的人說話了：「等一等，我是電話公司派來牽電話線的人。」這個電話根本就還沒有接通；那個上百萬美元的生意只是一場表演而已。

你覺得沒有連結，因為你之前的連結是虛假的。事實上，那裡根本從來沒有連結過，而你卻和上帝對話著——好像在電話上直接連線一樣！我讓你覺知到你的電話線是沒有連線的。所以你是在和誰說話呢？你所有的祈禱就像是在一個沒有連線的電話上說話一樣。

唯一一種和存在連結的方式就是回到內在，因為在你內在的中心裡你仍然和存在是連結的。你在身體上和你的母親切斷了聯繫。那樣的聯繫被切斷是絕對必要的，因為那會讓你依據你與生俱來的權力行動並讓你成為一個獨立的個體。但是你和宇宙並沒有切斷聯繫，你的意識就是你和這個宇宙的聯繫。只是你沒有辦法看到這一點，所以你需要帶著莫大的覺知、觀照和意識回到內在深處，然後你會找到那個聯繫。佛就是那個和存在的聯繫！

問題　一神論（monotheism）的宗教是人類演化上必要的一步，還是它只是傳教士們的發明？

一神論比多神論更是傳教士們的一種恐怖策略。在一神論的宗教裡完全沒有佛誕生的機會。一神論不是人類演進裡的一部分；相反的，它阻止了你的演進。

所有出現在印度以外的宗教，像是猶太教、基督教和回教都是屬於一神論的宗教。回教給了一神論一個完美的定義：一個神，一位先知，一部《可蘭經》。那是一種非常獨裁式的宗教，所以很自然地它是危險而可怕的，因為其中沒有任何寬容性可言。就像是猶太人的神說過：「我不是一個寬容的神，我非常的嫉妒，我不會允許你去敬拜其他的神。」

一神論對人們的剝削要比多神論來得有效率多了。印度教是一個多神論的宗教；它擁有所有你可以想像出來的神。當印度教出現時，當時印度的人口大概是三千三百萬左右，而印度教剛好有三千三百萬個神。這看起來要比一神論的宗教民主多了，因為每個人都可以有他自己的神！與其敬拜其他人的神，不如敬拜你自己私人的神；這麼一來不會有任何衝突產生。

印度教的經典從來沒有說過：「一個神、一部經文、一個先知。」所有印度教的經文都說神和人一樣多。這也是為什麼印度教非常沒有效率，事實上它只能是如此了：因為它不是一個軍隊；它沒有所謂的教宗；它沒有任何中央組織集團，它是一種無組織的混亂狀態。也因此人們有著充分的自由。

有人成為馬哈維亞，印度教不會反對。有人成為佛，印度教也不會反對。這兩個人都誕生在印度教的家庭裡，而且兩個人後來都反對印度教。那是完全沒有問題的，因為印度教沒有一個中央組織集團可以召集什麼法庭會議，審判馬哈維亞是否是真實的，只因為他不相信神。馬哈維亞畢生的努力在於你需要讓自己的意識發展到最終極的高峰：每個人都是神。

在馬哈維亞的解釋裡，印度教裡那三千三百萬個神就是印度當時那三千三百萬個人，因為當他們進化到最高峰的時候，他們遲早有一天會變成神。馬哈維亞說那是一個大約數字……當時的神還沒有到三千三百萬那麼多，但是有著三千三百萬個潛在的神。這給予人們一種莫大的自由，因為其中沒有任何傳教士。你可以有你自己私人的神，直接跟他連線。

但是基督教，這個一神論的宗教不允許任何的佛；也因此它在意識上一直保持是貧瘠的。這個宗教看起來非常的原始，而且它的基礎建立在虛構和想像之上。一神論的宗教對於這個世界的貢獻除了戰爭以外，再也沒有其他任何貢獻了，像是回教的神沒有辦法忍受猶太教的神，沒有辦法忍受基督教的神，也沒有辦法忍受印度教的神。它必須摧毀所有其他神祇以及那些神祇的信仰者，「只有一個神」……因此當回教來到印度時，他們摧毀了上萬個美麗的廟宇，那是許多偉大雕刻家好幾個世紀以來所完成的廟宇。他們摧毀了上百萬座雕像、各種美麗的佛像、馬哈維亞雕像以及耆那教的二十四先知像（tirthankaras）。現在你還能看到的只是當時的一小部分。只有那些零星隱藏在森林深處的廟宇被留存下來。

當回教徒到印度每個村落的時候，當地人會把他們的神，那些美麗的雕像沉到井裡——就只是為了保護它們不被回教徒所看見，否則他們會摧毀這些雕像。因此後來在許多村落裡常常會有這種事情發生——當夏天水位下降時，人們會突然發現一個佛像浮現出來，然後人們會把那個佛像拉出來。那些佛像往往已經躺在井底好幾個世紀了，但是它也因此受到了保護。後來的人忘記了這些佛像，因為當初把佛像扔進井裡的人早在好幾個世紀之前就已經過世了。

回教徒是兩千年前來到印度的，他們摧毀了所有一切東西。他們的神是毫不寬容的，所以回教徒怎麼可能會是寬容的呢？

因為這種毫不寬容的態度，回教是這個世界上最醜陋的宗教。這種毫不寬容的態度製造出各種暴力。基督教有它自己的十字軍，回教有回教徒所謂的聖戰——也就是宗教戰爭。而印度從來不知道任何宗教戰爭，一個人要不要敬拜神是他自己的個人選擇；就算是無神論也無妨。

無神論教派（charvakas）這個偉大的哲學在印度流傳了好幾個世紀。無神論教派認為神不存在，也沒有靈魂這回事，這一點跟五千年後馬克思所說的一樣。無神論教派說靈魂只是身體五種構成元素的衍生物。他的創始人叫做阿恰亞・布瑞哈斯帕提(Acharya Brihaspati)，而且奇怪的是，當印度教的《吠陀經》提到布瑞哈斯帕提這個人的時候，其中竟帶著極大的敬意。

這就是寬容。你可以自由地選擇你自己的道路，這是你個人的選擇；你甚至可以自由地選擇一個沒有神的宗教，選擇一個沒有靈魂的宗教。無神論教派是絕對的無神論主義者，因為沒有地獄、沒有天堂、沒有神，所以他們的整個哲學就是吃、喝還有享樂。而且你完全不需要擔心，因為沒有所謂的審判日，也不會有人在那裡接受審判。不論罪人還是聖人，最後都會消失成為五種元素。

你在印度會看到人們嚼檳榔。而布瑞哈斯帕提就用檳榔作為他們的象徵。當你只咀嚼檳榔葉的時候，你的嘴唇不會變紅，如果你分別咀嚼那些放在檳榔葉裡的東西，你的嘴唇也不會變成紅色。但是如果你把它們混在一起咀嚼的話，那你的嘴唇會被染紅。你嘴唇上的紅色是那五種檳榔元素合成在一起的衍生物。檳榔本身不是一個獨立的實存體，它是由五種成分組合在一起的合成物。因此無神論教派採用這個簡單的例子來說明他們的教義，而他們受到相當的敬重。連《吠陀經》都說布瑞哈斯帕提是一個偉大的師父，一個宗教導師。

只有在多神論的宗教裡才會有如此的包容性。當一個宗教有許多神同時存在時，你有各式各樣的選項可以選擇，你有某種程度的自由。當一個宗教只有一個神的時候，你是沒有任何自由的。

對我來說，一神論要比多神論來得糟多了。印度教的多神論毫無疑問地允許佛陀存在，允許耆那教的二十四先知存在，允許無神論教派存在。雖然後者全都反對印度教，但即使如此也從來沒有人因此被釘死在十字架上。甚至連布瑞哈斯帕提都沒有被送上十字架，他反而得到了《吠陀經》極大的敬重。他可以自由地思考、發言以及創造他自己的哲學。

而且charvakas(無神論教派)以前的名字並不是charvak，而是charuvak。這兩個字有著極大的差異。charuvak指的是甜美的話語。布瑞哈斯帕提的哲學是一種甜美的話語。他去除了人們所有的恐懼——沒有神、沒有天堂、沒有地獄——他去除了所有的憂愁和煩惱。死亡是終點，出生是起點，而在這兩者之間的則是短暫的人生。所以好好地享受它，甚至向別人借錢你也要好好享受它。而且你完全不用擔心，因為死亡之後不會有人來找你說：「把我的錢還給我。」

他的格言是：Rinam kritva ghritam pivet。這句話的意思是：即使你必須去借錢，也不用擔心，就是去借錢，然後好好享用印度酥油。印度酥油是牛奶精煉到最後的成品。當奶油繼續提煉時，出現的就是印度酥油。再也沒有什麼比它更精煉的東西了，它是最終的成品。而且你也沒有辦法倒退還原，它既無法前進，也無法倒退還原的。那是一個全然的終點。

所以，很顯然地，布瑞哈斯帕提認為生命是一個完全的結束。你不會到任何地方去了，所以就是好好的享受它。至於你用的是什麼樣的方法並不重要；重要的是你是否享受它。生命是如此短暫，不要把它浪費在「我將會在地獄裡受苦」這種不必要的恐懼上。不要把它浪費在「我會被獎賞著上天堂」這種不必要的貪婪上。不要擔心什麼是正確或錯誤的。你唯一應該做的事就是享受它！縱使這個人是備受尊敬的。但是後來慢慢地，charuvak(甜美的話語)這個字在許多人心裡變成了charvak，它是指一個不斷進食的人，就像是牛不斷吃草一樣——因為這正是布瑞哈斯帕提的教導：吃、喝還有享樂。

另外佛陀也沒有被吊在十字架上，雖然佛陀說所有的《吠陀經》都是假的。他說婆羅門教和印度教的教士們都在剝削人們，他也說印度教的種姓制度是錯的，因為每個人都是生來平等的。但是即使如此他也沒有被人吊在十字架上。甚至不少印度教的哲學家還常常會去聽他演講。事實上，他所有的門徒過去全都是印度教徒，不然他要到哪裡找到上千個門徒？當時常常會有一些偉大的印度教學者來和佛陀進行辯論，當他們發現自己擁有的只是話語，而佛陀擁有的是經驗時，他們變成了佛陀的門徒。而這是因為渴望發現真理的慾望是如此迫切，因此真理是來自哪一方變得一點也不重要。

基督教、耆那教和回教這種一神論的宗教是世界上最危險的宗教。兩千五百年來，從來沒有任何一個人因為佛教而被謀殺。佛教徒從來不曾攻擊過任何人，但它卻傳遍亞洲，光只是透過簡單的經驗，它就傳變了整個亞洲。

要面對菩提達摩是一件很困難的事情。即使是中國的梁武帝也沒有辦法在菩提達摩面前挺直身體。菩提達摩對梁武帝說：「你是一個笨蛋！」他把中國的皇帝稱為笨蛋，只因為梁武帝問達摩說：「我投入了所有的心血，所有的力量和金錢在佛教上。我找了上千個和尚把佛陀的經典翻譯成中文，他們全都是我供養的，而且我建造了許多的寺廟和僧院。我會因此得到什麼樣的福報呢？」

光是「報酬」這個字就夠了，達摩對武帝說：「你是一個笨蛋，如果你所做的這一切都只是為了回報，你將會墜入最深的地獄。」武帝非常震驚，然後達摩繼續說：「回報這個想法只意味著一件事情，那就是貪婪。而你比一般貪婪的人還更貪婪。因為那些累積財富的人清楚地知道當他們過世時，他們的財富和金錢是無法帶走的。而你則是絕對的貪婪——貪婪到你試圖在另外一個你根本一無所知的世界裡製造財富。你根本就是一個笨蛋，我是不會去你的宮廷裡的。原本我來的時候確實有這樣一個想法，但是如果連皇帝都是如此一個笨蛋的話，那已經證明了你會有什麼樣的人民。」

達摩拒絕進入梁武帝的國度。他一直待在邊界以外的一個小寺廟裡。當武帝過世時，他告訴他的人民和宰相：「在我的墳墓上寫下『我是笨蛋』。當偉大的佛以菩提達摩的形式來到我的面前時，我卻沒有辦法了解他。菩提達摩是對的，我一直以一種錯誤的方式生活在貪婪和恐懼裡。」

佛的話語散布了全亞洲，從斯里蘭卡到韓國。沒有衝突，沒有戰爭。頂多只有一些美好的辯論，而這些辯論非常的優美、文明且富有文化。

劍沒有辦法證明你是對的，被釘死在十字架上也沒有辦法證明耶穌是錯的。我總是在想……猶太人有著這麼多了不起的猶太教教士和學者，他們難道沒有辦法說服耶穌這樣一個只有三十三歲的年輕人嗎？不過，問題就在於他們全都只是學者；他們沒有一個人真正地知道真理。而耶穌所說的話語是他們無法辯駁的，因為他們無從辯駁起。

耶穌當時說：「我就是你們所等待的先知。」而他們確實一直在等待；到現在他們仍然還在等待著；他們會永遠等待下去，就像是等待果陀一樣。

當我第一次拿到《等待果陀》這本書時，我當時認為果陀(Godot)這個字看起來像是在模仿神(God)這個字。當時我最早的德國門徒哈瑞達司(Haridas)也在場，所以我就問他：「你認為果陀在德文是神的意思嗎？」

他說：「不，德文裡的神用的是Gott這個字！」(Gott的發音類似英文的got it，「得到了」的意思)

我說：「那很好！已經得到了，所有沒有必要再等待了。這真是不錯，當你已經得到時，為什麼還要等待呢？」

我喜歡這個主意，神不是那麼地遙遠，Gott有吸引力多了。

你問「一神論是否是人類演進中必要的一步」——不，一點也不。一神論是完全沒有必要的，而且它不只是不必要，它還是危險的。因為它創造出各種暴力和謀殺；許多活生生的人因為一神論的名義而被焚燒死亡。單一的神是不會允許你去相信其他任何神的。

多神論也是教士們的發明，但是它要寬容多了。一神論是教士們的發明，但是他是獨裁的，它給你許多戒律，就好像你是士兵一樣地需要戒律。

佛陀沒有任何戒律，馬哈維亞也沒有任何戒律。他們說服你，他們不命令你。他們也不會羞辱你，事實上他們敬重你，因為他們知道你內在隱藏的潛能和他們是一樣的。

關於這一點，佛陀在他的前世曾經有過經驗。當時他聽說了這樣一個已經開悟的人。他雖然不是很感興趣，但是出於好奇心……再加上這個開悟者剛好來到他所住的鎮上。當時的佛陀非常年輕，而且對於開悟或靈性這些事情沒有絲毫興趣，但是出於好奇，他想知道開悟是什麼，所以他去見了這個開悟的人。

當時的佛陀原本沒有任何一點要向對方鞠躬敬拜的意思，但是當他看到那個人的時候——他是如此的充滿著光輝，如此的優雅，有著如此的存在感——所以即使原本他沒有這樣的想法，他還是去接觸了對方的腳。當他碰觸到對方的腳的時候，他開始意識到自己的行為，他心想：「我這是在幹什麼？我只是來當個旁觀者的。」

當你真正遇見一個已經覺醒的人時，一種感激會自然而然的出現，那不是什麼需要努力的事情。那是毫不費力的，光只是看到這個人就夠了。當時的佛陀忘記了自己。對方的存在感是這麼地具有淹沒性。他是如此的美！他的眼睛像是湖水般的深沉，如此的清澈，如此的明淨。在他碰觸到對方的腳之後，他馬上就愛上了對方。原本當他碰觸時，他心裡還在想：「我這是在幹什麼？這種行為居然自己發生了。」

但是後面還有更大的奇蹟在等著他。當佛陀站起來之後，那個已經開悟的人開始向他敬拜並且碰觸他的腳。當時的佛陀說：「你在做什麼？你是一個偉大的開悟者。我碰觸你的腳是絕對正確的事情，雖然我原本沒有這樣的慾望——它就這樣自己發生了，你感動了我的心——但是你為什麼要碰觸我的腳呢？我什麼也不是，我甚至不知道任何一點關於開悟的事情。」

那個人說：「這一輩子你確實不知道。但是我曾經就像現在的你一樣。當時的我對於『我是誰』也毫無概念。現在我知道了，我已經來到了我綻放的階段。而我知道你也將會來到你綻放的階段。不要忘記這一點！我碰觸你的腳是為了讓你在將來某一天成佛之後，仍然能夠記得每個人都是一個佛。只是有的人已經綻放，有的人則還在等待他適當的季節而已。每個人的春天都會按照他自己的時機來臨。」

佛陀一次又一次的提醒他的門徒：「永遠不要認為你比我低下。我們是平等的。我們之間唯一的差別——這個差別是如此的細微，以至於它沒有多大意義——只在於你是睡著的，而我是清醒的。但是我曾經也是沉睡的，而你將來也會有清醒的一天，所以這有什麼差別呢？」

這其中的差別只在於時機而已。我在早上清醒了，而你在晚上清醒——那不過是十二個小時的差距而已。這個差距不會造成任何優秀或低劣的分別。每個人只能按照他自己的步伐前進。有些人在小跑著，有些人跑得飛快。有些人慢慢地走著，還有些人中間常常停下來休息、喝杯茶，或許還睡個午覺。但是每個人都在這條路上。只是有的人走在前面，有的人走在後面，但是這不會帶來任何差勁或優秀的分別。

佛教沒有傳教士，耆那教也沒有傳教士，因為他們都沒有神。如果你沒有神這個概念的話，你就不可能會有傳教士。傳教士是神這個虛構物的代言人；傳教士是你和神之間的經紀人。所以傳教士當然會偏好一神論，而不是多神論。

印度教的教士也曾經試著讓印度教變成一神論的宗教，但是他們失敗了。印度教有著八個香卡拉（shankaracharyas，亦有人另譯為商羯羅）。最早的香卡拉（Adi Shankaracharya）指派了另外四個香卡拉。他是第一個試圖把印度教稍加組織的人。在他之前印度教沒有任何領袖可言；它是完全自由的。他指派了四個香卡拉，每一個方向一個，所以每一個香卡拉都可以掌管一方。但是在他過世之後，另外四個香卡拉出現了——因為方向其實是有八個，而不是四個。

所以另外四個香卡拉自己出現了，而印度教有了八個香卡拉。
我曾經告訴其中一個香卡拉：「你們應該還要再增加兩個。」
他說：「什麼？」
我說：「方向其實總共有十個，你們已經有了八個，你們還需要有一個香卡拉掌管上方，一個香卡拉掌管下方的。」
他說：「這是個好主意，那麼我們可以再多兩個香卡拉。」
但是這些香卡拉並沒有中央組織集團——他們也沒有辦法有中央組織集團，因為有的人敬拜濕婆，有的人敬拜毗濕奴，有的人敬拜克里希納，有的人敬拜梵天。除此之外還有上百個比較小的神祉為人們所敬拜著。甚至有的人敬拜樹木，有的人敬拜石頭。如果你把一顆石頭塗上紅色，然後放到一旁去，你很快就會發現一些印度教的人來敬拜這顆石頭。
當英國政府第一次建造好道路和路標時，他們把路標塗上紅色的顏料，因為你可以從很遠的地方就看到紅色這個顏色，沒有其他任何顏色比紅色更鮮明了。所以他們把路標塗成紅色，然後他們密切注意著這些路標。結果他們發現印度教的人會在這些路標旁邊擺上花朵和椰子，然後敬拜這些石頭。
英國人對他們說：「這些只是路標。」但是那些村民說：「這不重要，任何紅色的石頭都代表神。」

你會看到有些人敬拜樹木，有些人敬拜石頭。人們有著全然的自由去敬拜任何事物。這遠比一神論要好太多了，但即使如此我仍然不支持多神論。因為或許它比一神論好一些，但是它仍然是有毒的，只不過是稍微稀釋過的毒。它還是會緩慢地扼殺你，它還是會讓你致命。每一個宗教都是你意識演化上的一種破壞。一神論是其中最危險的破壞，但是所有的宗教都是危險的、具破壞性的。

如果你能夠避免宗教，你才能夠真正具有宗教精神；如果你能夠避免宗教，你才能夠直接和整個存在及宇宙有直接的連結。

問題　是否因為神是人們唯一的希望，而且人們還把所有的期待都投注在神身上，所以要人們放掉神變成是一件困難的事情？就算是有些人已經知道這一點，並且隱約猜測到這些期望最終帶來的可能是失望，但是似乎要放掉期待是很困難的一件事。

沒錯，要一個人放掉期待，放掉希望是很困難的，因為在你的生命裡沒有任何事情是真實的。你只不過是活在一種「希望明天會更好的」希望裡，你活在一種「期待死後我將能夠享受到天堂永恆歡愉」的希望裡。因此，要放掉神這個概念是一件很困難的事。

但是事實上，神正是那個阻止你此刻就享受所有這些喜悅、快樂和歡欣的原因。在你對未來的種種希望裡，你正錯失了當下這個片刻，而未來是不確定的，明天永遠不會來。你曾經見過明天來臨嗎？神就像是明天一樣，它永遠在周圍晃蕩著，看起來它像是要來了，它就要來了，但是真正來臨的永遠是**今日**。明天永遠不會來臨。所有關於未來的希望也永遠不會實現。所有那些種種期待最終都會變成挫折。

為什麼你看到的有錢人都比窮人還更挫折呢？你去看看印度內陸那些真正貧窮的區域，在那裡你不會找到任何一個失望的人。因為他們對神懷抱著希望。他們認為自己的貧窮是一種火焰般的測試，而且只有窮困的人才能進入神的國度。那就是為什麼基督教對世界上那些窮困的人有著如此的吸引力。它給你莫大的慰藉。它讓你有所期待，它幫助你忍受現在的痛苦和悲慘，忍受當下的貧窮和奴役。所以你的眼睛總是注視著未來，而當下不斷地在痛苦中流逝。也因為你的目光再也不放在當下這個片刻，所以那些慰藉讓你活下去。但是，它也就只是讓你像個植物人一樣地「活著」而已，它把你變得像個植物人一樣。

一個無法舞蹈的生命不是生命。它只是維持著最基本的生存而已。一個無法歌唱出愛和喜悅的生命不是生命。所以讓你難以放掉神的是你的期待和希望，但是你必須鼓起勇氣，並且了解正是這些希望和期待在摧毀你的人生。神是虛構出來的，它無法實現任何事情。神不存在於任何地方，而你存在於這裡。神不存在。這個宇宙存在，而神不存在。

所以深入去洞察事物的存在，洞察在這裡的這個片刻，洞察你自己。這是通往宇宙最近的門；這道門只在你最深的中心裡開啟。當你開始見識到你自己那無與倫比的光輝燦爛、你的神性，當你明瞭到你的自由，明瞭到這整個宇宙與你是如此密切聯繫著、息息相關著，而且你是宇宙裡一項偉大的發明，你能讓存在來到它最高的意識狀態，那時你會發現你原有的期待看起來是如此的貧瘠，你所有的希望看起來又是如此的醜陋。

梵谷喜歡畫樹木……當時沒有人喜歡他的繪畫，因為那些畫看起來很怪異。他畫裡的樹木甚至超越了星辰所具有的高度。當時有人問他：「你在哪裡見過這種樹木？」他說：「我從來沒有見過這種樹木；我只是聽到了一種低語而已。當我躺在樹蔭底下時，我聽到了一種輕聲細語，那是大地對著樹木說：『你們是我的野心，你們代表了我碰觸星辰的野心。』從那個片刻裡，我開始把我的樹木畫的比星星還要高。」

他是一個真正的天才。樹木確實是大地的野心，而人類的意識又是什麼呢？人類的意識就是整個存在想要到達最高峰成為一個佛的野心。

當你成為一個佛的時候，整個存在是歡欣雀躍的。你實現了存在的期待。你自己不需要期盼任何事情，因為你自己本身就是存在的一項期盼。你實現了它——你能夠實現滿足存在的期待，而你之所以可以實現滿足存在的期待，是因為存在賦予了你每一分能夠實現它的機會和潛能。所有一切都已具足在那裡。你只需要讓每件事情來到它適當的位置，然後突然間你會看到生命就只是從出生到死亡、從死亡到出生之間一個純然的舞蹈。出生和死亡，都只是生命恆常流動裡的一段小插曲。

但是除非你放掉神，否則你會持續地待在痛苦裡。而痛苦則需要來自於希望、期待和明日的支持。但是這種生命不是真正的生命。你認為生活在明日裡可以算是生命嗎？生命只知道一個片刻，那就是當下這個片刻。生命只知道一種空間，那就是這裡。此時此地：這兩個字眼是人類語言裡最有意義的兩個字。他們代表的是真實。

尼采說希望所帶來的快樂遠比任何真實的快樂更能夠操控人類。你還記得過去任何一個真實的快樂片刻嗎？只要回想一下你的童年。當你還是一個孩子時，你認為自己長大以後就會變得快樂。每個孩子都想要快點長大。

我過去住過的一棟房子離當地的郵局大概有八到十間房子的距離，在我的房子前面有一個公園，那是一個非常安靜、寧靜的地方。我經常會在清晨三點鐘的時候去那裡散步。有一天我看到郵局附近有一個小男孩臉上有著兩撇鬍鬚，我當時幾乎沒有辦法相信！那時的天色很昏暗，不過因為那是一個滿月的夜晚，所以我可以看見那個小男孩臉上的兩撇鬍子，我還看到他正抽著菸。

我想：「或許他是一個侏儒。」看到我的出現，那個男孩馬上移到路旁一棵大樹後面。

所以我也走到了大樹後面。

那個男孩對我說：「不要告訴我爸爸。」

我說：「我不會告訴任何人，我甚至不認識你爸爸。你是誰？」

他說：「我爸爸是這裡的郵局局長；郵局就在那裡。」

我說：「你在這裡做什麼？你已經長出了好看的鬍鬚。」

這時候他把鬍鬚拉了下來，他說：「這不是真的，但是我爸爸有真的鬍鬚，而我一直想要趕快長出鬍鬚。但是要怎麼才能趕快長出鬍鬚呢？我甚至在我爸爸出門後試著刮鬍子，但是還是沒有任何鬍鬚長出來。而他一天居然還要刮兩次鬍鬚。所以我從店裡買了這副鬍鬚，那是他們賣給那些演戲的人用的鬍鬚。」

我說：「你還抽菸。」他馬上把菸藏到身後。

他說：「我爸爸總是在抽菸。當他抽菸時，他看起來像是一個真正的男人，所以我也想要嘗試一下。」

從那個小男孩身上我看見了全世界的孩子。每個孩子都想要趕快長大，因為童年是什麼呢？童年就是被父母親命令，被老師命令，被父母親揍，被老師們揍……每一個男孩、每一個女孩都想盡可能地快快長大。你只要回想一下你的童年。

那種「我的童年是生命裡最美好的時光」的話語是假的。如果你的童年是生命裡最美的時期，那麼當你從這樣一個美好的童年成長為一個青年，你的青年時期應該是更美好的。然後你從青年時期成長的越來越多，你後來的日子應該是完美的。但是情況並非如此，當你長大成為一個青年時，你開始覺得不自在，你已經長大成為年輕人了，可是快樂在哪裡呢？或許快樂就躲在某個女人的內在，或是某個男人的內在，所以找個靈魂伴侶吧！

今天我才剛接到一個消息，歐洲現在有一種新時代運動專門幫助你尋找靈魂伴侶。他們的說明冊子裡提到了我的名字，只因為我曾經說過「你是無法找到靈魂伴侶」的這種話。這是一個浩瀚的世界，而且我不認為存在會創造任何所謂的靈魂伴侶。所以你要去哪裡找到彼此呢？人們頂多是在自己的鄰里中找到伴侶，或是在大學裡尋找伴侶。存在要如何把你和你的靈魂伴侶安置在同一所大學裡呢？所以那個小冊子譴責我，只因為我沒有說該說的話：「每個人都有一個靈魂伴侶。」

這確實是一種很好的慰藉；但是看一看那些所謂找到自己靈魂伴侶的人吧……現在查韻(Zareen)正坐在這裡。她找到了一個靈魂伴侶，而自從她找到這個靈魂伴侶後，我從來沒有看到她像以前那樣快樂過。我也認識她的靈魂伴侶，他一直把自己關在房間裡，只因為那個可憐的傢伙想要擁有一些屬於自己的時間。可是查韻一直不讓他有獨處的時間——當你找到你的靈魂伴侶時，你一定要非常小心——她一直去敲他的房門。她甚至跳進陽台去找那個可憐的傢伙。而他為了不要製造出更多的混亂——不要鬧到人盡皆知——他只好打開房門，然後靈魂伴侶間的會合就開始了。自從他們在一起之後，兩個人都變得很痛苦。

當我問我的祕書為什麼查韻看起來不像以前那麼快樂時，我的祕書告訴我：「因為她找到了一個靈魂伴侶。」我說：「那她應該要更快樂些才對，如果這個靈魂伴侶不適合的話，帶一群男人到查韻面前排成一列——告訴她：『選擇你的靈魂伴侶吧！』而且你還可以每天都換一個。為什麼要被一個人搞得無聊呢？如果你老是只穿同樣一件衣服的話……任何人都會開始感到無聊，這是絕對正常的。所有的靈魂伴侶只會讓你變得無聊而已。

而在這裡，自由是絕對、全然的最高價值，在這裡，改變被視為是一種生命自然的運行方式，當你有這麼多的靈魂伴侶在那裡可供選擇時，為什麼你要受困於一個靈魂伴侶呢？就是不斷的改變，然後你的生命會是喜悅的。查韻會再一次開始微笑、大笑。因為現在這個靈魂伴侶的緣故，她在工作上已經變得非常強硬而獨裁。因為當那個靈魂伴侶經常往孟買跑的時候，她還能報復在誰身上呢？而且我還知道為什麼他要經常去孟買，不過就只是為了擁有多一點自由罷了。

這些都是不必要的痛苦……

當人們年輕的時候，他們認為：「或許當我年紀大一點的時候，我的人生就會變得平靜。」但是當他們開始變得年老時，生命變成是一種持續不斷的焦慮，因為死亡越來越接近了。所以他們的一生就一直浪費在不斷地向前看。

這讓我想起一個希臘有名的占星師。他有名到連歐洲好幾個國家的國王都會去找他諮詢自己的命運。有一天晚上他在散步時觀賞著天空的星辰。通常當你看著天上的星星時，你沒有辦法同時看著地面。你沒有辦法一隻眼睛往上看，另外一隻眼睛往下看；我不覺得那是可能的。你的兩隻眼睛要不是同時往上看，就是同時往下看。所以這個占星師掉進了一個井裡，然後他開始大聲喊著：「救命！」

然後一個住在附近農場的老女人來了。雖然那個女人很老，但是她還是設法用一根繩子把這個占星師從井裡救了出來。這個占星師對這個老女人說：「你知道我是誰嗎？我是皇家占星師。幾乎歐洲所有的國王和皇后都會來找我。所有那些最富有的人也會來找我討論他們的命運和未來。我收的費用很高，但是因為你救了我，所以你可以來找我，而我會免費告訴你關於你未來的事情。」

那個老女人笑了，她說：「你甚至沒有辦法看到你面前的井。你應該要覺得羞愧的，而那些去找你的人一定都是傻子。我不會去找你的。如果你都沒有辦法看到你面前的井，你要如何看到我的未來呢？」

未來只是你的希望和期望。當你覺得生命不滿足的時候，你就開始看著未來，看著死後的世界。然而所有這些都只是一種虛構的東西，只是為了讓你某種程度能夠存活下來。但是這種存活不是你應該的生活方式。存在讓你誕生下來不是為了讓你生活在希望裡。在這個片刻裡，你就可以是真正歡欣喜悅的，再也沒有其他的片刻了。

靜心和禪，都是生活在此時此地。

現在來到經文裡：

行思曾對希遷說：「有人說智慧來自於嶺南。」

希遷說：「沒有這種來自於他人的智慧。」

智慧來自於你的內在。它永遠不會來自於外在，或來自於任何其他人、其他地方，不論是南方還是北方，東方還是西方。智慧與外在無關，它是你內在的一種綻放。

行思說：「如果不是的話，那《三藏》從何而來？」

如果智慧不從外在而來的話，那佛陀名為《三藏》的經書是從哪裡來的？關於這一點你要怎麼說呢？

希遷說：「它們盡皆來自於此地……」

記得這個字眼：「此地」。

我們才剛剛談到這個字眼。

希遷說：「它們盡皆來自於此地，其中沒有任何念想。」

一旦你在**此地**，你的內在不會有什麼不滿足感。每件事情都變得如此的滿足，一種深沉的心滿意足，以至於你再也不需要任何事物了。你已經實現了自己的潛能。你的花朵已經綻放出它的花瓣，春天已經來臨。

智慧全都來自於此地，全都來自於此時。佛陀沒有辦法把它給你，也沒有任何其他人可以把它給你。

行思過世後，希遷於南嶽山上尋了一塊平坦的巨石，蓋了一座草屋，從那時候起他以石頭而聞名，之後當他成為師父時，人們稱他為「石頭和尚」。

南嶽山就是他之前去見南嶽懷讓師父的地方。

當時有這樣一個風俗，那就是當一個師父住在某座山裡時，皇帝會用這個師父的名字來命名這座山，以這座山來紀念這個師父。然後在接下來的好幾個世紀裡，人們都會記得這座南嶽山曾經是一位偉大的師父南嶽的寺廟與庇護所。

希遷曾經去見過南嶽懷讓，替行思傳遞過一項訊息、一封信。當時希遷必然從南嶽懷讓所在的地方——也就是南嶽山頂——觀賞過這座山的美。因此當行思過世之後，希遷去了南嶽山。當時在他經過的路途上，他必然見識過了那座山的美。

雖然南嶽懷讓不適合他，但是並不表示這個人是錯的。那只意味著他們沒有辦法感受到某種契合。南嶽懷讓對某些人可能是適合的，只是他不適合希遷，或者說希遷不適合懷讓，這其實是同樣一件事。但是這並不是對懷讓的一種譴責，這只是意味著這兩個人之間沒有任何事情可以做為橋樑。但是希遷在他往返途中必然觀賞過這座山；那是一個美麗的地方。南嶽山的山頂是南嶽懷讓的僧院，而希遷在南嶽山上某個小小的地方，找到一塊平坦的岩石。「蓋了一座草屋，從那時候起他以石頭而聞名，之後當他成為師父時，人們稱他為『石頭和尚』」。因為他的頭和每一個佛教和尚的頭一樣都是光頭，而他的光頭讓他看起來就像是他所坐的那塊石頭一樣。

當南嶽懷讓聽到希遷住在石頭上時，他讓一個年輕和尚到希遷那裡，他說：「去山的東面細查一下那個石頭上的和尚。如果他是先前曾經來過此地的和尚，你就和他對話，如果他回應的話，你就誦唱出下面這首歌：『你如此驕傲地坐在石頭上，你最好來找我。』」那個和尚去了希遷那裡，誦唱了那首歌，希遷回答說：「即使你悲傷地哭泣，我也永遠不會越過這座山。」

希遷非常清楚南嶽懷讓不是能夠當他師父的那個人。他們之間沒有默契，他甚至沒有送出行思的那封信。

和尚回去告知南嶽這段話，南嶽說：「這個和尚確實會讓人們的嘴顫抖上好幾代。」

南嶽的評估是正確的，當這個傢伙來見他的時候，他已經跟他會過面了。你還記得南嶽懷讓當時說了些什麼嗎？南嶽說：「你不應該這麼傲慢的問這個問題，你應該更謙卑一些。」希遷告訴他：「我寧願經歷永恆的地獄之火，也不會改變我的問題。」他的理由是沒有任何一個問題會是謙卑的。每一個問題的深處都是一種質疑，而每一個問題都會干擾到師父的寧靜，那都是一種傲慢。因此希遷馬上離開那裡，而沒有交出那封信。

南嶽見過這個希遷，所以他對傳訊者說：「小心點，如果他和之前來過這裡的傢伙是同一個人的話，你就誦唱出這句話：告訴他最好來見我，而不是坐在那顆石頭上。然後回來告訴我他有什麼樣的回應。」而希遷說了什麼呢？他說：「即使你帶著淚水前來這裡，我也不會離開這個地方的。」

南嶽懷讓必然馬上知道這個人就是那個寧願進入永恆地獄，也不願意改變問題的人。那就是為什麼南嶽懷讓做出了這樣一句評論：

「這個和尚確實會讓人們的嘴顫抖上好幾代。」

希遷後來成為一個引領上百個門徒開悟的師父。他是一個非常強硬的師父，他對門徒來說幾乎是危險的，但是他所有的強硬來自於一顆充滿愛的心，一份深深的慈悲。他要他的門徒開悟，他不允許他們離開。偶爾隔上一段時間就會有一個門徒逃跑，而希遷會在他後面追上好幾里路，把他拉回來：「你要去哪裡？回來！」那個門徒會說：「請原諒我吧，我已經累了。」因為他會毆打他的門徒，他會跳到他們身上。有一次他甚至把一個門徒從兩層樓高的窗戶丟出去，然後跳到對方身上。那個門徒身上有著多重性骨折，而希遷還坐在他的胸口上問說：「懂了嗎？」那個門徒也真的了悟了，他開悟了。誰在乎多重性骨折呢，開悟才是真正重要的事情，不論付出什麼樣的代價，它都必須要發生！

人們從來沒有見過像希遷這樣的人，他的慈悲是如此地深。他會去做**任何**事情。甚至當他年老時，他曾經因為太過用力毆打門徒以致傷了自己的手。他的門徒對他說：「師父，你現在已經老了，你不應該打人打的那麼用力，他們還年輕，而你已經老了。你每天都變得越來越脆弱。」

他說：「我知道，我的手痛了一個晚上，但是我沒有辦法忍受看到有人在黑暗中摸索。如果打一下能夠幫助他清醒的話，我的手痛上整晚也沒有關係。遲早這雙手會消失在塵土裡，但是如果這雙手能夠幫助某人覺醒的話……你認為我越來越老了；這是事實，但是對我而言，就算我死了，如果看到有人在黑暗中跌跌撞撞的話，我也會從墳墓裡跳出來，盡我所能的揍他。」

這個人是一個罕見的師父，他外表上看起來非常的強硬，但是內在深處卻是非常的柔軟。他願意從墳墓裡跳出來。我的感覺是如果他曾經那樣做的話——當然他沒有那樣做過——如果他真的從墳墓裡跳出來，光是他的骷髏就足以讓那個人開悟了。他不會需要用揍的。那個人一定會馬上大吼著：「我懂了！你還是回去你的墳墓裡吧。」

小林一茶(Issa)寫過這樣一句徘句：

珍珠般的露珠！
我在每一顆
露珠裡
看到我的家。

這些禪宗的詩超越了世界上所有的詩，因為所有的詩都是來自於頭腦的編織；只有徘句是來自於沒有頭腦的狀態。

珍珠般的露珠！
我在每一顆
露珠裡
看到我的家。

當你可以在每一顆露珠裡看到你的家時，你怎麼可能會覺得自己是個局外人或局內人呢？你就是和整個存在合而為一了。

整個存在的內在深處，所有的一切都是一體的。只有在外圍，我們才是不同的。

你畫一個大圓，在圓的外圍你可以畫下不同的點。然後從每個點朝著中心畫一條線。當那些線越來越靠近中心時，你會發現它們也越來越接近彼此。最後，所有的線都會匯聚在中心點。

所以當我說回到你的中心時，我不只是把你送回到你的中心裡，那同時也是整個存在的中心。在那裡，我們全都會合在一起，在那裡有的只是一份海洋般的意識。

問題

尼采在他《反基督》這本書的前言裡是這樣開始的：「這本書屬於那些極為少數的人，或許他們甚至還沒有誕生。或許這些少數人可以了解我的『查拉圖斯特拉如是說』……只有明天以後的日子是屬於我的。有些人是死後才誕生的。」為了讓人們了解他，尼采繼續說，一個人必須擁有「……一雙新的耳朵來聆聽新的音樂，一雙新的眼睛來看到那最遙遠的事物」。你在我們身上是否發現了這種「新的耳朵」與「新的眼睛」所具有的能力。

每個人都有這樣的能力，但這份能力還沒有被蛻變成事實。它還只是一項潛能。而我的工作就是讓你蛻變，讓你潛在的耳朵成為你真實的耳朵，讓你潛在的眼睛成為你真實的眼睛。

或許尼采所說的就是你們。現在就是他所說的「明天以後的日子」。而你們的靜心會讓你們的耳朵擁有足夠的敏感度，讓你們的眼睛擁有足夠的清晰度。

如果你能夠了解我的話，那麼了解尼采對你來說不會是困難的，因為尼采他只是待在頭腦的向度裡，而我則是處在一種沒有頭腦的向度。如果你能夠了解我的話，你所擁有的耳朵和眼睛要遠比尼采所認為的要好得多。你的靜心將會打開你所有的敏感度，你所有的接受性。對你們來說，了解尼采不會是困難的事。

靜心不只是會讓你有能力去了解尼采，也讓你有能力去了解那些還未誕生的偉大諸佛。你將會有能力了解所有過去、現在和未來的佛，因為他們只有一首歌曲，他們的音樂只有一種，而那是從深深的寧靜裡所浮現出來的音樂。

這個地方是一個科學實驗室，是專門創造新人類的地方——根據尼采的說法，也就是超人。但是我使用「新人類」這個字眼，因為「超人」暗示了一種優越性。否則「超人」這個字眼是美麗的，但是因為超人這個字眼可能誤導人們；所以我寧願用「新人類」或是「佛」這個字眼，因為這種新人類將會是一個全然覺醒的人。如果一個全然覺醒的人沒有辦法了解尼采的話，還有誰能夠了解他呢？你們正在這條路上，你們甚至能夠了解某些更為深奧、更為高遠的事物。

現在是從那些高遠的事物來到笑聲裡的時候了。

當小歐尼開始變得調皮時，為了限制他，他的母親會說：「神不會喜歡你那個樣子的！」而當小歐尼完全脫離控制時，她的母親則會說：「神會生氣的！」

但是有一天晚上在餐桌上，歐尼看著放在他眼前的一盤梅乾說：「噁！我才不要吃那種又黑又皺巴巴的東西！」

母親說：「歐尼！神不會喜歡你這個樣子的！」

歐尼頂嘴說：「我不在乎，我不會吃那種東西的！」

母親吼著歐尼的全名威脅地說：「歐尼司特！神會生氣的！」

歐尼大吼說：「啷！去他媽的神！」

這時候，歐尼的母親要他回到自己的臥室裡。

幾分鐘之後，突然有一陣猛烈的雷擊，震撼了整個屋頂，連牆壁都發出霹靂啪啦的聲音。歐尼的母親上樓去提醒歐尼關於神的憤怒這回事。但是她非常驚訝地發現歐尼正看著窗外那陣恐怖的風暴。

母親說：「你看，歐尼，每當你讓神生氣時，就會有這種事情發生！」

這時候歐尼回答說：「嗯，如果你問我的話，我會說只為了一盤梅乾，這實在是太小題大作了。」

洛杉磯的警察首長接到警務署的一則命令，要他們去突襲菲菲女士位於好萊塢市區的「情色歡愉之屋」。但是這一則命令讓警察首長和他的屬下落入一種困窘的情境，因為他們都是那裡的常客，而且還跟菲菲女士非常熟。

所以他打電話去警告她們，但卻發現菲菲女士和所有的小姐們都外出郊遊野餐了，只剩下一個清潔工在那裡接電話。

首長說：「聽著，把這個消息告訴菲菲女士：今晚，我們必須對你們進行意外突襲。但是當我們到的時候，我們會大聲發出警報，然後從街口開過去。我們會這樣進行三次——然後我們會突然衝進來。到那時候，我們希望你們每個人都已經安全地離開那裡了！了解嗎？」

那個清潔工回答說：「沒問題，沒問題！」然後放下電話。但是當她結束打掃工作時，她完全忘記傳遞消息就回家了。

那個晚上的生意跟平常一樣，菲菲女士的「情色歡愉之屋」再也沒有辦法擠進更多的人了。就在午夜時分，警察首長和他的下屬開著警車來了。他們大聲按著喇叭，經過街口時車子還發出尖銳的聲音。當他們第二度出現時，他們同樣大聲按著喇叭，然後從街口開走。當他們再一次按著喇叭經過街口後，他們故意大聲的停在門外，然後衝進建築物裡。當首長走在前頭帶著他的下屬衝上階梯時，他們看到兩個赤裸裸的女孩走下階梯，兩個女孩還抱著一張床墊，首長大吼說：「這到底是在幹什麼？你們要去哪裡？」女孩們大吼說：「別吼我們，外面有一些白痴按著喇叭要求服務。」

現在來到靜心的階段：

安靜下來。

閉上眼睛，感覺你的身體全然的凍結住。

這是你回到內在的最好時機。帶著你全部的能量，還有你全然的意識，衝向你的中心。帶著一種迫切性，就好像這個片刻是你在地球上的最後一刻。沒有這樣的迫切性，沒有人能夠甦醒過來。

越來越快……

越來越深……

當你越來越靠近你的中心時，一種偉大的寧靜會降臨到你身上。這整個夜晚也會開始為你而歌唱。

再多一點，再深一點，然後你會發現平靜、祥和、喜悅、歡欣和祝福的花朵在你的周圍滋長著。

只要再一步，你就到達了你內在最深的中心。突然間你再也看不到你自己，只剩下你最原始的臉孔在那裡，沒有任何面具，沒有任何人格。

這就是我們東方所說的佛的臉孔。這是每個人最原始的臉孔，它不是任何人的專利。

在這個存在的中心裡，佛唯一的品質就是觀照。當整個靈性被簡化為一個字眼時，那就是觀照。

觀照你不是這個身體，觀照你不是這個頭腦，觀照你只是一份觀照，就像一面鏡子般地反映著，沒有任何批判，沒有任何欣賞，沒有任何譴責——像一面純粹的鏡子，那就是佛。

這份寧靜變得如此地深。這份歡欣變得如此地具有淹沒性。你就是沉醉在這份神性裡。這個中心就是你和整個存在的連結。從這裡，你的意識將不斷地受到滋養。

這就是你不朽的生命，沒有起點，也沒有終點。

讓這個觀照變得更清晰，更深入……

放鬆下來，全然的放下，但是要不斷地記得一件事，那就是你是這份觀照。

這份觀照就是真。

這份觀照就是美。

這份觀照就是善。

這份觀照打開了存在所有的奧祕，打開了所有奇蹟的終極祕密。

在這樣一個沒有瑕疵的寧靜片刻裡，你是這個地球上最幸運的人。我看到你在融化，就像是冰塊正在融化成為海洋。你在消失中。一萬個佛已經消失成為一片汪洋般的意識。

盡可能收集你在這個中心裡的經驗，還有所有那些超越性的花朵、來自永恆平靜的花朵，最終極的喜悅。

你必須帶著所有這些品質回到你每天的日常生活裡。你的日常生活越是變得優雅、美好、平靜、寧靜、慈悲和關愛，佛也就越靠近你。

所以記得說服這個佛，告訴他你已經準備好了，現在少的只有他。他必須像個影子一樣跟隨著你。

開悟有三個步驟：第一，佛帶著他所有的溫暖、優雅、美好、喜悅和善美，像個影子一樣來到你的身後。

很快的他會接管一切。你在第二個步驟裡成為那道影子。

而在第二個步驟裡，你的影子會逐漸的消失退去，因為它只是一道影子，它什麼都不是。

在第三個步驟裡，你會發現你就是佛，而你以往所是的那個人已經再也找不到了。那一天會是你生命裡最值得歡慶的一天——不只是你的一生，也包括了整個存在的悠長生命。這整個存在會為你慶祝；這些樹木、這些星辰、這個月亮、這片海洋、這片大地——你身邊的每一件事物都會以一種無與倫比的隆重儀式歡迎你回家。

在許多不同的身體裡、不同的物種裡經歷如此久遠的遊蕩，你終於回到家了。

……現在，回來，像個佛一樣地回來，帶著同樣的寧靜回來。靜靜地坐著一會兒，回想自己剛才經歷過的金色道路，以及你經驗過的無比空間。同時感受著你身後那個佛的光輝和平靜。

他幾乎碰觸著你的身體和你的心。他是如此的女性化，如此的纖細——就像是一片蓮葉一樣。

欣喜於你就是尼采所說的少數人。很快的，你的耳朵會開始擁有一種全新的敏感度，你的眼睛會散發出一種全新的光彩，而你的心裡會出現一種全新的舞蹈。

春天很快就會來臨，而你將會綻放成為一個佛。除此之外，沒有什麼事情是重要的。

你**必須**成為一個佛；只有那種最終極的高度與最終極的深度經驗能夠帶領你回家。回到你本然的根源，那是你最初的來處，也是你最後回歸的終點。

而我對你們感到非常的高興。你們進展的如此的好，並且帶著如此的真誠，任何一個師父都會以你們為榮。

神已死，禪是唯一現存的真理。

第4章 神是一個謊言

在南嶽懷讓評論過希遷之後，他又曾經讓隨侍僧去詢問希遷。

當隨侍僧到的時候，他問希遷：

「什麼是解脫？」

希遷說：「誰束縛了你？」

那和尚又問：「什麼是淨土？」

希遷回答說：「誰髒污了你？」

和尚問：「什麼是涅槃？」

希遷回答：「誰給你生和死？」

隨侍僧回到南嶽懷讓之處，報告了希遷的回應。懷讓合掌，做出了一個碰觸他雙腳的姿勢。南嶽懷讓、南嶽堅固、南嶽明瓚被認為是當時中國境內的三位大師父，而他們三個都說：「我耳邊傳來石頭上的獅吼聲。」

那個和尚回到希遷那裡，詢問希遷是否有任何他能夠為他做的事情。稍後不久，南嶽師父帶著他的弟子去會見希遷。

希遷站起來迎接南嶽，他們彼此互相致意。後來，南嶽為希遷建了一座寺廟。

先回答問題。

問題　用「神」這個字眼來稱呼這個具有智慧與愛的存在，跟把它稱為「存在」難道不是同一回事嗎？

這是不一樣的。「神」給你一種具有人格和限制的感覺，而「存在」則給你一種不受限、非個人的遼闊感。神無法同等於存在。神一直被各種宗教——不論是一神論還是多神論的宗教——視為是存在的創造者，然而存在不是一個被創造出來的現象；存在它一直都在這裡。

這個「神」先是讓你有一種「有個造物主存在」的印象。然後許多謊言開始從神這個概念裡衍生出來。祈禱跟著出現了，對神的崇敬跟著出現了，神的雕像也跟著出現了。然後各種廟宇、教堂和清真寺開始出現。有組織性的宗教也跟著出現了。神是所有這些組織性宗教的中心。

一旦你接受神是一個個體，你就限制了智慧，把它投資在某個個體身上。我則是把它散布在整個存在裡。這整個存在是有智慧的、有愛的、慈悲的、關愛的——但它不是一個人。它不受任何形式的限制；它是不受限的、無限的、永恆的。它沒有起點，沒有終點，它持續地朝著高峰以及更高峰演進著；它也持續地發展出越來越深的深度。在天空之上還有天空；存在是沒有止盡的，它沒有界線。

神注定是受限的。神是人類頭腦的虛構，存在不是。你創造出來的神有一個古老的形象。他是高坐在神壇上的一個老人，還有著長長的鬍鬚，你沒有辦法想像神會像個孩子一樣的年輕。神的鬍鬚必然比他的身高還要長，因為自從亙古以來，他從來沒有進過任何理髮店，而我也不認為他會有什麼安全剃刀，能夠每天早上在浴室裡刮鬍子⋯⋯事實上，我也不認為他會有一間浴室，因為沒有任何一部經文曾經提過他的浴室。所以你要小心他！他必然是用整個天空來當他的馬桶。當某些東西掉落在你頭上時，那是神聖的屎。如果你把神想像成是一個人的話，你也同時製造出許多麻煩來。

不，存在是一種完全不同的概念。它不是你的虛構物；它是真實存在於那裡的。當你還不在這裡的時候，它已經存在了。當你將來不在這裡了，它還是會繼續存在。我們來了又走；我們就只是這浩瀚存在汪洋中的波浪。我們來了又走，而存在會一直都在這裡——找到這個一直都在的就是找到終極的真實。你不需敬拜自然，你不需向自然祈禱。敬拜、祈禱這些都只跟神這個虛構物有關。

存在是不批判的，而神是批判的。我想要盡可能地強調這個事實的區別。基督教的神非常清楚地宣布有審判日這種事情存在，而且到時候他會選擇那些站在他那邊的人，也就是他的兒子耶穌基督的跟隨者。至於那些不站在他這一邊的人則是反對他的人，他們會被丟進永恆的地獄之火裡。因為神，各種道德規範出現了：這是好的，那是不好的。但是標準在哪裡呢？標準在那些經文裡。可是那些經文卻是經由那些沒有受過教育、極度原始的人所撰寫的；他們不屬於我們這個世紀。

存在不會寫下任何經文，也不會給予任何戒律。存在不會告訴你該做些什麼，不該做些什麼。存在是毫不批判的。它對於罪人的慈悲和對聖人的慈悲是一樣的，它不做任何區分，因為在存在的眼裡，所有自然的事情都是美好的。那些違反了自然的人，宗教把他們稱為聖人，但是自然只會為他們感到難過。存在只會覺得他們走岔了路，而他們的痛苦是因為他們走岔了路。存在本身不會讓他們痛苦，不會懲罰或獎賞他們，或是讓他們進入地獄，不。存在就只是在那裡而已。如果你讓自己與存在是和諧的，你會獲得無比的獎賞。不過沒有人會獎賞你，而是當你與存在和諧的時候，你會感到如此地平靜，如此地喜悅，如此地善美，你已經得到獎賞了。除此之外，沒有什麼其他任何獎賞了；而那些與自然不同調的人也已經得到懲罰了。

你可以看看你們所謂的聖人；他們無法微笑，他們無法開懷的大笑，他們無法享受任何事情。他們是最醜陋的一群人，他們從人性中墮落到無止盡的黑暗裡。他們自我折磨，他們自虐，他們是痛苦的。而他們的痛苦不是任何人所造成的，是由他們自己所造成的。

這就是標準：如果你痛苦的話，那表示你與自然是不同調的。如果你感到悲慘的話，那表示你與自然是不同調的。因此，當你覺得痛苦、煩惱、苦悶的時候，試著縮短你和存在之間的距離，讓自己靠近存在，然後突然間你會發現那裡有著光亮和喜悅，也有著歌曲和舞蹈。

與存在和諧同調本身就是一種獎賞了；與存在不同調本身就已經是一種懲罰了。所以我的方法非常清楚和明晰。如果你創造了一個神，那麼他注定是會批判你的。而他批判的方式會是老舊過時的；他會永遠落後於人類的意識。如果你跟隨那些由傳教士，而非神所創造出來的經典……

關於那些經文不是由神所創造的這一點，我們可以找到本質上的證明。印度教說《吠陀經》是由神所撰寫的，可是我沒有辦法想像這麼愚蠢的事情。上千年來從來沒有人反對過這個說法。那些經文裡有一些本質上的證明可以說明《吠陀經》是由傳教士所創造出來的，它不需要任何外在的證明。

我會告訴你它本質上的證明是什麼。《吠陀經》裡百分之九十八的祈禱文是由傳教士所寫的。神是不會說任何一句祈禱文的。因為沒有其他的神；所以他要向誰祈禱呢？只要看這一點就可以理解。神不可能向他人敬拜；神不可能向他人祈禱；神不可能向任何人要求任何東西，因為沒有什麼比他更高的了。而《吠陀經》裡除了祈禱文以外，什麼都沒有，而且那些祈禱文的內容是如此的愚蠢，沒有人提出任何質疑真的是一項奇蹟。像是其中有一個所謂的先知祈禱文——當然那是對神的祈禱文——這樣寫著：「只要讓你的雲在我的田裡下雨，而不要在我的敵人的田裡下雨。」你認為這會是由神所撰寫的嗎？

另外一篇祈禱文要求神：「請讓我的母牛生產多一點牛乳，而讓我的敵人的乳牛停止供奶。」這種東西會是神寫的嗎？這些就是本質上的證明，說明《吠陀經》是由一般的敬拜者、文人、傳教士所寫的，而他們上千年來一直宣稱它是由神所撰寫的。所有的宗教都試著證明他們神聖的經典是由神所撰寫的，再不然至少是由神的使者所撰寫的，而訊息則來自於神。

一旦你接受了神這個虛構物，你就必須接受那些神聖的經文，同時接受它的批判。而神的批判是絕對違反自然的，因為那些經典、經文要求你去過一種不正常、愚蠢且神智不清的生活：不要根據你身體的需要來進食，你要斷食。不要生活在這個塵世裡，你要放棄它，去喜馬拉雅山的洞穴裡生活。人類歷經了多少艱辛才脫離穴居生活。人類經過上千年的掙扎才終於得以脫離洞穴，而這些所謂的神聖經典卻要把人類再送回去：「住在洞穴裡！」

在這些規範的背後其實隱藏了某些心理學上的因素。因為如果你斷食的話，你會開始產生幻想。而且很明顯的是你會開始想像食物；那是第一個出現的幻想。你會整晚幻想著自己被國王所邀請，享用著大餐。這種情況是一定會發生的。就像是如果你性飢渴的話，你會做春夢一樣。所以如果你身體飢餓的話，你會開始做跟食物有關的夢。如果你渴了，你則會夢到水。

你的夢顯示出你的需要，顯示出你正在否定你自己。這些夢顯示出你的自然本能，顯示出你正不必要地違反自然，以至於你感到痛苦。但是所有的宗教都說斷食是一種美德，崇高的美德。原因就在於斷食有助於幻象，這是科學上的事實。如果你持續斷食三個星期，而你又單獨生活在喜馬拉雅山的洞穴裡的話，你一定會開始產生幻覺。當你斷食第二週後，你會開始和自己說話。而當第三個星期結束時，你會開始跟神說話。而且你還會設法從兩方來進行對話。你會提出問題，然後你會回答問題，並且覺得那是來自神的答案。到了第四週結束時，你將能夠看到你的神，不論你的神是耶穌基督、克里希納還是佛陀，不論你相信的是誰。當你斷食到第四個星期時，你會開始失去所有的聰明智慧，失去所有對於現實的掌握能力。你再也沒有辦法區別什麼是事實，什麼是夢；你會退化到幼兒的狀態。

年幼的孩子一開始的時候無法分辨事實和夢之間的差別。他在夢裡玩著一個玩具，然後當他早上醒來時，玩具不見了，他會開始哭鬧「我的玩具到哪去了？」因為他無法分辨那個玩具只是一個夢。他需要發展出更多的成熟與智力，才能夠分辨事實和虛幻。可是只要四個星期的斷食，你就會失去所有的分辨能力。

就這一部分而言，單獨生活是絕對必要的，因為如果有其他人在那裡和你一起生活的話，你會和對方說話。那會是一種釋放。但是如果你是單獨生活的話……而所有的宗教都要你單獨生活，不論是在僧院裡，在你的小房間裡，還是在洞穴裡。你要單獨生活。為什麼要單獨呢？單獨是為了讓你無法跟任何人說話，這麼一來你整個頭腦會沸騰著想要說話的慾望，以至於你開始跟自己說起話來。

你大概曾經看過人們在街上這樣做過。他們的嘴唇不停地動著，可是他們卻是單獨的。他們正匆忙地趕向辦公室或者回家，但是他們的嘴唇卻不停地動著。有時候他們還會做出某些姿勢，好像扔掉什麼東西一樣。這些人怎麼了呢？他們像機械人一樣地走在回家的路上，因為那已經變成一種慣性的行為。他們不需要思考哪裡要右轉，哪裡要左轉，所有這些動作都由雙腿自行完成。我還看過有人手指頭上在數錢的同時，嘴巴還能不停喃喃自語。

有一個我很喜歡的故事。

一個男人在火車轉接站的休息室裡成為一群人注目的焦點。火車已經遲到了，因此所有的人都熱切地等待著火車，可是每個人的注意力都被一個正在椅子上休息的男人所吸引。這個男人的嘴巴動個不停，還不時發出微笑，或者偶爾發出某些癡笑的聲音，甚至有時候他會做出扔掉某個東西的動作。最後，旁邊的人再也沒有辦法抗拒詢問他。

有個人問他：「發生了什麼事？有時候你會發出笑聲，有時候你微笑，有時候你又一副扔掉什麼東西的樣子。」

他說：「沒什麼，我只是在說笑話給自己聽罷了。當我聽到一個真正好笑的笑話時，我會微笑。如果那個笑話非常新鮮有趣時，我就會笑出聲。如果我聽到的是一個老掉牙的笑話時，我就會把它扔掉。」

他在說笑話給自己聽……。那麼所有的笑話必然都是老舊的。在場的每個人說：「你正在享受好時光，而我們卻不必要地擔憂火車延遲的時間會越來越晚。」

在印度常常會有這種事情發生……

有一次我因為火車延誤而卡在阿拉赫巴德(Allahabad)。一開始的時候他們宣布火車會延後兩個小時。我說：「問題不算大。我還是可以及時趕到我要去的地方。」但是兩個小時之後，我去詢問火車的情況。他們卻說：「現在還要往後延遲四個小時。」

我說：「火車難道往回開了嗎？怎麼可能還要等上四個小時呢？之前你們說火車延後兩個小時到達。那兩個小時已經過了；火車應該已經抵達月台了才對。現在你們的意思是火車總共會延遲六個小時才到達。發生了什麼事？難道火車往回開了嗎？」

那個男人一臉震驚的樣子。他沒有辦法回答我的問題，因為我的問題是絕對符合邏輯的。「火車到底發生了什麼事？我可以了解火車遲到了，但是它不可能往回開。下一次我來詢問的時候，火車可能延後了十二個小時，它是往回開了嗎？你必須回答我的問題。」

可是在印度，這種事情每天都在發生……為了要保持人們的希望。即使他們不知道火車到底會延遲多久，他們也會說火車延後兩個小時到達。如果火車提早到了，那很好。如果火車沒有提早出現，那表示它會更晚一點到達。但是如果直接告訴人們火車將會延遲十二個小時，那會讓人們感到震驚。所以，為了讓事情容易些，他們會說遲到兩個小時，四個小時，再等兩個小時……或是火車再一個小時就會來了。結果到最後，它就變成延遲十二個小時了。那個人沒有辦法回答我的問題，因為我知道事實的真相。而事實的真相是什麼呢？真相是他們根本不知道火車會延遲多久。

我曾經坐在候車室裡觀察人們……我曾經看過人們無事可做；我看到他們開始動起嘴巴，對自己說起話，就只為了讓自己保持忙碌。否則只要一想到自己被卡在某個地方，而且沒有人知道會持續多久，這其實是一種令人感到苦悶的事情。有時候火車會遲到十二個小時，而我曾經見過甚至遲到了四十八小時的火車。我不知道這種事情是怎麼發生的。

但是有一次我發現了答案。當時我搭乘一班很小的火車從羌達(Chanda)到剛迪亞(Gondia)。現在這些小火車都幾乎已經消失不見了，只剩下幾個地方還有而已。這種火車當時都是客車；在那些短程路線上，火車只承載旅客，而且這種火車會在每一站停留。我的一個朋友，一個非常富有的人說服我跟他一起旅行。他說：「這個火車所經過的地方非常的美，火車兩側都有著美好的景色，山巒、河水和原始森林。」

所以我同意了；否則我會選擇搭乘飛機，因為火車要花上十二個小時的時間，而搭飛機只要五十分鐘而已。我說：「好吧，因為你跟我說過許多次這列火車經過的鄉村有多美，所以這次我們就搭火車吧。」那裡幾乎是一個沒有人跡的地方，一片完全原始的區域，人們都居住在森林深處。

當我們到達中途某一站時，他告訴我：「下車。」那時正是產芒果的季節。火車停下的那個地方，車站外面到處都是美麗的芒果樹，綿延將近數里，那些芒果的味道……還有上百隻杜鵑鳥製造出美麗的歌曲，那是如此美妙的聲音。他帶著我下車，我說：「你要做什麼？」

他說：「跟我來。你在別的地方永遠找不到這麼棒的芒果。」

所以他爬上一棵芒果樹，然後要我跟在他後面。我說：「但是火車怎麼辦？」

他說：「別擔心，那是我的責任。除非我下來，否則火車不會開動的。」

我說：「這就奇怪了——你下車時沒有跟任何人說過，不論是火車站長還是火車駕駛員。」

他開始笑了起來，說：「你只要往上看，火車駕駛正在我們的上面。除非我讓他下來，否則火車不會開動的。你不用擔心了。」

而那個駕駛員也笑了起來，他說：「沒錯。」

所以我們花了將近一個小時享用那些芒果，每當那個駕駛員試著要往下離開這棵樹的時候，我的朋友會說：「如果你移動的話，我會扯住你的腳，把你丟下去。你就只是待在那裡，等我們吃完了，你才能去開車。你只要在那裡多吃些芒果，沒有問題的。」

所以我們讓駕駛一直待在樹上，火車上所有的乘客都在想發生了什麼事情。那是這條路線上唯一的火車。往返也只有這一班車，所以不會有其他火車出現。火車站的站長也在尋找駕駛員去哪了。車掌也在到處尋找駕駛員……我們看到每個人都在尋找駕駛員，而駕駛員則完全被監禁了，因為他沒有辦法越過我們離開這棵樹。我們會把他推回去說：「回到上面去！」那時候我終於知道那些火車為什麼會遲到了。這種事情只會發生在印度。

所有的宗教都提倡斷食，並且告訴你：「保持單獨，並且不斷地想像著你的神，讓他變得視覺化。」經過四個星期的斷食，即使最聰明的人也會開始把現實和想像混淆在一起，這已經是心裡學上的一個事實。所以，你說那些智力不超過七歲的一般大眾會發生什麼事呢？他們的頭腦一直停滯在七歲到十四歲之間，他們的身體會持續生長到七十歲、八十歲，但是頭腦卻停留在七歲到十四歲之間；很少有人的心智年齡可以超過十四歲。

所以這些人有著一個發育遲緩的頭腦——而也只有一個發育遲緩的頭腦才會隸屬於某一個宗教組織，才會相信神這個虛構物，相信天堂和地獄，並且對著空曠的天空祈禱——這些人因為恐懼或貪婪而放棄了這個世界，然後當他們單獨時，頭腦會開始進行各種想像。就想像這個部分而言，斷食是絕對必要的，斷食不只是讓你變得虛弱，它也讓你的頭腦變得虛弱。

你曾經想過為什麼沒有任何一個印度的素食者曾經得到諾貝爾獎嗎？事實上，他們應該是得到最多諾貝爾獎的人才對，因為他們認為自己吃的是最純淨的食物，他們的頭腦比那些非素食者要來得純淨、乾淨以及清澈許多。但是事實是沒有任何一個耆那教的人曾經得到過諾貝爾獎，而那也是一件永遠不可能的事，因為他們的食物裡缺乏某種讓智力能夠發展的物質。我曾經在他們的會議上談過這一點，但他們變得非常生氣，幾乎準備要殺了我。他們根本不願意聽我說的話。我告訴他們素食是絕對沒有問題的，但是他們需要了解自己的食物裡缺了少數幾種蛋白質，他們需要一些替代品。

最好的方式就是開始吃那些沒有受精過的蛋。因為它們就像是植物一樣，其中沒有生命。當公雞不在母雞身邊時，母雞仍然會持續地每天下蛋，她下蛋與否跟公雞的存在與否無關。所以那些沒有受精過的蛋就像是植物一樣，其中沒有生命，可是裡面卻有著智力發展所需的蛋白質和維他命。

但是光只是「蛋」這個字就已經讓他們受不了了：「你教我們吃蛋！」

我說：「你們沒有聽懂我的意思。我不是教你們吃蛋，我是教你們吃那些未受精過的蛋。」

他們說：「蛋就是蛋。」

他們無法了解一個簡單的現象：當它是未受精時，它**不是**一個蛋，它只是有著蛋的形狀而已。它是純粹的蛋白質、維生素，而且它既便宜又天然。就人類智力的發展而言，它是絕對必要的食物。

你會很驚訝地發現猶太人拿到了百分之四十的諾貝爾獎，而世界上其他人種則只拿到百分之六十的諾貝爾獎。而且猶太人並不算多，因為所有人都不斷地屠殺猶太人。四千年來，全世界的人都不斷地屠殺猶太人。回教徒殺猶太人，基督教徒殺猶太人，所有的人都反對他們。所以猶太人在人類人口裡佔了很小的比例，但是他們拿到了百分之四十的諾貝爾獎。問題出在哪裡呢？當我找出原因，並且告訴印度人時，所有人都反對我。

我最後終於不再對群眾演講，因為那些笨蛋沒有辦法了解我的話。猶太人是地球上最聰慧的人種之一。你只要注意一下這個情況：耶穌把全世界一半的人口轉變成基督教徒；然後另外一個猶太人馬克思，則把另外一半的人口變成了社會主義份子。第三個猶太人，佛洛伊德，他剝削了前面兩種人。而第四個猶太人愛因斯坦，則製造了足以毀滅全世界的原子彈。

這四個猶太人都是世界上最重要的人。而原因更奇怪！他們都曾經進行過割禮。這不是什麼好笑的事情；這是有科學根據的。甚至連科學家現在都同意猶太人的割禮和他們的智力有某種關聯。當那些科學家在人類大腦上進行研究時，他們發現人類腦部有三百萬個細微的神經組織。在這個小小的頭顱裡有著上百萬個細微的神經組織，它們是肉眼無法看見的組織。而它們控制了你所有的行為，你的智力，你身體的功能，你的消化作用，你的血液循環。它們控制所有一切事情。

一個人的智力是由腦部的某個中樞所控制的。而在這個智力中樞的旁邊就是控制性慾的中樞。它們彼此距離非常近。因此那些越是聰明的人，他們的性慾也越多。一個擁有較多性慾的人，他也有比較多的能量能夠創造以及發展智力。而如果一個嬰兒在出生後馬上就進行割禮的話，他會發生什麼事呢？

性的高潮和大腦裡的中樞有關，特別是在一個幼兒身上，他所有的一切都還極度的柔軟和富有彈性。割掉一個孩子性器官上不必要的皮膚會為他帶來某種衝擊。這種衝擊不只傳遞到性的中樞——由於大腦裡性的中樞和智力的中樞是如此緊密相鄰，所以那個衝擊也會傳送到智力中樞。而這種衝擊可以說是一種喚醒的方式。

在康斯坦丁大帝時期曾經有過這樣一場重大的辯論，那就是基督教是否要繼續進行割禮。康斯坦丁自己是羅馬人，也是尼西亞（Nicaea）議會的議長，他有權決定割禮的進行與否。由於他們所有人都從猶太教轉變成基督教，因此康斯坦丁投票反對割禮。這就是為什麼基督教停止了割禮的儀式；不過他們現在又再度恢復這個儀式了。

在美國，現在這已經成為一項公定的事情，不論你是屬於哪一種宗教。幾乎每個在醫院出生的孩子都會被割掉包皮，那已經是一項例行公事了。

醫生會馬上割掉嬰兒的包皮。原因有兩個：這樣做比較衛生，可以避免許多疾病，並且容易保持清潔；至於另一個隱含的理由則是，這會給智力中樞帶來某種衝擊，而這種衝擊會讓智力中樞運作的比別的中樞更好。

我絕對贊成割禮。全世界的人都應該進行割禮，而且是在孩子出生後馬上就進行；割禮的進行越早越好。但是要告訴人們任何一種事實都是一件困難的事。在一群盲人裡擁有眼睛是不容易的。

讓一個人斷食四個星期會摧毀所有讓他保持智力的蛋白質和維他命。你不知道這種斷食的機制。為什麼所有宗教都堅持斷食呢？因為它的破壞性……如果一個人只靠身體過去囤積的物質來生活的話，他最多只能維持四個星期。一旦超過四個星期之後，身體裡不再有任何囤積物。很快的，甚至在六分鐘之內，如果那個斷食的人沒有獲得適當的蛋白質、氧氣和適量的維他命，他腦部那些細微的神經組織會崩潰。而一旦那些細微神經組織崩潰之後，他就再也沒有任何區辨能力，再也無法區分站在你面前的是基督還是自己的想像或投射。

就算是張開眼睛，你也會開始看到夢境。而所有這些情況都必須是單獨的，以免有人打擾了你的想像，而且它還需要你不斷的想像以及整日的祈禱。在許多僧院裡，人們都在做些什麼呢？他們整天祈禱：福哉瑪利亞，福哉瑪利亞……他們拿著瑪利亞的相片，整日跪拜、斷食，還有誦唱「福哉瑪利亞」……只要幾天的時間，照片上的瑪利亞會開始動起嘴巴，瑪利亞會開始復活，而這對愚蠢的頭腦而言是一種莫大的滿足。

然後很快地瑪利亞會從相片裡出來。這是多麼偉大的一種天啟！這正是那個人等待已久的事情。所以即使他並沒有碰觸任何人的腳，但是他會感覺自己碰觸著那雙腳，就像你在夢裡感覺到的事情一樣。他已經摧毀了夢境和現實之間的界線。而要摧毀這個界線，斷食、單獨和不斷的想像是必要的。

你可以試圖想像神，但是你沒有辦法想像存在；而且你也不需要去想像存在，因為它已經在那裡了。樹木在那裡，河川在那裡，海洋、山巒、星辰、整個天空都在那裡。它們不是你的想像；它們是客觀的現象。

你們都同意今晚有著滿月。但是如果有人說他看到耶穌，你就無法同意這一點，因為**你**沒有看到耶穌，只有**他**看到。那是一個投射。因為如果那是一個事實的話，是不會有任何問題的；每個人都能夠看到耶穌，就像是他們能看到滿月，看到日落，看到玫瑰一樣。而且每個人都會同意，是的，這裡有一朵玫瑰。雖然他們可能會有不同的意見：像是詩人有著較多的詩意，畫家對於顏色較為敏感。因此他們可能會以不同的眼光來看待這朵玫瑰，就像是一個專業的聞香人士對這朵玫瑰會有著不同的感受力，他能夠嗅聞到的會比你多許多。至於像我這樣一個對香味過敏的人……。

我的園丁必須把所有的花放在我窗戶以外的地方，而那些窗戶是永遠不打開的，如此一來我可以看得到玫瑰，但是不會聞到它的香味。我可憐的園丁必須辛苦的工作，因為她要把那些玫瑰種植在我房間的四周……因為那裡有許多高大的樹木和樹蔭，而玫瑰一旦沒有陽光的話，它們沒有辦法盛開，所以我的園丁需要不斷變換那些花盆的位置。

但是她成功地讓我在房間裡也能夠看到那些玫瑰，不論我人在房間裡的哪一個地方都可以看到玫瑰。她騙過了太陽，也騙過了那些玫瑰，雖然她必須不斷的轉換那些玫瑰花的位置。每當一朵玫瑰花盛開時，她就把它放到我的窗戶外面，而當她看到那棵植物因為沒有陽光而鬱鬱寡歡時，她就把植物拿到太陽底下。所以她一直有兩排玫瑰不斷地轉換著，那是一個輪轉俱樂部！但是她做得很好，她知道我喜歡玫瑰，而我又無法忍受玫瑰的香味。我對於它們的香味過敏；那些香味會馬上讓我變得不舒服。

所以不同的人會有不同的情況，但是玫瑰的存在是客觀的，每個人都可以接受這個事實。除了少數盲眼的人看不到以外；但是即使如此，他們還是可以碰觸到玫瑰，他們還是可以聞到玫瑰的香味。他們還是可以感受到除了色澤以外玫瑰其他的部分。他們可以感受到玫瑰的柔軟，它平滑細緻的花瓣……

眼睛用掉了你百分之八十的能量。所以你另外四種感官感覺每一種只能平均得到你百分之五的能量。你有百分之二十的能量是用在四種感官上，然後你的眼睛用掉了你百分之八十的能量。而那些盲眼的人能夠把他百分之百的能量平均運用在四種感官上；每一種感官都得到百分之二十五的能量。那就是為什麼盲眼人可以成為美妙的歌手；他們有著比任何人都好的耳朵。他們的接觸有著比明眼人更多的能量，他們的手攜帶了他們百分之二十五的能量，而你的手只攜帶你百分之五的能量。所以他們或許沒有辦法看見花朵和它的顏色，但是他們可以摸得到它，而他們的接觸要比你的接觸來得深；他們可以聞到氣味，他們的嗅覺也比你的嗅覺來得深。但是不論如何，每個人都會做出同樣的結論，因為玫瑰花是一件客觀的事情。

你的夢純粹只是屬於你的；你沒有辦法跟別人分享你的夢。

有兩個朋友在聊天。其中一個說：「昨天晚上真是個不得了的晚上。在我的夢裡，我去釣魚。而我的老天啊，我這一輩子從來沒有見過這麼大的魚。光只是抓住那隻魚，還有把牠拖回岸上，我就覺得自己已經沒有力氣了。那條魚是這麼的巨大，而且海邊有這麼多魚，一隻接一隻……我只能攤在海灘上，而整個海灘都擠滿了魚。你實在應該看一看那種情況，你應該去那裡看一看那種情況。」

另外一個朋友說：「那不算什麼。昨晚我夢到兩個赤裸裸的女人躺在我身旁，一個在我的左邊，一個在我的右邊。看到左邊那一個的時候，我驚訝的不得了：因為她居然是瑪麗蓮夢露。而我右邊那一個居然是蘇菲亞羅蘭，而且兩個都是光溜溜的。結果你居然在談論魚的事情，你真是個笨蛋。」

另外一個人生氣了，他說：「如果是這樣的話，你為什麼沒有馬上打電話給我呢？你和那兩個女人做了什麼？」

那個朋友說：「我打了，我打給你太太，而她跟我說：『他去釣魚了。』」

你沒有辦法分享你的夢，你沒有辦法分享你的幻象。所以一個克里希納的跟隨者會看到克里希納，而不會看到基督。一個基督的跟隨者會看到基督，而不會看到克里希納。而且當他看到基督的時候，即使你在那裡，你也不會看到任何事情，因為那只是一個投射，一種睜著眼睛的夢。而要能夠睜著眼睛作夢，你需要斷食來摧毀你的智力，而且你還必須是單獨的，以便不會受到任何人的干擾或譴責，因為他們可能會說你是一個笨蛋，並且告訴你：「那裡根本沒有任何人，我只看到平坦的牆壁。你的克里希納在哪裡？我沒有看到任何人，而且我可以帶其他人來作證：沒有人看到你所看見的東西。」因此你必須是單獨的，不讓其他人來打擾你的投射、你的幻象。

神曾經是人類演進上最大的干擾，因為他讓人們產生幻想，他摧毀了人們的智慧，摧毀了他們成為一個佛的可能性。

存在有它自己的智慧，存在有它自己的愛。你只需要去做些實驗。關於這一點，現在的科學已經清楚而明確的證實了。事實上，當科學家第一次開始意識到樹木有敏感度和智力的時候，他非常地震驚，因為他覺得：「我們人類沒有這種敏感度和智力；這是一種完全不同的向度，這是我們從來沒有想過的。我們和樹木生活了上千年、上萬年，但是我們從來沒有想過那些樹木是否有著任何智力和敏感度。」這是科學家最近才剛剛覺知到的事實。

現在他們有一種特殊的儀器，一種類似心電圖的儀器；它運用類似的機制。他們把這種類似心電圖的儀器安裝在樹幹周圍，然後心電圖會開始畫出圖形，顯示樹木的感覺。那些圖形非常和諧——太陽升起了，一陣涼風吹拂著，樹木在風裡、在陽光裡舞蹈著；它非常地快樂。出現的圖形非常的和諧，在那棵樹的頭腦裡沒有問題，沒有焦慮。圖形一直是和諧的……直到一個園丁帶了一把斧頭走過來，這時候圖形馬上開始顫抖起來，它不再是和諧的了，樹木開始感到擔憂。但是只有當園丁要砍伐這棵樹的時候，這種情況才會發生。這一點很奇怪，因為他們發現影響到樹木的不是那把斧頭；影響到樹木的是園丁的意圖。當科學家發現這一點的時候，那讓他們感到極度的震驚。

一開始的時候，他們以為是斧頭讓樹木產生這種反應。雖然樹沒有眼睛，但是它必然有某種接收訊息的方式。但是後來他們發現原因不在於那把斧頭，而在於那個人的意圖。第一次實驗時，他們讓園丁帶著斧頭來砍伐樹木，包括了他們正在實驗的這棵樹。園丁計畫著要砍掉這棵樹的某一節枝幹，結果這棵樹木的反應變得很激烈。圖形顯示這棵樹完全反對那即將要發生的事情。這是一種令人震驚的發現……因為樹木沒有眼睛，而且園丁和他的斧頭還在一段距離之外。後來他們試著讓園丁帶著斧頭過來，但是園丁沒有任何砍伐樹木的意圖。結果圖形保持是和諧的。

所以問題不在於斧頭，而在於慾望，在於園丁的意圖，那棵樹木某種程度上接受到了園丁的意圖。後來科學家做了更進一步的研究。他們把那棵樹木旁邊的樹也纏繞上儀器，然後他們發現不只是被砍伐的那棵樹會有反應，其他的樹也會對那棵樹產生同情；它們的圖形雖然沒有變得那麼瘋狂，但是它們的圖形卻變得不和諧。它們知道自己的某一個朋友，其中一個鄰居會遭受到砍伐。不過，這種現象只發生在有砍伐意圖的時候。如果沒有砍伐的意圖，就算是園丁帶著斧頭經過，也沒有任何一棵樹木會顯示出擔憂、焦慮、苦悶的徵兆。

整個存在有它自己的智慧。我們的智力並不是世界上唯一的智力。有些科學家，像是約翰莉莉（John Lilly）曾經在海豚身上進行過研究。海豚有著一種非常不同的語言。從來沒有人想過除了人類以外，還會有其他任何生物會使用語言。而海豚的頭比人類的頭還要大；牠擁有比人類頭腦更多的神經組織。所以或許牠有著比人類更高的智力。海豚使用的是一種被稱為聲納的系統，它會在水裡創造出某些聲音。那些聲音能夠在水裡傳遞好幾里，傳送到另外一隻牠想要交談的海豚身上——牠們之間沒有任何線路，那是一種無線系統！而在那個區域裡有著上千隻海豚，但是或許牠們是男朋友或女朋友吧……而海豚傳送的訊息是一種人類無法聽到的聲音，它超過了我們的聽力範圍。只有透過某些儀器放大之後，我們才能夠聽到那些聲音，那是一種很美的聲音。這些聲音一定是傳送給另外某一隻海豚的——或許那隻特定的海豚有著特定的名字或地址吧。當聲音傳送出去之後，很快你會發現另外一隻海豚飛快地來到傳送出「快過來！」這個訊息的海豚旁邊。

約翰莉莉幾乎把她的一生都用來研究海豚。海豚是一種非常具有愛心的動物，牠們非常的快樂、喜愛玩耍。牠們從來不會攻擊任何人類或其他的海豚——沒有爭執，沒有口角。如果你在游泳的話，牠們會和你一起游泳。如果你和牠們一起玩耍，牠們也會跟你一起玩。牠們喜歡和人類在一起，對牠們來說，那不是什麼問題。這整個存在……

我曾經有過一個園丁，他是一個很老的男人。我發現偶爾當他認為我沒有在觀察他的時候——有時候我會從房子裡透過窗戶看著他——他會跟樹木說話。有一天我發現他的手是紅色的，我說：「你在做什麼？」

他說：「不要跟任何人說，因為他們可能認為我瘋了。但事實上我可以感受到某種聯繫……我這一生都在照顧樹木；我總是跟它們說話，而且讓我驚訝的是，如果我種下兩棵高度一樣的樹木，如果我只跟其中一棵樹木說話，而不跟另外一棵說話的話——即使我給予同樣的灌溉，同樣的照顧，同樣的水分，同樣的陽光和同樣的肥料，但是那一棵我用雙手撫摸過，我帶著愛意跟它說過話的樹木會長得比較快。不到一個月的時間，它生長的高度就會是另外一棵樹的兩倍。雖然每件事情都是一樣的，但其中一棵少了一樣東西——那就是我的愛。

每年他都會贏得花卉方面的獎項。他種出我有史以來見過最棒的玫瑰，最棒的大理花。而他的方式就是跟那些花說話：「不要讓我失望，比賽很快就要到了。你要給我一朵最大的花，一朵你能夠開出的最大的花朵。」

我和他後來變得相當親密，而他知道我不會跟任何人說這件事。我能夠了解他……而且我不認為他瘋了。他的工作非常好。這個可憐的傢伙，如果他曾經受過任何教育或任何科學方面的訓練，他會發現更多關於樹木的祕密。他的事情是我親眼所見的，因為他跟我在一起將近九年的時間。當我離開的時候，他想要跟我一起走。不過我跟他說：「在孟買，我沒有花園。」

當我在美國的時候，他甚至曾經寫信給我：「現在你有一個這麼大的地方，為什麼不找我去呢？雖然我已經老了，沒有多少用處了——但是我對樹木所做的事情是其他人無法辦到的。」

存在有著多重向度的智慧。我們只是這個遼闊宇宙中的一份子而已。你千萬不要認為我用「存在」取代了「神」。不！神不存在，只有存在才是真實存在的。那就是為什麼我把它稱為「存在」。

問題

我可以很容易的說：「啊，即使在我小時候還不確定是否真的有神的時候，我就已經不相信神了。」但是，頭腦試著把奧祕轉變成迷信的習慣實在是非常地根深柢固。幾天前的一個晚上，當你演講時，我想起過去我曾經把全能、全在、全知這種品質加諸在你身上，雖然你曾經告訴過我們這種念頭是完全無意義的。所以看起來神的這個疾病深深地藏在我的骨髓裡，它會偶爾在我最無防備也最不想要的時候，像個惡劣的侵襲者一樣突然地出現。

從一個監獄換到另外一個監獄是比較容易的。因為新的監獄看起來比較好。要從某一個鎖鍊、奴役換到另外一個鎖鏈、奴役是比較容易的，因為任何一種奴役，不論它跟舊的奴役看起來多麼的不同，內在深處它們是一樣的——而這也正是人們不斷在做的事情。從印度教變成基督教，從基督教變成印度教。他們只是改變了自己被奴役的方式。他們只是換了一個監獄，換了一副手銬、鎖鍊而已。沒有什麼真正實質的改變。

所以當你聽到神已死的時候，你智性的部分說服你神從來不存在，你智性的部分告訴你不會在任何地方找到神……但是這只是智性上的相信。而你不只是智性而已；你同時也是情緒性的，你擁有情感，你是有感覺的，而這些都遠比智性來得更為深沉。「神」的這個概念早已經進入到你情緒的層面，進入到你情感的層面，進入到你的感覺裡了。智性不過是你頭腦裡最表層的部分，所以你或許只是在邏輯、理性的層面上被說服了，認為神不存在。

我有一個朋友，他年紀很大也很聰明，他過去曾經跟隨過克里虛納穆提，他跟克里虛納穆提有著同樣的年齡。我認識他的時候，他已經很老了，但是他開始來見我。他是一個智性上的巨人，他認為神不存在，沒有地獄，沒有天堂，也沒有道德這些事情，他認為這些都是為了社會便利而出現的事情。

有一天他的兒子跑來找我，他們就住在離這裡不遠的地方，他對我說：「我父親的心臟病發作，很嚴重，醫生擔心他可能還會再度發作。他現在很虛弱，然後他突然想到你，他希望你能夠在那裡陪他。」

所以我去了，我是跟著他一起跑過去的。當我到那裡的時候……他們讓整個房間都是一片漆黑，那是一間冷氣房。我站在門口，我聽到一些聲音。我那個老朋友在反覆唸著：「哈瑞克里希納，哈瑞克里希納。」我沒有辦法相信我所聽到的。因為他的一生一直都在否定、否定和否定，而現在他居然反覆唸著：「哈瑞克里希納，哈瑞克里希納。」

我慢慢地走過去，我並沒有打擾他，然後我坐在他旁邊仔細的傾聽。他不斷地重複著：「哈瑞克里希納，哈瑞克里希納。」我搖一搖他的身體。他張開他的眼睛。我問說：「你在做什麼？只是一場心臟病而已，而你的整個哲學卻因此都消失不見了。」

他說：「現在不是討論這個的時候，現在也不是冒險的時候。不要管我；只要坐在我旁邊，讓我向神祈禱。理智上我知道神不存在。但是誰知道呢？這會帶來任何傷害嗎？反正我快要死了。最好唸一唸他的名字。萬一他存在的話，也許會有一些幫助的；就算他真的不存在，又會有什麼傷害呢？我就只是重複幾遍他的名字，就這樣而已。」

我說：「問題不在於唸幾遍他的名字，問題在於你這個人的完整性。你現在是一個分裂的人。」他所擁有的只是智性上的相信而已。這也是我一次又一次對你說過的，所有這些都只是智性上的合理化而已。而那也是克里虛納穆提失敗的地方。他只在智性的向度上和人們談話，在智性的向度上說服人們，但是他沒有提供任何方法、任何靜心，讓人們能夠經驗到那些比感覺更深的向度。人們有能力深入到比心還深的向度，人們有能力深入到達自己的本性，也唯有如此，一種無與倫比而毫不動搖的光亮才會從他們內在升起；然後不論死亡來臨與否，不論心臟病發作與否，都不會造成任何差別。

那個人後來復原了。幾天之後當他來看我的時候，他對我說：「不要告訴任何人。」我說：「我會告訴每一個人，我還會寫封信給克里虛納穆提。」

我也確實那樣做了，我對他說：「這些人是你的追隨者，終生的追隨者，而你過去也一直依靠這些人。」

克里虛納穆提在他過世前最後的話語中，他同意了我說的話。他最後的話語是：「我是挫折地離開這個世間的。人們一直把我當成是一種娛樂。沒有人真正傾聽過我。」但是那不是人們的錯。那是他自己的錯。他只在智性的向度上對人們說話；他從來沒有給人們任何可以更深入內在的指引。

除非你更深入，否則你只是把你的投射從一個轉移到另外一個。如果神不存在，你可以把**我**變成你的神。而我當然不是神。我從來沒有創造出你在世界各地看到的這些醜陋與混亂事件。我從來沒有製造出希特勒、成吉思汗、帖木兒、納迪爾．沙阿（Nadirshah）和墨索里尼。我從來沒有製造過這些人。不要叫我為這些事情負起責任！而且我不是全能的。我只是坐在我的椅子上，僅僅如此而已。全能意味著我會需要一張能夠容納全宇宙的椅子。我也不是全在的。我不是什麼偷窺狂，會去偷窺你的浴室。那是神才會做的事情，他時時看著你，甚至從鑰匙孔裡偷窺你的浴室。

我也不是全知的。我不知道下一個片刻會發生什麼事情。我只是一個人類，一個覺醒的人，有著全然的清醒與意識，並且根據我的覺知、我的意識一個片刻接著一個片刻地回應生命；我只是一面純粹的鏡子映照著所有出現在我面前的事物。不要投射任何事物在我身上。

但是我可以了解你的難處。你的困難在於你從智性上信服了，但是你還沒有從你存在的深深源頭裡領悟這個真理。你需要透過靜心領悟神不存在；這整個存在是自給自足的，它不依賴任何一個神，或任何虛構的事物。

一旦這份領悟從你內在最深的核心出現時，你將永遠不會把任何老舊而愚蠢的迷信投射在外界。只有靜心能夠為你帶來一種本質上的改變。克里虛納穆提失敗地過世了，因為他從來沒有考慮過他只處理到人們智性上的部分。智性是頭腦的一部分，而克里虛納穆提從來沒有幫助人們超越過頭腦。

我懷疑或許他自己從來沒有超越過頭腦。否則，他怎麼會錯過這一點呢？如果他曾經超越過頭腦的話，那麼他一生九十年所有的努力會是幫助人們超越頭腦。當你開始從超越頭腦的向度來看待事情時，神是不存在的，而這個宇宙是如此的美麗，如此的聰慧，如此的迷人，又如此的自給自足，它不需要任何其他事物。但是，只有靜心能夠創造出這項超越頭腦的奇蹟。

問題

昨天我聽你說祈禱是一件向外進行的事，那麼感謝(gratefulness)呢？我有一種感激(gratitude)的心情，而這份感受不見得有一個外在的對象。是否當我們已知或未知的慾望被滿足時，這種感激之情才會出現？

你沒有意識到你從感謝(gratefulness)這個字眼轉變成感激(gratitude)這個字眼。這兩個字眼是不一樣的。感謝永遠是朝向外在的，感謝之所以會出現永遠是因為你內在深處某些渴求的東西直接或間接地被滿足了，所以你感到感謝。感謝純粹代表的是一種謝意。這種說法會讓你比較清楚明瞭。當某人滿足了你內在隱藏的某個慾望時，不論你自己是否覺知到這個慾望，你會覺得謝謝他。因為有些什麼被滿足了；所以你感受到一種謝意(Thankfulness)。

謝意是朝向外在的。你感謝的可能是那個不存在的神。你感謝的可能是某一個存在的朋友。但是不論如何，感謝是你意識或潛意識裡的慾望得到滿足時所產生的感受。

感激則是一種全然不同的現象，雖然在字典裡，它們有著同樣的意義。在字典裡，感謝、謝意和感激——都隸屬於同一個類別。但是存在並不根據你的字典。感激本身沒有外在的對象，也沒有內在的對象。感激幾乎像是一種從花朵裡散發出來的芬芳。它是一種經驗，它不針對任何一個人。

當你來到你內在最深的源頭時，在那裡你完全處在一種春意盎然的心情裡，所有的花朵都灑落在你身上，然後突然間你感受到一種感激之情，而這份感激之情不針對任何一個人，它像一種芬芳從你的內在升起，它像一炷香產生了如漣漪般的煙霧一樣，它的芬芳朝著未知的天空散放而消失。

感激像是芬芳一樣地從你的內在升起，它不是針對任何一個人的謝意。它像是影子一樣，它是你成佛之後的衍生物。它不是來自於任何一種慾望的滿足。如果你還擁有任何慾望，那麼不論你是否覺知到這份慾望，你都沒有辦法成為一個佛。唯有當所有的慾望都消散不見，當你超越了所有的慾望和要求時，你才會成為一個佛。而在這樣一個佛身上，芬芳會自然散放。而這種芬芳同時包含了許多元素。它是感激，它是慈悲，它是愛，它是喜樂，它是歡欣。它是多樣化的、多重向度的。

現在我們來到經文裡：

在南嶽懷讓評論過希遷之後，他曾經又讓隨侍僧去問希遷一個問題。當隨侍僧到達時，他問希遷：「什麼是解脫？」

在我討論希遷的回答之前，我會先告訴你一個關於蘇菲神祕家曼舒爾 (al-Hillaj Mansoor) 的小故事。曾經有一個人到曼舒爾這裡來，問了同樣一個問題：「什麼是解脫？」

曼舒爾當時坐在清真寺裡，他的四周有著美麗的樑柱。聽到這個問題時，曼舒爾馬上走到某一根樑柱旁邊，用雙手緊抓著那根柱子並且開始大喊：「幫幫我！」

那個人無法理解發生的事情。他才剛問了一個關於解脫的問題，然後這個人似乎就發瘋了。曼舒爾緊抓著柱子，然後他要求這個人：「請幫幫我，這根柱子抓住了我，它不放開我。請你幫我解脫開來。」

那個人說：「你瘋了，是你自己抓著這根柱子。不是這根柱子抓著你。」

曼舒爾說：「我已經回答你了，現在你馬上離開這裡。沒有人綁著你。」

這就是希遷的回答。「誰束縛了你？」你為什麼要尋求解脫呢？這就是禪宗看待你束縛的方式。不要想著任何關於解脫的事情。你的束縛是假的，它是你自己創造出來的。是誰讓你成為奴隸的？是你自己！然後你要求：「解放我吧！」沒有人能夠解放你，因為沒有人束縛了你。那是你自己的遊戲。

這個回答非常無情，但卻非常清楚而且真實。

希遷說：「誰束縛了你？」

首先告訴我你的束縛是什麼？是誰束縛了你？你為什麼要尋求解脫？一旦你深入洞察你的束縛，你會開始大笑。這些束縛是你自己製造出來的；你可以現在就放掉它。而一旦你放掉那些束縛時，你會發現解脫一直都是你的本性；你根本不需要被解放。你生來就是自由而解脫的，你從一開始就是自由的，但是你一次又一次的讓自己給束縛了。

或許這些束縛帶給你某種安全感，某種安然的感受。這些束縛讓你有一種「我要做些什麼來對抗這些束縛」的感覺。但是在你的意識裡，你是全然自由的，你一直都是自由的。

那就好像你躺下來閉上眼睛，然後大喊著：「叫醒我！」現在，要叫醒一個已經醒著的人是一件非常困難的事。要叫醒一個睡眠中的人是容易的。你可以倒冷水，把一桶冰水倒在他臉上，他會馬上跳起來。你可以把他的毯子掀開，他也會馬上大叫說：「你在幹什麼？」

但是如果一個人已經是醒著的，然後他躺下來閉上眼睛對你說：「把我叫醒！」……這就是當那個和尚問「什麼是解脫？」時，希遷話裡的意思。

希遷說：「誰束縛了你？」你一直都是自由的；你一直都是一個佛；你是已經覺醒的人。這些束縛是你自己編造出來的，它是虛構的。

你可以嘗試一個小小的實驗，只是坐在你自己的房間裡。緊緊握住你的雙手，手指交纏握在一起。閉上你的眼睛，然後想著不論你做些什麼，你都無法張開你的手。這樣重複至少五分鐘以上。眼睛閉起來：「不論我做什麼，我都沒有辦法打開我的手。」然後五分鐘之後，你再努力的打開它們。用盡你所有的力量來打開你的手，你會很驚訝的發現——你越是努力嘗試打開它們，它們就越是無法被打開。你已經催眠自己進入某種束縛裡了。

現在只有一種方法能夠打開你那已經被催眠進入束縛的雙手，那就是不要試著去打開它們。你只要讓自己放鬆，然後即使你不做任何努力，你的手自己就會開始恢復正常。你的努力只會變成一種和自己的抗爭，因為你已經催眠自己了。所以你現在沒有辦法；透過努力，你沒有辦法打開雙手。

我們已經催眠自己進入各式各樣的束縛裡，然後我們又想著該如何讓自己從這些束縛裡解脫出來。而且我們還非常努力地試圖想從中解脫。事實上，每一分的努力都只會帶來更多的麻煩。你的雙手會變得更緊繃，而你會變得更驚慌。「我的老天，我該怎麼辦？我越是努力，它們就變得越緊繃！這看起來像是不可能的事情。」因為你不了解這個簡單的過程。

只有放鬆能夠解除你所受到的催眠。你只要放輕鬆。不做任何努力，然後你的雙手自然會自己打開。因為握緊雙手是一種努力，張開雙手是不用費力的。你不需要做任何的努力，這就是為什麼……你曾經看過任何過世的人死的時候是握緊雙手的嗎？一個已經過世的人能夠保持雙手緊握嗎？不可能的，因為手握成拳頭是需要努力的，而一個已經死亡的人沒有辦法作任何努力。……所以每個過世的人都是雙手敞開的。而每個人出生的時候都是握緊拳頭的。只要觀察一下那些嬰兒——他們的手都是握成拳頭的！再觀察一下那些過世的人；他們的手都是敞開的，因為死者是全然放鬆的。在他的生命裡那是第一次沒有任何的緊繃。

那個和尚又問了另外一個問題：「什麼是淨土？」這只是在同一件事情上打轉而已。希遷回答說：「誰髒污了你？」為什麼你要煩惱關於淨土的事情？

和尚問：「什麼是涅槃？」

希遷說：「誰給了你生和死？」

這些都是虛構的。你的出生是虛構的，你的死亡也是虛構的；你的身體誕生了，你的身體也將會死亡。但是你從來沒有被誕生下來；你來了，你經歷過許多個身體，許多次誕生，許多次死亡，然後你持續不斷的從開始到結束——從永恆到永恆。你是一道永恆的光。所以有必要問什麼是涅槃嗎？涅槃的意思就是擺脫了生與死；而生與死兩者都是虛構的。

甚至連說「擺脫」這兩個字都是錯誤的。真正正確的方式是深入洞察每一件事情，洞察你的束縛，然後你會發現那是你創造出來的。你認為自己是有罪的、污穢的，這是你的想法。或許是你從其他人那裡借來的想法，從那些宣導者、傳教士、還有那些所謂的宗教聖人那裡借來的想法。他們讓你覺得自己是污穢的、有罪的，覺得自己是要下地獄的。他們把各式各樣的幻象加諸在你身上，而人們持續不斷地傾聽那些幻象。

從我非常小的時候，我就非常反對那些經過我們村落的聖人。我的父母親非常擔心我，我的家人也很擔心我，他們說：「你每一次都破壞我們的聚會。當聖人來的時候，大家都會聚過來聽聖人演講，可是你每次都會從中阻撓。」我的父親會敲著自己的頭說：「又來了，他又擋在那裡，他又打擾大家了！」

我當時提出的論點是：「當你稱人們為罪人時，你正在羞辱他們。你只要告訴我這裡有誰是罪人，還有他犯了什麼樣的罪。當你說『你們都是罪人』時，這只是一種概論。只要告訴我這裡誰是罪人。」

那些聖人會對人們說：「不要執著於女人，因為她們什麼都不是，她們只不過是一堆包覆在皮膚底下的骨頭、肌肉、黏液和血液而已。為什麼要執著於女人呢？」

這種時候我會馬上站起來說：「那你呢？你認為自己是由金子構成的嗎？如果女人只是一堆骨頭、血液、肌肉和黏液；好，那你自己呢？而且如果這些血液、黏液和骨頭彼此擁抱的話，那有什麼不對嗎？皮膚彼此互相摩擦，這有什麼問題嗎？為什麼你要這麼大驚小怪呢？他們還能做出什麼事呢？」

但是所有神聖的經典裡都充滿了這種描述——而且只用來描述女人，從來不會提及男人。真是奇怪！男人和女人都是由同樣的物質所構成的，事實上男人還是來自於女人。女人從來不會是來自於男人。

在美國某些州，他們現在允許女同性戀者結婚，所以女人可以和另外一個女人結婚。現在同性戀不是什麼問題，它是合法的。但這種情況帶來的結果是有上千個嬰兒從這些女同性戀者的婚姻裡誕生。如果兩個伴侶中有人願意花九個月懷孕的話，她只要去醫院做人工受精，做一次注射就可以了。男人是什麼？不過就是一次注射，一個注射筒罷了！而這項工作是任何注射筒都可以完成的。所以我當時常常會對那些聖人說：「你不過是一個注射筒而已，而這個注射筒不過是由一堆骨頭、肌肉所構成，外面還裹著一層骯髒的皮膚。所以你有什麼好吹噓的呢？為什麼你要這樣羞辱這些人？」當時在場傾聽演講的每個人，他們的視線全都是往下看的，因為聖人所陳述的是偉大的真理。而所有的經典都說著同樣的話。

所以我的父親會把我帶回家：「因為你打擾到大家的聚會，有些人開始陸續離開，聖人因此非常生氣。」

我說：「我不在意，如果他生氣的話，他就違反了他自己的教導，他會在地獄裡受苦的。他教導人們不要生氣，而現在他自己正在生氣，我讓他看到了自己真實的臉孔。」

我的父親會對我說：「回家去。有時候我很擔心他們不只會揍你，他們還會開始揍我。而你這個傢伙……沒有任何一個聖人能夠不受你干擾的離開這裡。我們已經盡可能試著保密，你不應該知道聖人要來演講的事情。我給你錢去看電影……」

當他們要給我錢的時候，我會說：「留著你的錢，我要和你們一起去！你這些錢不是給我去看電影的，你這些錢是用來保護那些聖人的。我要去看真正的表演！」

因為我為那些聖人帶來的問題，所以事情變得越來越困難。因為只要一個簡單的問題：「如果有人在一起摩擦他們的皮膚，那有什麼罪嗎？你只要告訴我。像是我現在正摩擦著我自己的皮膚；這是同樣的事情，我只是在清理自己的手，溫暖自己的手。所以如果男人和女人一起摩擦他們的皮膚，他們就會因此而墜入地獄？你還是看一看你自己的肚子吧……」

所有印度的聖雄都有著大肚子，而他們還教導人們：「不要為了品嚐食物的滋味而進食。」但是他們自己卻……我會說：「你這個肚子是從哪裡來的？站起來！讓我們所有人看一看你的肚子。你吃得太多了，而這個國家卻處在饑荒當中。而且我知道因為你的肚子，你沒有辦法和女人做愛，所以你現在教導大家不要跟任何女人做愛。那完全是因為你的肚子，不是因為你的宗教。」

我曾經見過這種肚子……你沒有辦法相信的。穆克塔難達(Muktananda)的上師是尼提亞難達(Nityananda)。或許他的肚子是所有人裡面最大的一個，那根本就是一座埃弗勒斯峰(Everest)。他永遠都是躺著的，因為有那樣的肚子，走路變成一項不可能的事。當他躺著的時候，尼提亞難達看起來不像是有一個肚子，而比較像是肚子有一個尼提亞難達。他的肚子像山一樣；在山的這一邊有一個小小的頭，在山的那一邊有兩隻細細的腿。而這種人變成為大聖雄！我從來沒有見過這麼完美的肚子。而他總是躺著，然後還吃著甜點。那些崇拜他的人會帶哈瓦(halwa)、浦蕊(puri)等印度甜點來給他，那讓他的肚子變得越來越大。

當我第一次看到他的時候，我說：「這個人有一天會爆炸。他使用他的肚子的方式就像是用一個氣球一樣。他不可能跟女人做愛的。」這一點是事實，因為他要去哪裡找到一個肚子凹陷的女人呢？我無法……我沒有辦法理解。那看起來是不可能的，那像一個謎題，一個公案一樣。只有當他找到一個腹部凹陷的女人，他們能夠彼此吻合的時候，他才有可能跟女人做愛。

很顯然的，他沒辦法做任何事情，而他總是對每個人說：「要禁慾！」他自己受苦，然後還試著在他身邊製造出同樣的痛苦。人們總是享受看到他人的痛苦，因為那讓他們有機會顯示：「我們比你更高一等。看看我們吧。我們總是如此快樂、寧靜、安詳。」而事實是他們甚至沒辦法站起來，他們甚至沒辦法走路。

有一個非常有名的聖雄叫做濕瓦難答(Shivananda)，他在西方有許多的追隨者，他過去曾經是個醫生。但是這個醫生會對自己做出非常愚蠢的事情，讓人實在難以了解他。他吃的實在太多了，到最後除非有兩個人扶著他的手臂，否則他根本沒有辦法走動。他甚至沒有辦法抬起自己的手。他的手是如此的肥胖、沉重，以至於需要有一個人扶著一隻手，另外一個人扶著另外一隻手，然後他才能走上小小一段路。而他卻告訴人們：「你們必須跟隨印度教的五項偉大原則。其中第一項就是ashwad，不品嚐滋味。」

這個人到底發生了什麼事情？他還是一個醫生！當我去里希克虛(Rishikesh)看他的時候，我對他說：「你是一個什麼樣的醫生？看起來你的執照是假的。你甚至沒有辦法照顧自己的身體；你已經變成一個怪物了。你甚至沒有辦法抬起自己的雙手，它們變得如此的沉重。」

他所有的一切都失去了原有的比例：一個大大的肚子，一雙大而肥胖的手臂，一雙跟象腿一樣的雙腿，然後這個人還教導全世界：「你不是這個身體，你是靈魂。」這個怪物是誰？就只是一堆肉體而已，其中沒有任何靈魂。我沒有辦法從中看到任何空間；這堆肉體裡充滿了垃圾，我不認為它還能夠容納一個靈魂。

希還所說的話是絕對正確的。在他短短的陳述裡有著無與倫比的真理。

「什麼是淨土？」

希遷回答說：「誰髒污了你？」

你一直是純淨的；而這就是淨土。你內在的空間從來不曾沾染上任何塵埃。那面鏡子一直是明淨的。沒有任何塵埃能夠到達那樣的深度，那個不可見、超越的空間。

和尚問：「什麼是涅槃？」

這個和尚完全沒有辦法了解，因為他的第一個問題和最後一個問題是一樣的。所有這些問題都在重複同樣的事情。因為涅槃就是解脫，從所有的慾望裡解脫出來，從所有的執著裡解脫出來，從所有的束縛裡解脫出來。什麼是涅槃？從生與死之中解脫出來。

而希遷回答說：「誰給了你生和死？」是你，是你自己的慾望。

只要做一個小小的實驗。晚上當你入睡時，你等待著，在最後你認為自己即將墜入睡眠的那一刻說：「一」。然後你持續不斷地重複：「一，一，一……」在你越過清醒到睡眠的那個邊界時說：「一，一，一……」或許在你越過那個邊界之後，你還會重複個兩三次：「一，一，一……」然後你會快速的睡著。到了早上，你觀察一下，當你開始覺知到自己清醒的那一刻，你會很驚訝的發現自己正在重複著：「一，一，一……」很奇怪！在八個小時的睡眠之後，那個「一」持續不斷地在你內在重複著。你入睡時的最後一個念頭會是你清醒時的第一個念頭。這絕對是經過科學證實的。

我為什麼要給你這個例子呢？因為當你死亡時的最後一個念頭和慾望會是你進入子宮裡的第一個慾望。而如果你不帶著任何慾望，不帶著任何念頭死亡，那麼你將不會再進入到任何子宮裡。沒有人勉強你進入任何子宮，是你自己的慾望，是你死亡前最後的慾望所造成的。你的某些野心、某些不滿足、某些挫折……你曾經想成為一個首相，而你卻錯過了。你曾經想要成為一個有錢人，而你錯過了。你曾經想要成為一個美麗的女人，而你錯過了。不論你內在有著什麼樣的念頭，它都會帶著你進入到另外一個新的子宮，以便去完成你的慾望。

生命是非常仁慈的；存在是非常慈悲的。它給了你一次又一次的機會，一次又一次的可能性。如果你沒有任何慾望的死去，那麼不會有任何子宮在等著你，不會有出生，不會有死亡。這就是希遷話裡的意思。是誰給了你生與死？是你自己。透過你的慾望，透過你的野心，你讓這個生死的循環持續不斷地延續著。停止欲求；那就是涅槃。然後你會從死亡進入整個宇宙，而不是另外一個子宮裡。

進入宇宙、和整個存在合為一體就是涅槃。它也是解脫，它也是自由，它也是純淨的天堂，它們是同樣的一個經驗，只是有著不同的名稱。

隨侍僧回到南嶽懷讓之處，報告了希遷的回應。南嶽合掌，做出了一個碰觸他雙腳的姿勢。

雖然南嶽不在那裡，但是他認可了希遷的開悟。

這是一個很奇怪的故事。當希遷帶著一封信去見南嶽的時候，他們之間無法找到任何契合之處，希遷在沒有交出信的情況下離開了。那個時候希遷還沒有開悟。這一次，在同一座山上，在南嶽和他的僧院所在的這座南嶽山——當時的皇帝用南嶽這個名字來命名這整座山——希遷在南嶽一個小小山坡上的平坦巨石上安頓了下來。

在希遷的師父過世之後，南嶽聽到希遷就只是坐在岩石上。他想知道希遷是否已經開悟。當希遷以行思弟子的身分前來時——他必然已經見識過了希遷這個人以及他所具有的力量。當時希遷問了一個問題，然後南嶽說：「你的問題太過傲慢了。你應該問得更謙虛些。」然後希遷對他說：「我寧願墜入永恆的地獄之火裡，也不會用任何其他方式來提出這個問題。」然後他就離去了，他是一個鋼鐵般的男人。

南嶽是一個有名的師父。當他聽到隨侍僧所帶回來的答案時，他合起他的手掌，鞠躬；他認可希遷這個傢伙已經開悟了。因為這些回答不可能出於任何一個學者。它們不可能是外借而來的知識。它們只能夠從一個人的經驗裡升起。

當時，南嶽懷讓、南嶽堅固、南嶽明瓚被認為是中國境內的三大師父，而他們三個都說：「我耳邊傳來石頭上的獅吼聲。」

因為希遷帶著一個剃光的光頭坐在石頭上，所以他以石頭希遷這個名字而聞名。這三個師父都說：「我耳邊傳來石頭上的獅吼聲。」

那個和尚回到希遷那裡，詢問希遷是否有任何他能夠為他做的事情。稍後不久，南嶽師父帶著他的弟子去會見希遷。

這是一種奇特的現象。曾經有一度，希遷以弟子的身分前去會見南嶽。現在情況完全不同了，現在是南嶽前去向希遷表達他的敬意。

希遷站起來迎接南嶽，他們彼此互相致意。後來，南嶽為希遷建了一座寺廟。

禪宗帶來的是一種完全不同的況味——沒有競爭。只為了希遷的方便，為了照顧希遷，南嶽在自己的山上為希遷建造了一座寺廟。而且一直都會有和尚定時去詢問希遷是否需要任何東西。後來很快地，有上千個人開始前來拜訪希遷。他成為禪宗裡最偉大的師父之一。希遷是一個非常直接的人，他不是什麼哲學家，他也不是什麼神學家；他的回答非常簡單，卻又絕對地切中要點。他的刀非常的鋒利，只要一擊，就能斬斷人們的整個智性、整個頭腦。他幫助過許多人開悟，很少有師父能夠說他們像希遷一樣幫助過這麼多人開悟。

千子女(Chinejo)寫著：

倏亮
倏暗——
我也是一隻螢火蟲。

你曾經看過螢火蟲。牠一直這樣持續不斷……當牠張開翅膀時，你可以看到牠的光亮，當牠合上翅膀時，就只剩下黑暗。

倏亮
倏暗——
我也是一隻螢火蟲。

千子女必然曾經在深夜裡靜心過。而夜晚的寧靜以及四周移動的螢火蟲讓牠時亮、時暗、時亮、時暗，然後突然間他是如此的同感於螢火蟲，以至於他說：「**我也是一隻螢火蟲**。有時候我是無知的，有時候我是清醒的。有時候一切都是黑暗的，有時候所有一切都變得明亮。」

每一個佛在過去都曾經和你一樣的無知；而每一個無知的人都有著未來。而他可能在任何一天裡突然間光亮起來；在那樣的光亮之中，所有的過去，或許是上百萬年的過去，就像是夢一樣地消失了。佛陀過去只在門徒開悟之後才開始計算他們的年齡。他不計算開悟之前的年齡。

有一天，一個當時很重要的帝王，波斯匿王(Prasenjit)，坐在佛陀身邊問他問題。而一個至少有七十五歲的老和尚對波斯匿王說：「請原諒我。我一直在旁邊等著，但是因為我必須在日落之前離開。我要趕到另外一個村落。」——佛教的和尚是不能在夜晚旅行的——「所以我有點匆忙。我必須打斷你幾分鐘，讓我能夠碰觸佛陀的腳，並且問他是否有任何話要交代我。我可能再也不會見到他了，誰知道明天會發生什麼事情呢？」所以他碰觸了佛陀的腳，佛陀問他：「你幾歲了？」

那個老人說：「四歲。」

波斯匿王沒辦法相信，他沒辦法抗拒誘惑，所以他從中插嘴說：「什麼？四歲？你至少有七十五歲了。」

佛陀說：「波斯匿王，你不了解。在我的社區裡，我們只計算人們開悟後的歲月。在那之前的只是黑暗和夢境、惡夢和苦惱，不值得計算它。你說的沒錯，根據平常的計算方式，他已經七十五歲了，但是這裡不是平常的地方，他生活在一個非凡的社區裡。對我而言，他現在是四歲。我之所以會問他這個問題是為了確認他是否記得而已。他記得——他知道自己真正的生命才四年而已。之前的七十一年歲月是虛假的，它們不重要，它們沒有任何一點意義。不需要計算那些日子。」

佛陀說：「帶著我的祝福，你可以離去，因為你的記憶是正確的。」

問題

關於他自己，尼采曾經寫過——「有一天，會有一個和我有關的危機出現，而那是這個世界上從來沒有發生過的危機，它是一種最深沉的意識撞擊，一種反對之前所有一切信仰、要求和犧牲的決定。我知道這是我的命運，我和這千萬年來的虛假對立著……」

「我不是一個人，我是一顆炸彈。」這種描述用在你身上似乎比用在尼采身上要來得更為真實。能否請你就此做一些評論？

這沒有什麼好評論的。我不是一個人，我是一顆炸彈。尼采所說的事情終其一生並沒有發生；他最後淪落到精神病院。他的身邊沒有群眾，沒有門徒，沒有朋友。

他生命裡的最後一個時期是一場悲劇。他所愛的女人拒絕嫁給他，因為她認為他已經神智不清。而他所敬重的人——華格納，一個偉大的音樂家——也告訴尼采不要再來拜訪他了，因為他求婚的對象正是華格納的妻子。他所有的朋友都遺棄他，只有他的妹妹一直照顧著他。到最後她也終於無法再繼續照顧他了，所以她把他送到精神病院去。

他絕對是一個有著偉大洞見的人，但是他所有的洞見都只是智性上的。那些偉大的洞見讓他瘋狂，因為他沒有辦法生活在人群裡，而他也沒有辦法單獨生活。他反對所有一切事物，就像是我一樣。

但是我絕對有能力單獨生活。我的單獨是絕對寧靜的。我只有晚上會出來對你們說話，然後我一整天、一整晚都是單獨的。但是我的單獨不是孤獨，我的單獨是如此地充滿了存在，如此充滿了歡欣與神性的沉醉。我的單獨是我內在最深的深度，是我最高的意識。

尼采的不幸在於他從來不知道任何關於靜心的事情。所以他的破壞力最後變成反對他自己。在他那些智性、理性的邏輯辯論裡，他把自己燃燒殆盡。

但我確實不是一個人，我是一顆炸藥。而我的人已經來到這裡了，而且他們會來得越來越多。未來將會有上百萬個人來到這裡。沒有任何國籍或教會的疆界能夠限制這些人的到來。而我的整個工作就是把炸藥放進你的內在，完全的摧毀你，以至於你可以帶著一顆自在的心，放鬆、平靜的進入這個宇宙裡，回到你最終的家。

你是對的，你的感覺是對的。這一點不需要任何評論。

現在，在經歷過這麼一段嚴肅和困難的談話後，我們需要一點笑聲。

吉達和吉伯特金魚有一天在牠們的魚缸中一邊游走，一邊進行著一場深度的哲學討論。

吉達笑著說：「所以，你說你不相信神的存在？」

吉伯特吐出幾個泡泡，扔掉它的《查拉圖斯特拉如是說》（*Thus Spoke Zarathustra*）這本書：「尼采說神已經死了，魚是自由的！」

吉達馬上接著說：「哈！那這個替我們換水的傢伙是誰？」

徹斯特是一個極度沉迷於高爾夫球的傢伙，他在某個星期天的清晨裡準備去當地的高爾夫球場打高爾夫球。

而他的妻子貝蒂一手插在腰間，頭髮上還夾著髮捲不斷嘮叨地說：「高爾夫球！高爾夫球！你成天只會想著打高爾夫球。如果你能夠花一個週末和我在一起的話，我想我會馬上暴斃。」

徹斯特戴上他的高爾夫球帽，回答說：「聽著，賄賂我是沒有意義的。」

巡邏辦公室的警官卡瓦思基和他的伙伴賈布隆思基警官，兩個人深夜裡走在華沙的主要街道上。突然間在愛樂協會大廳前面，卡瓦思基警官踢到一具倒在人行道上的屍體，背上還插著一把大刀。

卡瓦思基驚訝的大叫：「喔！看看這是什麼？」

賈布隆思基警官翻了一下白眼後說：「長官，那是一具死屍。」

卡瓦思基說：「沒錯。」然後他拿出他的紙筆和檔案，開始書寫起來。

卡瓦思基大吼說：「時間！」

賈布隆思基緊張的看著自己的錶回答說：「嗯，清晨一點鐘。」

卡瓦思基快速的記錄著，然後他說：「好。現在，日期！」

賈布隆思基檢查了他的行事曆然後說：「嗯，三月十七號。」

卡瓦思基大叫：「好！詳細情況！」

賈布隆思基喊著說：「嗯，刀插在背上。」

卡瓦思基說：「好！然後地點！」

賈布隆思基看了一下巨大的建築物然後說：「嗯，愛-樂-大-廳。愛樂大廳？」

卡瓦思基搔一搔頭，然後開始記錄：「唉-哎……不，不是這個！或許是挨-捱……噢！

可惡！」

卡瓦思基啪的一聲弄斷了他的鉛筆，然後說：「你他媽的會怎麼寫這幾個字：『愛樂大廳』。」

賈布隆思基回答說：「唉，我不知道。」

卡瓦思基彎下腰，抓起那個到處是血的屍體，扔到自己肩膀上，開始走了起來。

賈布隆思基大叫著：「嘿，長官，你要去哪裡？」

卡瓦思基轉身說：「讓我們把他放在郵局前面。」

現在，靜心的時候到了：

安靜下來。閉上你的眼睛，感覺你的身體全然的凍結住。

這是往內看的好時機。

聚集你的能量，你全然的意識，帶著一種迫切性，就好像這個片刻是你在地球上最後的一刻，衝向你內在最深的中心——越來越快，越來越深。

當你越來越靠近你的中心時，一種偉大的寧靜會降臨到你的身上。它像細雨一樣的灑落，如此地實質而有形。再靠近一點，然後一種偉大的平靜會從你深處的源頭升起。它圍繞在你的周圍，就像是一種你從來不知道的光輝，一種不屬於這個世間的優雅。

只要再一步，你就到達了你內在最深的中心。這是你第一次看見自己最初始的臉孔。在東方，佛的臉孔是一種象徵，佛的臉孔就是每個人最初的臉孔。你正面對著自己隱藏的臉孔。

這是你隱藏在內在的光輝，這是你的本性，你的道。

佛陀只有一種品質，觀照。

觀照你不是這個身體，觀照你不是這個頭腦，觀照你只是一份觀照。然後突然間你變得與佛合而為一。

當你的觀照越來越深入的時候，一種莫大的歡欣會開始從你的內在升起，就像是蓮花在清晨的陽光裡綻放一樣，如此地鮮活。

而那蓮花的花瓣上還有著夜晚清涼的露珠，像珍珠一樣地閃耀在清晨的陽光底下。

在這個片刻裡，你是這個地球上最幸運的人。能夠待在你的中心，能夠成為一個佛，是生命中最偉大的經驗。

讓這份觀照更深入些……

放鬆……放下……但是保持著一份觀照。

慢慢地，慢慢地，你開始像冰塊一樣地融化在海洋裡，你的個別性消失了，你成為那汪洋般的浩瀚、永恆與無限。

成為一個佛是你最終的本性，也是你與生俱來的權力；你已經超越了頭腦，到達了你存在裡最深的源頭，那也是你當初的起源之處。當這個源頭和目標會合時，這個循環就完成了。這個循環的完成就是開悟。每天它都變得越來越深。

收集所有現在正在發生的經驗：那種浩瀚的感覺，汪洋般的感覺，莫大的寧靜，這奇特的寧靜，這無比的歡欣以及那些灑落在你身上的祝福花朵。

聚集所有這一切，你需要把所有這些品質帶回到你每天的日常生活裡，這同樣的優雅，這同樣的安寧，這同樣的寧靜，這同樣的喜悅，這同樣的慶祝。

如果你能夠設法把所有這一切從你的中心帶回到你的外圍，佛就一定會跟隨著你而來的。但是無論如何，誘勸他。說服這個佛再靠近一些，就是跟隨著你，好讓他持續地待在你的後面。

在你的每一個行動裡，在你的每一個姿勢裡，在你的每一句話語中，在你的每一個寧靜裡，不論白天、黑夜，清醒時、行走時，還是睡眠中，不論你在做什麼，他的「在」會一直像影子般的跟隨著你。

但是這道影子是扎實的，這道影子是不斷散發出光芒的；這道影子會讓你充滿喜悅。你的心會開始舞蹈。

現在，回來……非常平靜的回來，就好像沒有人在那裡一樣，極度的寧靜，極度的優雅。你必須記得你是一個佛。

只要靜靜地坐著一會兒，記得自己剛才曾經經歷過的金色道路，記得那些在你內在深處綻放開來的經驗。

這個待在中心的經驗是有史以來唯一的奇蹟。

只是透過你的誠懇，透過你的真誠，你讓這個夜晚成為一個神奇的夜晚。感受著在你後方那個佛的存在。

這個靜心有三個步驟：首先，你會發現佛以一種存在的方式出現在你的後方；第二步，你會發現佛的存在出現在你的前方，而你會變成一道影子；然後第三步，你這道影子會消失在佛的內在，而你會成為那個佛。

你再也不在了，只有佛存在。

佛象徵著純粹的存在，最終的解脫，涅槃。

有一天，這三個步驟會在你的內在實現。當第三個步驟實現時，你就覺醒了、開悟了。那麼你再也不會有誕生和死亡。你已經成為這整個終極宇宙裡的一部分。

神已死，禪是唯一現存的真理。

第 **5** 章

神是你的不安全感

希遷寫道：

天竺偉大聖賢之識密傳至中國。人有聰慧和駑鈍的分別，但是道沒有南北導師的區分。奧祕源頭清晰而閃亮，支脈流經黑暗。執著於相對事物是一種幻象，但是把自己視為絕對也並非開悟。

一切主觀與客觀的領域互有關聯又各自獨立；互有關聯卻又作用不同，它們各自有其位置。

形式帶來不同特性與外貌；聲音、滋味、嗅覺，舒適與不舒適。

黑暗讓萬物合一；光亮讓萬物分離。四種元素回歸本質，如孩子回歸於母親。火熱，風動，水濕，土硬。眼見，耳聽；鼻聞，舌嚐，一鹹一酸。它們都各自獨立，但不同的枝葉卻又根歸同源。

朋友們，讓我們先回答問題。

問題　能否請你說明「以神為主的宗教」和「宗教精神的品質」之間的差異？以及「外在的評判」、「預設的良知」與「內在意識觀照」之間的差別？

「以神為主的宗教」和「沒有神的宗教」這兩者之間有著巨大的差異。以神為主的宗教只是一種虛構。但是謊言經過一次又一次、一次又一次的流傳之後，它開始看起來像真的一樣。神這個最根本的謊言隨後製造出了許多相關的謊言，因為沒有任何一個謊言可以是單獨存在的。沒有任何一個謊言是不證自明的，它需要許多其他謊言來支持它；因此，所有以神為主的宗教後來都製造了許多謊言來支持神。

真理可以立足在它自己的根基上，但是謊言沒有辦法。真理不需要辯論，謊言沒有辦法；一個謊言需要許多的辯論，許多捏造出來的證明，以及許多想像出來的證據。真理則是全然赤裸的——你要嘛是知道，要嘛就是不知道。

以神為主的宗教是靈魂的一種疾病，是頭腦的一種疾病，因為神只是你的恐懼、你的害怕、你的焦慮以及你的不安全感。由於這些恐懼，祈禱出現了，傳教士出現了，有組織的宗教出現了，教會也出現了。

宗教精神沒有辦法是以神為主的。真正的宗教精神來自於你自己的內在，你內在的空間。

而你可以從這兩種不同的人身上看到這種差異。你在那些跟隨「以神為主的宗教」的人身上不會看到任何慈悲、不會看到任何喜悅和任何歡欣。相反的，他們非常的暴力，他們反對自由。他們一直害怕人們會質疑、反對他們的謊言，然後他們將難以回答，因為他們所擁有的只是一套信念系統。一套信念系統可以幫助你忘記自己的無知，但是它不會摧毀你的無知。所以以神為主的人生活在無知當中，但他們卻認為自己已經知道了。

然而光只是話語、理論與假設是無法改變你的性格的。它們頂多讓你變成一個偽君子。它們可以給你一個漂亮的面具，但是那不會是你最初的臉孔。它們可以創造出一個極度便利的人格個性，但是它們沒有辦法創造或發掘你美好的個體性。而那個人格，不論它是多麼的便利，它都是壓在你胸口上、壓在你心上的一個沉重負擔，因為你生活在謊言裡。當一個人生活在謊言裡的時候，他是沒有辦法自在的。

一個沒有信念並且已經接觸到真理的人，他會發現自己突然間變成一個全新的人。這其中沒有什麼是需要努力的。一種優雅會自然來到他身上，慈悲也會自然來到，而暴力會消失，恐懼會消失，生和死也會消失。他會開始覺得自己正置身在這個宇宙的家園裡。他沒有任何緊張，他是全然放鬆的。而這就是我們的家。他會停止尋找和追尋，而開始生活、愛、舞蹈。當一個人知道了自己內在最深的中心時，他也就知道了這個宇宙的中心，然後所有一切的奧祕之門會開始開啟——並不是你會開始得到答案，而是你會開始變得奧祕。

所有的答案都是頭腦的產物。問題來自於頭腦，答案也來自於同樣的頭腦。不論是問題還是答案，兩者都無法帶領你到達真理、真實。答案只會壓抑你的問題，但是那些問題會一次又一次的出現。

一個沒有神的人會發現自己是全然單獨的。除了往內以外，他再也沒有別的地方可以去。所有通往外在的道路都是沒有意義的；他們無法帶領你到任何地方，因為外在沒有任何人在那裡。沒有神，沒有天堂。

去除掉神是一項偉大的叛逆，而這對於覺醒和開悟是絕對必要的。神禁錮了上百萬人的心靈，讓他們徘徊在自己的意識之外。而且，由於神是虛構的，所以你的祈禱也是假的，而你所謂的宗教精神是從外在強加在你身上的。也因此所有的宗教都會要求你：「做這個，不要做那個。」每件事情都是從外在強加在你身上的。但是不論何時當事情是從外在強加在你身上時，你的尊嚴就被摧毀了，你的個體性也被破壞了。你的自由變成一種奴役，而最醜陋的奴役就是靈性上的奴役。

和神在一起，你只能是一個奴隸。和神在一起，你永遠沒有辦法解脫。只有當你讓自己從神那裡解脫出來，從那些與神相關的謊言裡解脫出來時，你的自由才會真正的開始。

自由能夠引領你來到自己最根本的中心，而在那裡，你會發現一種全然不同於頭腦的經驗；那是一種純粹的寧靜，真和美，那是一種永恆的經驗，一種歡慶生命的經驗。而當你經驗到自己內在這場歡慶時，它會開始從你身上洋溢出來。你的行為舉止會開始變得優雅，你的眼睛會開始閃爍著愛與深度；你的每個行動會顯示出一種歸於中心、平衡而和諧的存在感。你的語言會開始攜帶著某些超越語言的東西。你的寧靜不再是一種死寂的沉靜。而會是充滿生命力的、悸動的。你的寧靜會帶著一種心跳，它是一項純粹覺知的寧靜舞蹈。它是一首無聲的寧靜之歌，但卻有著無比的生命力。

任何從外在強加的東西都會摧毀你，摧毀你的自由，摧毀你的個體性。你內在的空間會因此而封閉起來，它封閉的方式看起來相當的美好，以至於你從來沒有想過你的父母、師長、傳教士和警察等各種所謂的有智之士其實正在毒化你。帶著所有的善意，他們毒化了每一個孩子。而神是那最初的原罪，因為我們創造了一個巨大的謊言，一個終極的謊言。

你會很驚訝的發現印度的基督教是世界上最古老的基督教。因為耶穌最親近的一個門徒聖多馬（Thomas），當時是直接來到印度的。《聖經》裡面沒有他的福音，因為他的福音是用印度文寫的，但是那是最美的福音。即使是《新約聖經》裡的那四個福音也比不上它。

聖多馬在印度開始蛻變成另一個人，因為他開始看到「以神為主的宗教」和「沒有神的宗教」這兩者之間的差異。一個沒有神的宗教賦予人尊嚴，因為人是整個存在裡最為進化的意識。一個沒有神的宗教讓人從負擔中解脫，而那些負擔正是來自於那些以神為名的傳教士。

你問說：「能夠說明『以神為主的宗教』和『宗教性的品質』之間的差異嗎？還有『外在的評判』……」在以神為主的宗教裡沒有評判，也沒有宗教精神可言，那些都只是一種神學理論，都只是頭腦的投射而已。它不是實存的，也不是經驗性的。首先你要記得：那些以神為主的宗教只是一個名稱而已。神是虛構的，所以任何以神為主的事物除了謊言以外，它什麼都不是。

那些所謂以神為主的宗教其實沒有任何宗教精神可言。它有的只是某種道德戒律，某種違反了自然的戒律。

神是自然的敵人，因為自然是真實的，而神是謊言。但是這個謊言卻操控了上百萬人，並且讓他們遠離自然，而自然卻是唯一的真理。

所以在一個以神為主的人身上不會有什麼宗教精神可言。他所擁有的只是道德規範，而道德規範不過是因應社會便利而出現的產物。這種道德規範在每個地方、每個國家和每個種族裡都不同一樣。對某一群人而言具有宗教性的事情，對另外一群人來說則不然，因為每個社會有它自己的風俗，有它自己的遺產，有它自己的過去——這些讓它變得和其他社會有所不同。

比如說，在印度教的概念裡，天堂是一個有著中央空調的地方。當然他們不會用「中央空調」來描述天堂，這不是他們的習慣用語，但是他們說「天堂裡一整天都吹著涼風，充滿了芬芳；天堂從來不炎熱。」所以很明顯的，你可以知道投射出這個天堂謊言的人生活在一個炎熱的國家裡，所以他們不想要永遠住在一個炎熱的地方。

西藏人則讓他們的天堂非常溫暖，沒有任何冰雪；他們的天堂裡沒有冬天。西藏人一直受到冬天和冰雪之苦，所以他們投射的是某種他們能夠永遠忍受的事物。這一世是短暫的，但如果永遠都要遭受同樣的痛苦，那就太過分了。人的頭腦實在是太過淺薄和脆弱了。

只要觀察一下每個國家宗教裡的思想。在印度，你必須在早上日出之前沐浴，然後進行祈禱，唯有如此你才能吃早餐——在那之前是不行的。而西藏的經文裡則說你一年至少應該沐浴一次。這些問題就在於人們持續地帶著他們自己的概念，即使他們已經遷移到不同氣候的地區。

我有一個朋友，他是一個滿腹學識的婆羅門，他一直都想要去西藏旅行。因為他對西藏的語言和經文非常感興趣。

我告訴他：「你可以在這裡找到所有那些經文，你不需要去西藏。你根本沒有辦法在那裡待超過兩天以上。」

他說：「為什麼？」

我說：「你要如何設法在日出之前沐浴呢？而沒有沐浴你是不能吃早餐的。除非你進行完祈禱，否則你不能吃任何東西，可是祈禱之前你一定要先沐浴。」

但是他不聽我的話。他出發去了西藏，兩天之後他就回來了。他甚至沒有辦法抵達拉薩，他到蘭達那裡就回來了，而蘭達還只是位於印度和西藏之間而已。連蘭達都已經讓他無法忍受了。在蘭達，光是早上洗個澡就足以讓你致命。因為實在太冷了！所以他回來了，他沒有繼續他的旅程。

我說：「怎麼了？才兩天而已，你就回來了。」

他說：「你說的沒錯，我是一個婆羅門，我跟隨我的宗教，我沒有辦法一天不洗澡。」

不少西藏喇嘛在中國入侵時跟著達賴喇嘛逃離西藏。當時至少有上百個喇嘛跟著他離開。我曾經在寶格亞（Bodhgaya，位於印度東部，重要的佛教徒朝聖中心）——佛陀開悟的地方——舉辦過靜心營。我在同一個園區，同一棵樹旁舉辦靜心營，而當時正好有一群西藏喇嘛到那棵佛陀開悟的樹下表達敬意。

你根本沒有辦法相信……你從大老遠就可以聞到他們身上的臭味。他們居然保持「你應該每年洗一次澡」的概念——在印度！那時是炎熱的夏天，他們全都滿身大汗，而且他們還穿著在西藏時同樣的服裝——一層又一層。在西藏，人們總是穿著許多層的衣服，而那些人身上的衣服已經變得很髒，沾滿了油漬，油漬上又累積了許多灰塵。那些衣服在西藏會是適當的，它可以避免寒氣侵襲他們的身體，但是在印度……他們完全沒有做任何改變。

我問他們說：「你們知道所有那些你們所謂的宗教原則都只是為了社會便利而存在嗎？那些原則在西藏是適當的，但是如果在這裡你們還繼續堅持的話，那就是愚蠢了。在這裡還穿著這麼多層的衣物，你們真是瘋了！」

但是他們說：「我們的宗教說一年洗一次澡是絕對必要的。超過一次的話就是奢侈了。一年沐浴超過一次以上是會受到譴責的，那是危險的。」而且為了讓人們感到害怕，他們說如果你違反了經文上的條文，你會墜入地獄……所以他們說：「髒總比墜入地獄要好。」

我說：「沒錯。你們已經在地獄了！我甚至不覺得魔鬼會允許你們進入地獄，因為這世界上沒有任何一部經文說魔鬼會發出臭味；他是一個紳士，一個不錯的好傢伙。」我對那些人說：「你們就是繼續在印度留著這些衣服吧，它們會拯救你們免於地獄的。只要魔鬼聞到你們身上的味道，他會馬上關起門說：『再也不准任何西藏喇嘛進入！你們去別的地方。』」

耶穌會喝酒。但是在印度，沒有任何一個宗教能夠想像一個開悟的人會喝酒。不過我看不出這其中有任何問題，因為如果身體是一個幻象的話，那些酒精是進入身體，不是進入靈魂。酒雖然被稱做酒「精」，但是不要認為它是靈性的！它不會進入你的精神層面。它或許會影響到你的頭腦，你可能會因此陷入無意識的狀態，但是它一點也不會碰觸到你的意識，因為頭腦和大腦都是身體的一部分。頭腦是程式，而大腦則是那個經過程式化的電腦。

當一個孩子出生時，他有大腦，但是沒有頭腦。而頭腦事實上只是各種訊息、知識的累積而已；它是一種程式。所以大腦會受到酒精的影響，但你靈性上的精神不會受到任何影響。

所以喝酒有什麼問題嗎？對我來說，這是沒有問題的。即使是一個佛也可以偶爾喝上一點酒，享受一些聚會——那種義大利式的聚會。在義大利，聚會的意思和你所了解的完全不一樣。那是真正的聚會，兩個伴侶間的聚會。但是為什麼要禁止一個佛陀享受一點聚會，一點義大利麵，一點小酒呢？所有這些都只是物質，它們不會觸及到你靈性的存在。

但是在印度，沒有人能夠想像一個佛會喝酒——他甚至連茶都不喝。也沒有人能夠想像馬哈維亞會喝酒。原因很簡單。因為在印度這麼炎熱的氣候裡，人們不需要喝酒。但是在氣候寒冷的地方，酒精就絕對必要了。它會讓你的身體變得溫暖；它不會讓你醉，它只會讓你暖和起來。當你周圍下著雪的時候，讓身體暖和起來不會有什麼害處的。所以寒冷的國家有著不同的道德觀。在一個炎熱的國家也有著不同的道德觀。這只是一個例子。它說明了不同的地方，不同的氣候會創造出不同的道德規範。

穆罕默德對回教徒說：「你可以娶四個女人。」他會這麼說是因為在一千四百年前的沙烏地阿拉伯，男人和女人的比例是四個女人對一個男人。而情況之所以會如此是因為男人不斷的戰爭，阿拉伯是部落社會，每個部落不斷地和其他部落征戰。男人在戰爭裡被殺掉，只留下女人。男女的比例到後來就變成了四個女人對一個男人。所以我不會譴責穆罕默德，他只是讓當時的社會能夠便利行事罷了。否則，另外三個女人該怎麼辦呢？她們會干擾到整個社會秩序。她們會開始和那些已婚男士產生感情，她們會變成妓女，而這麼多數量的妓女只會創造出更多的醜事和性錯亂。所以最好還是讓一個男人娶四個女人。

奇怪的是……我曾經跟幾個回教徒有深厚的情誼，我們都是朋友。而我過去一直感到很訝異，因為我認為就理論上而言，一個女人就足以讓一個男人不是發瘋就是開悟——只有這兩種可能性。那麼四個女人跟一個男人在一起會發生什麼樣的事情呢？但是當我跟回教那些有著四個妻子的男人接觸過後，我發現情況完全不一樣。

那就是為什麼我總是說，某些事情從理論上來說可能非常符合邏輯，但是生命從來不會根據你的邏輯運作。

我很驚訝這些回教徒家庭裡的爭吵不像一男一女之間有那麼多的嘮叨、爭執和嫉妒。原因在於，那四個女人她們自己就吵個不停了；所以男人根本就可以置身事外。那些女人不那麼在意那個男人，所有的爭執都來自於那四個女人。所以那個男人比任何只有一個妻子的男人要快樂得多。

我問過那些朋友：「怎麼回事？通常一個女人不是逼得男人發瘋，就是逼得他放棄整個世界——其實他真正想放棄的是那個女人——然後因此而開悟。」現在我知道為什麼從來沒有任何一個回教徒開悟過。他們非常平凡，他們不會發瘋。原因就在於那四個女人之間已經吵翻天了，所以男人完全不在那場遊戲裡。他可以看著那場遊戲，而不需要成為其中的一部分。

但是現在的男女比例和當時不一樣了。像在印度這樣的國家裡，男人和女人的比例是完全一樣的，現在甚至連沙烏地阿拉伯的男女比例也是一樣的。因此如果現在還繼續允許一個阿拉伯男人娶四個女人的話，那會為社會創造出許多問題和不便，因為這麼一來會有三個男人找不到妻子，而那三個男人將會因此製造出許多麻煩。他們會和其他人的妻子產生感情……而且你要記得，別人的妻子永遠比自己的妻子來得更美麗、更鮮嫩——就像鄰居的草皮看起來是如此翠綠，以至於你會想要吃它一樣。

在法文裡有這樣一種說法。當你在法國深深地墜入愛河時，你會告訴那個女人：「我想要吃你。」而這會讓她感到無比的快樂。但是只有法國人會那樣做。如果你在印度說——我想要吃你——的話，那個女人會發出尖叫。然後你會被警察逮捕：「你對那個女人說了些什麼？居然讓她發出如此的尖叫。」如果你說：「我只是想要告訴她我愛她，所以我對她說：

『我想要吃你』……」

甚至是語言也會有所變化的——就像道德觀會根據氣候、傳統、歷史而有所改變一樣。

我曾經聽說過一個偉大的法國武士的故事。中古世紀時，武士常常會去參與聖戰。基督教徒會去殺回教徒，也會去殺猶太人，或是把他們轉變成基督徒。當時如果你想要活下來，唯一的方法就是成為一個基督徒；否則你就完了。

所以那個武士去參加聖戰了，但是他有著一個很美麗的妻子。中古世紀的歐洲曾經有這樣一種鎖：當先生出門一段時間時，他會把這種叫做「貞操帶」的鎖鎖在女人身上。那是一個有著鎖的長形帶子，這種奇怪的鎖之所以被發明出來，就是為了避免任何人跟這個女人做愛。有些有錢人所用的鎖裡面還會有一把刀子，只要任何人進入那個鎖裡，刀子就會砍下來。這些貞操帶被展示在歐洲一個很大的的博物館裡，特別是倫敦。

所以這個即將離開幾個月——有時甚至可能離開一兩年的武士——給他的妻子上鎖了。但是他開始擔心自己是否應該帶著這把鑰匙出門，他是去上戰場，萬一鑰匙掉了，要開鎖會是很困難的一件事。你需要找一個鎖匠或找一個可以製作出另外一把鑰匙的人。那會是很窘的事情。所以他找了他最好的朋友，對他說：「我現在要去參加聖戰，我信任你；你是我最好的朋友，請替我保留這把鑰匙。當我回來時，我會找你拿鑰匙。這是我妻子身上那把鎖的鑰匙。」

那個朋友說：「不用擔心。」但是就在那個武士上馬離去五分鐘之後，那個武士看到他的朋友騎著馬從後面追過來。武士停下來說：「發生什麼事了？」那個朋友說：「你給的鑰匙是錯的。」才五分鐘而已！

當男女的比例不平衡時，穆罕默德所提出的方式是適當的；那沒有什麼不對。但是那只適用於他那個時代以及當時的處境。可是現在它已經變成回教徒裡的一種規矩了，所以當現在的回教徒無法找到這麼多與自己同樣宗教的妻子時，他們就開始去綁架別人的妻子。

在印度，這是一種遊戲。你可以去抓別人的妻子……而印度教徒非常在意這種遊戲。一旦一個女人在外面過夜，她就完了。她無法回到先生的家裡，因為她先生不會允許她回家。她也沒有辦法回去自己父母親的家裡，她的父母會把她扔出家門，因為她讓他們蒙羞、丟臉。他們會說：「你自殺吧！沒有其他方法了。」結果與其自殺，那個女人會回到搶她的回教徒那裡去。那看起來是比較合乎邏輯也比較清醒的一種做法。

女人只要在外面過夜一個晚上就會如此，至於她是否跟別人做愛一點也不重要。所以這就變成了印度回教徒擴展人口的方式。因為很明顯的，一個有著四個女人的男人一年至少可以生出四個孩子。如果是四個男人一個妻子的話就不會有這種情況發生了。他們可能連一個都生不出來——因為那四個先生可能會在孩子生下來之前就殺了他。

所以請記得，你那些以神為主的宗教都只是為了社會的便利而存在的。他們不應該被稱為宗教，他們有的只是一些維持社會運作的道德觀念，而這些道德觀念只是為了減少不便而已。那不是宗教精神。真正的宗教精神只能從你自己的意識裡綻放出來。

以神為主的宗教會不斷的創造出一種「**良知**(conscience)」，但是良知不是「**意識**(consciousness)」。許多人誤以為良知和意識是同一回事。他們有著同樣的根源，但是它們是相反方向的兩個枝幹。良知是別人強加在你身上的。

意識是一種演化，它從你的內在深處升起，然後來到它最終極的高峰。良知就像是一種塑膠花一樣。

曾經我有過這樣一個鄰居。當時我有一個很美的花園，其中有各式各樣的花朵和樹木。當然我這個鄰居非常嫉妒我的花園，所以他做了一些事情……我只能從他的某扇窗戶裡看見他做的事情。從我的房子裡，我沒有辦法看到他的整個房子。因為花園裡一些較高的樹擋住了他的房子，不過我還是可以從一扇窗戶看到他——他買了一個有著塑膠花的盆子，塑膠花不需要澆水，但是為了要騙我，他會每天替它澆水，好讓我知道他也有一些花。可是我注意到那些花始終都是一樣的。六個月過去了，那些花還是保持原來的樣子。我說：「他已經找到了一棵永遠綻放的植物。」

塑膠花是一種永恆的花。事實上，科學家們擔心塑膠是這個地球上無法消化的東西之一。但是現在卻有這麼多的塑膠製品被扔在海洋或土壤裡，它們會破壞地球生態。塑膠是某種永恆的東西。

樹從大地裡生長出來，人類在大地上生長；當你讓樹回歸到大地時，它會消失回到它最基本的元素。但是塑膠是人造的東西，你可以把它埋到土壤裡，許多年後當你把它挖出來時，你會發現它還是一樣，沒有任何變化。

而這都是因為美國人有這種用過即丟的觀念，它或許比較乾淨，但卻也是危險的。美國周圍的整個海底都充滿了塑膠製品：各種塑膠袋、塑膠注射筒、塑膠容器、塑膠玩具。全部都是塑膠製的。而那一層又一層的塑膠製品已經製造出奇怪的現象。它們所造成的水污染已經殺掉了上百萬隻魚。海洋不再富有生命力，它已經變得死寂。而可怕的是每天還有越來越多的塑膠製品被扔到海裡、河川裡、土壤裡，它們會讓所有一切都變得死寂；讓所有一切都變成塑膠。

我敲了那個鄰居的窗戶。他出來後，我對他說：「你的花很棒，我的花實在很可憐；早上它們開花了，但是到了傍晚它們就消失了。而你雖然只有一盆花，它卻比我的整個花園都要好。」

他看起來一臉困窘的樣子。我說：「你是非常聰明的人，你一直在替那些花澆水……」

他甚至連一句話都說不出來。這時候他的妻子來到他身後說：「你說他聰明？他是一個笨蛋！我一直告訴他塑膠花不需要澆水。」

我告訴他的妻子：「你不知道。他不是在替那些塑膠花澆水，他是試著在騙我。那些塑膠花在那裡已經六個月了，它們會永遠的持續下去。這個人有一天會死亡，你也會死，但是那些塑膠花會一直持續下去。它們是永恆的存在。不過，它們是死的，那就是為什麼它們是永恆的——因為它們已經是死的。」

你沒有辦法殺掉一個已經死掉的人，你能嗎？一旦一個人死了，他就變成不死的。你沒有辦法殺掉他兩次。復活這種事情只發生過一次，而那次還是假的。一旦一個人死了，就再也沒有死亡了。

這就是外界所加諸的道德、宗教和內在意識成長之間的差別，他們是全然不同的。或許只有在法文裡，良知和意識是相同的。我不完全確定這一點，我不懂法文。但是我的感覺是法文裡的這兩個字是沒有差別的：conscience同時代表了「良知」和「意識」這兩個意思，但是這是絕對錯誤的。法國的語言學家必須改變這種情況。

良知是以神為主的；意識則是你內在最深存在的綻放。唯有如此，你才能夠自發性地回應各種情境。以神為主的道德教條沒有任何自發性可言。它們研究的是那些神聖經文說了些什麼，摩西說了些什麼，耶穌又說了些什麼；它必須諮詢它所有的記憶系統。但是自發性是不需要諮詢任何人的——不論是摩奴（Manu，印度神話中的人類祖先）、摩西、穆罕默德還是任何人。自發性的行為就是自然而然地從你的內在升起，也因為它是由你的內在所升起的，所以它有著一種真誠、一種誠實。唯有如此，你是以一個獨特個體的身分行動著，而不是一頭綿羊。你是以一個有尊嚴、榮耀、輝煌的人類身分行動著。

一個以神為主的宗教奪走了你身上一切美好的部分，只留下一個破爛的人類，一個各方面都已經被各種寄生蟲剝削過的殘障人類。神是最大的寄生蟲，他不斷地威脅你。當然，因為神並不存在，所以傳教士就是他的傳聲筒，而他們不斷地威脅你：「如果你不聽從我的話，你會被扔進地獄之火裡。我代表神。」這是全世界的傳教士發明出來用以控制人們、剝削人們的說法。不過他們自己都不相信他們所說的話，他們怎麼能夠相信呢？他們知道那是一個虛構。但是那是一個很好的職業，一項很好的生意。

最近耶路撒冷——那是猶太教、基督教和回教三個宗教的聖地——這個神聖城市的大主教在倫敦被逮捕，因為他在一個火車站的廁所裡行為不軌，他對別人暴露自己的性器官。一個耶路撒冷的大主教！你沒有辦法相信這些人一直在教導人們要禁慾，而他們自己卻做出如此愚蠢的行為。

但是這些傳教士、主教也是受害者，他們被宗教、修道院長和教宗持續的騷擾，而這三者——全都是違反自然的。

所有的道德規範都是違反自然的，它們偏好某種特定類型的社會架構。而社會架構是一種人為的東西，它是不完美的，它需要改變。但是所有的道德規範，所有以神為主的宗教都在保護這種特定的社會架構。他們反對任何一種形式的革命。他們沒有任何意識。他們創造了虛偽的良知來代替意識，但是那是一種塑膠般的意識。他們所謂的良知是從外在輸入的，那變成你內在的一種程式。你根據它來行動，但是你內在的本性並不喜歡它。這種二元對立的情況都是由你那些以神為主的宗教所創造出來的。

人們正受苦於精神分裂、神經質、精神病——等等各式各樣的心理疾病——只為了一個他無法放掉的虛構事物。只要放掉神，然後你會發現自己變得比較清醒，比較自然，而某種只會出現在自然生命身上的美也會開始出現在你身上。

如果你相信神，那麼你注定會害怕他的批判。但是如果沒有神的話，也就不會有批判。你只會擁有一份觀照，而觀照不是批判。觀照只是一面鏡子。它清楚的顯示出當下的情況，然後它讓你能夠自發性地回應。在這種情況下，你的回應會有著無比的美與和諧，而你的生命不會有任何的悔恨。你不會回顧，你會保持待在當下這個片刻裡，就只是根據你自己的意識觀照著、行動著、回應著任何來到你面前的事物。

記得一件事情：就算你墜入地獄，如果你曾經根據自己的意識自發性地生活過，你將不會有悔恨。相反的，如果你因為別人的強迫，而遵循某種既定的概念、既定的戒律，並因此而進入了天堂，那麼就算是在天堂，你也會後悔自己不曾按照自己的自然本性生活過。

這個世界上只有一種喜樂，那就是與自己的自然本性及存在保持和諧。不要擔心任何戒律，不要擔心任何規範，不要擔心任何道德。只要根據你自己的意識生活，並且不斷地滋長這份意識。然後很快你就會看到春天的來臨，所有的花朵會為你帶來一種清晰的視野，一種行動的篤定，讓你能夠全然地待在每個回應裡。而你的回應會是美好的，因為它來自一份不斷滋長的意識。

良知是外借來的，意識是你的自然本性。這其中的差別是無法衡量的。

問題

看起來生命並不是最終的價值與意義，因為機械化的人類是沒有價值的。而神又不過只是一種病態的幻想，所以很顯然的**他**也不可能是那最終的價值與意義。這麼一來，我們還剩下什麼呢？

什麼都沒有——你只剩下你自己。一旦神不在了，你就存在，你將變成單獨且具有責任的。

人們會依附於神是有原因的。因為這麼一來他們可以把所有的責任都丟到神身上；神會照顧所有一切。然後我們唯一需要的就是每個週日去教會一趟——那就夠了——然後神會照顧所有一切。但是你不知道的是：從你把責任交給神的那個片刻起，你也把自己的自由交到了他的手裡；你變成了一個玩偶。

一旦你知道神只是一種病態的幻想時，這份深刻的了解會讓你變得健康而完整。而你的完整、你的單獨是如此美好的一種經驗，以至於你不需要任何最終的價值與意義。你自己就是那最終的價值與意義。當你全然發掘自己最深的存在時，那就是佛。你不需要以任何其他的價值或意義刺激你去達成目標。

你唯一需要的就只是放掉所有病態的幻想。如此一來你的宗教會從這個地球上消失，而那會讓你變得完全健康。出於這種健康與單獨，出於這份自由，你會發現你最終極的高峰與深度。這是唯一一件有意義、真正重要且具終極價值的事情。你就是那最終極的價值與意義。那些病態的幻想讓你現在無法看著自己，只能仰望天外的星辰。

問題　原始社會一直把神這個概念視為整體環境裡的一部分，就像河流、樹木、太陽和月亮一樣。但是當社會變得越來越文明時，他們開始把神視為某個分離的個體。為什麼會這樣？

原始社會沒有私人財產。原始社會沒有家庭，他們是部落聚居式的。所以沒有人知道自己的父親是誰，他們只知道母親和「叔叔」。原始社會是母系社會；母親是他們唯一認識的人，父親這種概念還不存在。

當社會開始從打獵進入到農耕時期後，他們不再像吉普賽人一樣的生活；不然他們會一直不斷遷移到可以獵捕較多動物的地方。獵捕生活讓他們沒有辦法停留在一個地方太久，因為食物很快就會結束。當動物遷移時，他們也必須跟著動物遷移。他們整個生活重心就在於如何找到食物。他們沒有房子，沒有城市，只有暫時的帳棚。私有財產這回事還沒有出現。

當農耕生活開始之後，私有財產開始出現了。那些身體比較強壯的人設法得到較多的田地，那些身體虛弱的人只能維持最低限度的生活——他們只能撿那些身強力壯的匪徒留下來的東西。那些身強力壯的罪犯到最後成為你的國王、你的君主、你的地主。這些人基本上說起來其實是罪犯，他們剝奪了人性所擁有的喜悅。

一旦私有財產出現之後，父親就必須確定他的兒子是他的兒子。因為私有財產的緣故，家庭制度開始出現。也因為這種私有財產的緣故，女人變成一種次等物種。她被禁錮起來，現在她變成是一項財產，只能隸屬於某一個男人的財產，而她全部的功能就是生育孩子。

原始部落民族沒有父親的概念，但是部落民族知道許多我們已經遺忘的事情：他們覺得生命來自於樹木；他們覺得生命在河水中流動；他們覺得生命發生在海洋那永恆拍打在岸上的波浪裡。他們比較敏感，他們是未經教化的，但是他們比較敏感，也比較具有接受性。

我曾聽說過關於澳洲原住民的事情。他們大多數的人都被白人所殺，而且那些殺戮的方式是如此地醜陋，以至於白人看起來像是這個地球上最野蠻的人。當時的澳洲原住民幾乎像是動物一樣地被屠宰。白人會獵捕那些原住民，因為他們認為原住民不是人類，是某種落後的生物。幾乎百分之九十的澳洲原住民都被白人所屠殺，或甚至吃掉，他們認為那只是一種獵補行為。就像你去獵捕老虎、獅子和鹿一樣，你在獵捕一種不同於人類的生物。他們的膚色不是白色的，他們有著不一樣的臉，不一樣的行為。

澳洲原住民有一種非常奇特的風俗。他們沒有郵局，他們沒有電話系統，沒有無線系統。但是他們會催眠樹木，催眠某種特定類型的樹。他們所具有的敏感度讓他們知道哪些樹是能夠被催眠的。在所有的人類裡，有三分之一的人能夠馬上被催眠，比例只有百分之三十三。但是奇特的是，所有人類裡只有百分之三十三的人是聰明的；這些人是同樣的一群人。只有百分之三十三的人是具有創造力的；他們是同樣的一群人。其餘的人則是缺乏敏感度，沒有接受性也不聰明的。澳洲原住民發現有些樹比較能夠接受催眠，因此每個村落都有它自己的催眠樹。而他們透過這些樹傳送訊息到另外一個村落。比如說，某人的兒子去了另外一個村落，如果父親想要告訴兒子某些訊息的話，父親會在兒子離開時對他說：「如果我要傳送消息給你，我會剛好在太陽升起的時候進行。你可以在那時去傾聽那裡的催眠樹。」而兩個村落之間可能距離好幾百里。所以當父親想要傳送消息給兒子時，他會在清晨太陽升起時到自己村落的樹那邊。他會告訴那棵樹：「請通知那個村落的樹，我兒子會在那裡等著這個消息……」然後他會告訴這棵樹他要告訴兒子的訊息，而那棵樹會接受這些訊息。這些訊息可能是：「你可以多待兩天，但是要完成你的工作。」或是其他的訊息。

這種方法他們曾經運用了上千年，但是慢慢地他們忘記了這種方法，他們大多數的人已經忘記如何催眠樹木了，因為基督教強迫他們到學校去學習如何閱讀。基督教是絕對反對催眠的。他們認為催眠跟魔鬼有關。所有跟催眠、迷惑術或相關的事情都被認為是危險的。因此他們摧毀了那些原住民的樹，那些經歷過千年催眠的樹木是如此地敏感，它們能夠把訊息立即傳送到百里或是千里以外的地方。空間不是問題，距離也不是問題。

原始人類是非常敏感的一群人，因為他們和樹木生活在一起，他們和動物生活在一起，他們跟河川生活在一起，他們和海洋生活在一起，他們和山巒生活在一起。他們是大自然裡的一部分。原始人類沒有宗教，沒有組織過的教會，也沒有傳教士。而且很明顯的原始人類非常意識到四處湧現的生命，他們生活在生命之海裡。他們對於樹木、河川、海洋、山巒、星辰、太陽、月亮有著無比的愛意。他們生活在一種和現在完全不同的世界裡，那是一個彼此息息相關的世界。他們是宇宙裡的一份子，就像其他所有生物一樣。就敏感度而言，他們要比所謂的文明人還更具有人性。現在那些所謂的文明人已經變得強硬，變得機械化，變得像機器人一樣；他們已經失去了許多原有的敏感度。

你可以觀察一下，當你握著不同人的手的時候。某些人的手會讓你覺得自己像是握著死人的手一樣：其中沒有能量，沒有溫暖，沒有生命的悸動，也沒有任何愛意和善意。它是封閉和死寂的。然後你也會發現有些人的手會從你身上吸收你的能量，握手之後你會覺得自己變得虛弱。你不會想要和那種人在一起，因為跟他們在一起，你會覺得自己的能量被吸走，就好像有人從你身上吸取血液一樣。這種人是能量的寄生蟲，他們沒有任何能量可以給予，但卻準備好盡可能地吸取他人的能量。當然你也會發現一些相反的情況：當你握著某些人的手時，你會覺得自己變得更健康、更鮮活。他們的手和你的存在一起流動著，他們把能量、愛意和溫暖灌注到你身上。

幾天前，我的祕書帶了一個非常富有的人來看我。她擁有一家報社和雜誌社，她是一個外表很美麗的女人。因為她想要撰寫一篇跟我有關的文章，所以她想要一張我們兩個人的合照。當我握著她的手的時候，我感到難過和震驚。那個女人雖然微笑著，但是她的心是悲傷的。我可以從她的手上感受到無比的悲傷。

如果你夠敏感的話，你能夠感受到他人的感覺，不論那是喜悅、悲傷、罪惡感、覺得自己沒有價值，還是對方覺得他能夠站在自己的雙腳上，感受到自己身為人類的尊嚴、覺得根植於大地、歸於中心；或者他覺得自己在這個存在裡是有一席之地的，自己不是一項意外，自己是被存在需要的，否則不會出現在這裡。「我在這裡的這個事實很清楚地顯示存在需要我。我的存在有著絕對重要的意義，存在想要透過我去完成某些命運。我是存在的野心，就像是你一樣。」當你感受到這一點的時候，一種巨大的感激會從你的內在升起。

也是出於這份感激，原始人類向樹木、河川、太陽和月亮跪拜致敬。而那遠比去教會向一個悲傷的耶穌基督跪拜來得美好。很明顯的，耶穌是悲傷的；因為他被釘死在十字架上。你不會期待他發出笑聲；那是絕對不合宜的。我會笑，但是耶穌總是拉長了臉，一副悲傷的樣子。

你會發現所有以神為主的人都是嚴肅和悲傷的，因為他們內在深處有著懷疑。因為神不是他們親身的經驗，那只是一個信念而已。而你怎麼能夠把一個信念當成真理呢？它會一直只是一個信念。你或許可能把這些懷疑壓抑到潛意識裡，但是它們還會持續在那裡，充滿活力且躁動著。這些懷疑讓你悲傷，因為你過著一種虛構的人生，一種不屬於自己的人生，一種別人加諸在你身上的人生。你所有的尊嚴、驕傲和威望都被剝奪了，關於這一點，神必須負起最大的責任。

原始人類熱愛存在。對我來說，他們比現代的文明人更具有宗教精神。

在私有財產出現之後，父親也跟著出現了。當你還是個孩子的時候，父親是保護你的人，但是當你長大、結婚之後；你需要過著屬於自己的人生。通常到那時候，你的父親可能已經過世或者病重、年老。但是當你開始第一口呼吸的時候，你需要父親的保護。他是你生命裡最重要的男人，他是你第一個重要的男人。所以當你單獨時，你會開始覺得自己內在有著某種空虛感，過去是你的父親填補了這份空虛感，現在神變成了你的父親，一個永遠不會死的父親。

而你原本的父親背叛了你，他把你孤孤單單地留下來。你曾經是那麼的信任他，而他對你的關懷卻是如此地稀少，以至於你被孤單地留下來？這樣一個程式從你呼吸進第一口空氣時就已經跟著你了。所以當你的父親離開你，而你必須倚靠自己時，突然間你感受到一種空虛感。任何一個父親都可以填補這份空虛感，但是他不能是一個人類，因為你已經被一個人類欺騙過了。你覺得受傷，所以你投射了一個永恆不朽的父親，他是遙遠且全能的——他不像你原來的父親，雖然你小時候也曾經認為他是無所不能的……

從孩子們爭吵時的話語中，你可以很清楚地看到這一點：「我父親是這個世界上最偉大的人！」「你的父親只是個膽小鬼！」每個孩子都認為自己的父親是無所不能的；他能夠做到所有的事情。因為孩子看過自己的父親做著各種不同的事情。他修理車子，修理電視，還欺負自己的母親……孩子們知道父親是有力量的。

但是這個有力量的父親……慢慢地，慢慢地在你長大變聰明之後，你開始看到了他的脆弱，他的缺點。這時候，一個空隙出現了。即使你的父親還活著，還在你身邊，但是你知道他不是無敵的。他變得年老，然後很快他會過世。你知道他不是無所不能的。當他在老闆面前時，他會搖尾乞憐，擺動他那根看不見的尾巴。好幾百萬年前，在你脊椎上的某處，就在脊椎末端那裡曾經有過一節尾巴。到現在這個地方仍然還在那裡，達爾文就這一點有過絕佳的論點：如果過去那裡沒有尾巴的話，為什麼會有那樣一個地方呢？如果沒有尾巴的話，它是不會存在的。現在那個尾巴已經不見了，但是那個連結之處還留著，那個過去連著尾巴的地方還留著。

為什麼當你看到老闆的時候，你就開始微笑？你不會對你的僕人微笑；需要微笑的是你的僕人，不是你。事實上你根本不會注意到他，你會繼續看你的報紙；你知道他走過你身邊，微笑著，但是你根本不會去看他。而你的老闆也對你做著同樣的事情，你對他微笑，而他繼續寫著他的東西。或許本來他不需要寫什麼東西的，但是看到你過來了，他開始忙著翻他的檔案，做出一副忙碌的樣子。

我曾經跟一個國會議長迪跋(Dhebar)住在一起過。他對我非常感興趣。過去他常常會來參加我的靜心營，他政界的朋友們曾經試著阻止他，他們說：「不要去找那個男人。」但是他不是一個政客，他不狡猾，他是一個很簡單、很真誠的人。他會成為議長其實是一件很意外、偶然的事情。

很多狀況都顯示，他之所以被選為議長是因為他是一個非常有禮貌的人——一個從來不會說不的老好人。而尼赫魯需要一個總是說是的人。尼赫魯是當時的首相，如果議會不是由他自己親自掌控——那會讓他看起來很獨裁——那麼他會讓某個老好人來掌控。迪跋是個非常簡單的人，不論尼赫魯要怎麼樣，他都會說好。所以真正獨斷決定每件事情的人是尼赫魯。

有一次我待在迪跋新德里的家裡，當時他正在和我閒聊，聊著當時印度的政治首領；他跟我提到過各式各樣的笨蛋。其中有一個是穆拉納・阿扎德 (Maulana Azad)，他是一個回教徒，他完全不懂英文，只懂印度文。他是研究阿拉伯和波斯方面的學者。也是印度當時的教育部長。

迪跋談到這個穆拉納・阿扎德的事情。

有一次，尼赫魯去倫敦開會，那是大英國協的一項會議。當時印度還是大英國協的一部分，現在再也不是了；穆拉納・阿扎德是內閣裡的第二閣員。他之所以會取得這個位置是因為他是個回教徒，這是為了要滿足印度的回教徒。

你會很驚訝的知道印度是回教徒最多的國家。沒有任何其他一個國家像印度一樣有著這麼多的回教徒。甚至在巴基斯坦和孟加拉獨立之後，印度仍然有著最多的回教人口。要滿足這些回教徒，內閣的第二位閣員必須是個回教徒。當尼赫魯去倫敦的時候，穆拉納・阿扎德認為：「因為我是內閣裡第二重要的人，所以現在我就是代理首相了。」

但是不論人在哪裡，首相就是首相。沒有所謂「代理首相」這回事。如果一個總統，也就是政府首長出國的話，那麼副總統會變成是代理元首。但是根據印度或英國的憲法，首相並不是國家的元首。首相不是什麼首領，所以也不需要有什麼代理首相。但是阿扎德不這樣認為。迪跋告訴我：「雖然我們告訴過他那絕對是違反憲法的。在憲法裡，沒有任何關於代理首相的位置；只有代理總統的位置。」

但是阿扎德不願意聽這些勸言。他馬上打電話給尼赫魯的專屬司機：「把他的禮車開到我這裡來；當他出國時，我就是代理首相。」然後他乘著那輛車到國會去，車上插著首相的旗幟，還有兩輛摩托車在前，兩輛摩托車在旁，兩輛摩托車在後。每個人都在笑他……

迪跋對我說：「居然會有這種笨蛋！結果尼赫魯必須從倫敦打電話回來告訴他：『不要幹這種愚蠢的事情。這是絕對違反憲法的。沒有這種所謂代理首相的事情。』」這時候電話突然響起。迪跋拿起電話後說：「我現在很忙，而且我七天之內都沒有辦法跟你碰面。」然後他放下了電話。

我對他說：「你不忙碌啊，你只是在跟我閒聊而已。」

他說：「這就是政治界的麻煩。你必須假裝你非常忙碌，忙碌到完全沒有時間——即使你有著全世界所有的時間。你也必須讓人們以為你很忙碌，你不是一個可以隨時接近的人。所以我告訴他七天之後再打電話過來。如果我有時間的話，我到時候會見他。雖然我現在就非常空閒……可是因為你在這裡，所以我取消了所有的活動。當你住在我家時，我不想浪費時間在其他人身上。我想要和你在一起。這是非常難得的機會。因為在靜心營裡，我沒有多少時間可以和你相處。現在是大好的機會，所以我告訴每個人，包括我的警衛，不要讓任何人打擾我。」

我說：「這很奇怪。那個打電話給你的人可能有什麼重要的事情。」

他說：「誰在乎啊？沒有人在乎任何人。」這麼好的一個好人，一個極度文明且飽受教育的人……卻說著：「誰在乎啊？」

當他對我那樣說的時候，我說：「這是一種非常粗魯、不敏感的行為。虧你還每天對神祈禱。」他家有一個小小的廟，裡面有著克里希納的雕像。因為他是克里希納虔誠的奉獻者。我說：「你的祈禱是沒有意義的。你最好到外面對著一叢玫瑰花祈禱。至少那叢玫瑰花是活的！你祈禱的這個克里希納是人造的，只是石頭雕成的塑像而已。你難道看不到你克里希納雕像裡的那份死寂嗎？看一看外面，整個世界都是活生生的。鳥兒在歌唱著，花朵盛開著，太陽正在落下。很快這整片天空會充滿了星辰。」

原始人類以身為宇宙其中一份子的方式生活在這個宇宙裡，而光只是活著就讓他們覺得感激。他們的感激比那些以神為主的宗教對神的感謝要真誠許多。你感謝的是一個虛構的事物。

英國作家強納生，他同時也是一個有名的語言學家，他有一種奇怪的習慣，而那種習慣幾乎是神經質的。那就是每當他早上出門散步的時候，他一定得碰觸一下每一盞路燈。如果他忘記碰某一盞路燈，他就會再回頭去碰它一下，然後再繼續往前走。那些跟他在一起的人會問：「你這是在幹什麼？」

他說：「我能怎麼辦呢？我覺得非常需要這樣做。我知道這看起來很愚蠢，我也知道自己這樣不對勁，但是我能怎麼辦呢？如果我忘記碰某一盞路燈，我會開始覺得煩躁而變得非常情緒化：『你在幹什麼，回去！』所以我一定得走回去。只是一盞路燈而已！」

過去我經常會在清晨散步，有一個已經退休的老教授也常常會在那時候散步。他後來成了我的朋友，他開始跟我一起散步。但是他有一個習慣……在印度，你到處都可以看到各種廟宇。每經過幾間屋子你就會發現一座廟。就算不是一座廟，你也會在某棵樹下看到一個代表猴神的紅色石頭。碰到這種時候，這個老教授會向每一座廟宇和紅石頭鞠躬敬拜。

我對他說：「這對我是一種折磨。你要嘛離開我，要嘛離開你的神。這是多麼荒謬的情況，每個地方！……整個城市充滿了各種神祇的廟，而你每次都要敬拜一番……然後我必須在旁邊等著，那看起來實在很窘，我常常心裡想著：『我到底給自己找了一個什麼樣的同伴？』所以你要不是停止跟著我一起散步，自己去散步，不然就是停止那些愚蠢的習慣。所有那些石頭都是死的。如果你想要的話，去看一些活的東西吧。你從來沒有好好看過那些樹木、那些花朵，或是看看那消失在清晨裡的最後一顆星辰。

而清晨是如此寧靜的時光：太陽還沒有升起，天色還稍微有些灰暗時，最後一顆星星正在逐漸消失。就是在這樣一個片刻裡，在這樣一個時刻裡，佛陀成道了。那是最後一顆星星消失的時刻，當那顆星星消失時，佛陀內在某些東西也消失了。突然間他發現天空在那裡，一片空無，而當他看向內在時，那裡也是一片空無：兩個天空——一個外在的天空，一個內在的天空——以及一片寂靜。然後他第一次拜倒，但是他不是向任何一個人拜倒，而是向整個存在拜倒。這就是感激，這就是真實的敏感度。

當私有財產出現時，父親開始變得重要。而當孩子看見父親真實的狀況——看到他不是全能、全知和全在的；看到父親不是一個神的時候——他就必須創造一個神來取代自己的父親。所以當耶穌倒在地上時，他用阿拉米語喊出「阿爸(Abba)」……

耶穌從來不用希伯來文說話；希伯來文是受過高等教育的學者、有錢人和知識分子所用的語言。阿拉米語則是沒有受過教育、一般村民的語言；它仍然還是一種希伯來文，但是它不是那麼複雜精細。在阿拉米語裡，Abba的意思是父親。但是當耶穌倒在地上看向天空喊出「阿爸」時……那顯示了他還沒有從他的童年長大成人。他還是幼稚的。

而且你要記得「如孩子般的」與「幼稚」之間的差別。一個已經覺醒的人會變得像是孩子一樣，但他不是幼稚的。而一個以神為主的人會變得幼稚。他的行為就像一個在市場裡走失的孩子一樣，不停地尋找著他的父親。「阿爸！」他哭泣著。「我的爸爸在哪裡？」沒有父親，他是沒有安全感的，他無法感到安心。

所有這些祈禱顯示了你的恐懼，所有這些祈禱顯示了你對父親的失望。所以你創造了一個幻象，而這個幻象是病態的。

在我們討論經文之前，一點點小小的傳記：

希遷是在他閱讀《肇論》時開悟的，《肇論》是由僧肇於西元四百年所寫下的。當僧肇寫下這篇著作時，他正在監獄裡等待死刑。《肇論》裡啟發希遷開悟的那一段是：「那個讓自己成為整個宇宙萬物的人，難道不是一個真正的聖人嗎？」

（釋僧肇，西元三八四—四一四，長安人。鳩摩羅什門下著名弟子，著名的漢傳佛教理論思想家，將般若中觀思想中國化，為三論宗的先驅人物。）

一個讓自己成為整個存在的人，難道不是一個真正的聖人嗎？就是這句話讓希遷內在突然發生一個偉大的革命。他從無知的狀態，有了一個大躍進而進入開悟的狀態。

這就是我一直告訴你的：沒有神的宗教精神意味的是感受自己和這個宇宙的合一。就是這段話：當時希遷必然已經在開悟的邊緣。所以當他讀到這段話：「那個讓自己成為整個宇宙萬物的人，難道不是一個真正的聖人嗎？」——光只是讀到這段經文，一種質變發生了。他成為了一個全新的人。他舊有的人格消失了，而他第一次成為一個獨立的個體，變得與整個存在和諧一致。

僧肇也是一位偉大的師父。但是當一個師父越是偉大時，社會也就越是反對他。他之所以被監禁是因為他說了一些反對中國舊有宗教的話——而那其實不算是什麼宗教。它就像是印度教、回教、基督教等一般的宗教。其中沒有任何真正的精神與重要人物。

當真正的天才和巨人出現時，人群中的小人開始憤怒，開始自卑，他們覺得被激怒。正是這種人殺了蘇格拉底，殺了耶穌，殺了曼蘇爾（Mansoor）。他們也殺了僧肇。因為整個群眾都開始反對他，所以當時的帝王必須逮捕他。他的言論在當時造成一股騷動。但是他的話語是如此的美，以至於光是一句話就讓希遷開悟了。

僧肇的《肇論》包含著極度的精華，那是他在自己死刑之前所寫下的。這是什麼樣的一個人啊！——完全不受到死亡的影響，對死亡無所畏懼與質疑地寫下他最後的文字。這篇《肇論》就是在他即將接受死刑之前所寫的。那是一本很短的經文。但是你在其中不會找到苦難的痕跡。如果你不知道的話，你根本不會想到或想像這篇經文是在他死刑之前所寫的。這顯示了他所具有的品質；這顯示了他開悟的深度和高度；這顯示了他的偉大與光輝。

這篇經文裡的一句話讓希遷開悟了。而且由於這篇《肇論》的啟發，希遷寫下了一篇叫做《參同契》的經文。它和《肇論》一樣的美。

這種情況很少會出現在現代社會。雖然尼采的《查拉圖斯特拉如是說》確實啟發了紀伯倫寫下《先知》這本書。當紀伯倫寫出《先知》這本書的時候，他才二十一歲，他一生之中至少寫了五十本書。他試圖在後來所寫的書籍上超越《先知》，但是他沒有辦法做到，因為《先知》是一本經由啟發而產生的書。他當時被尼采的洞見所啟發，那些見解引領他也進入了一個新的空間。

《先知》是一本偉大的書，但是他其他的書……他後來寫了《先知的花園》，試圖超越《先知》，但是他失敗了。他至少寫了五十本書，其中三十本是用英語寫的，另外二十本則是用他的母語黎巴嫩文。在他後來所寫的所有書籍裡，甚至沒有一本能夠接近《先知》的水準。《先知》是在他受到尼采洞見的深遠啟示之下所寫的，它無法和《查拉圖斯特拉如是說》相提並論，但它也算是非常接近了。

同樣的事情也發生也在僧肇的《肇論》和希遷的《參同契》這兩篇文章上。但是不同的是這兩個人都已經開悟，所以《參同契》到達了和《肇論》一樣的高度。

不論是尼采還是紀伯倫，他們兩個人都沒有開悟，但是和紀伯倫比起來，尼采是個知識上的巨人。雖然兩個人都未曾開悟，但是尼采來到了頭腦的邊界。只要再多一步，他就會開悟。而紀伯倫並沒有來到頭腦的邊界，那也就是為什麼他沒有發瘋。

尼采的瘋狂是一種徵兆，顯示他幾乎準備好要開悟了，但是他沒有找到那個門。他從來沒有想過有些事情是超越頭腦的，所以他像是撞牆一樣地試圖衝撞出一條超越頭腦的道路。但是你是無法衝撞出你的道路的，那是有門的，而你必須知道那個門在哪裡；靜心就是那道門的名字。不然你只會因為撞牆而受傷。尼采就是這樣發瘋的。

紀伯倫從來不曾發瘋過。他從來不曾接近過頭腦的邊界；所以沒有頭腦的這個問題從來沒有在他身上出現過。但光是尼采巨大智性的影響就為他帶來了無與倫比的啟發，讓他創造了《先知》這本書。

而《肇論》和《參同契》這兩篇文章有著同樣的立足點，有著同樣的高度。我們現在來看一看《參同契》這篇經文；下面這段經文來自於《參同契》。它的每一句話都是神奇的。

經文：

天竺偉大聖賢之識密傳至中國。

那是一種私密的交流，因為一個有著和佛陀同樣高度的人——菩提達摩——抵達了中國。他充滿了光輝，充滿了喜悅，充滿了極樂。他的春天已經來臨了。他以一個覺醒者的身分抵達了中國。那就是為什麼這裡用「私密（intimate）」這個字眼。

在菩提達摩到達中國以前，曾經有上千個佛教學者到過中國。曾經有上百篇佛陀的經文被翻譯成中文。在菩提達摩抵達之前，幾乎整個中國都是佛教的天下。但是他們沒有任何一個人是覺醒的。那些先前抵達中國的佛教徒是偉大的學者，他們翻譯了許多佛教經文。而且那些經文非常地美。中文裡面幾乎沒有什麼可以與之比擬的。只有一本由老子所寫的《道德經》可以相提並論。但是那本《道德經》並沒有到達佛陀經文的高度，因為那是一本撰寫出來的書籍，而且還是在老子被強迫的情況下所寫出來的。

老子終其一生不曾撰寫過任何東西，他也從來不曾講過道。人們就是靜靜地坐在他身旁，如果有些什麼在那片寧靜中發生了，那很好。如果沒有任何事情發生……老子說：「我能怎麼辦呢？」有些人因為在他身旁而開悟了，但這種情況非常的少。一個是莊子，一個是列子——只有這兩個人透過在老子身旁靜坐而開悟。要了解寧靜不是一件容易的事；你必須先達到某種深度才能夠了解寧靜。不然就算你坐在老子身邊，你的頭腦仍然會不停地打轉，各種思緒不斷地紛擾著。你可能從表面看起來很安靜，但是內在卻有著許多的對話在進行著。

當這個世界上第一部有聲電影出現時……在那之前的電影都是無聲的。第一部有聲電影的名字就叫做《talkie》（有聲電影）。在某些印度鄉間，一直到現在都還是把電影稱為「talkie」。在你的頭腦裡，那部有聲電影是持續不斷地播放著的。不論你想要與否一點也不重要。不論你想要與否，它都持續不斷地在那裡。

所以即使有上千個佛教學者曾經到過中國，而當時整個中國也已經充滿了佛教徒，甚至連當時的皇帝也變成了佛教徒，但是卻沒有人能夠帶來那種真正的滋味；因為它們都不是一種私密而直接的傳遞。只有當菩提達摩抵達中國之後，才變成是直接而密傳的。

現在，有一個佛已經到達中國了——一個不同於佛陀但卻有著同樣意識的人。他們是不同的身軀，但卻有著同樣的高度和同樣的深度。希遷把這稱為從印度到中國之間一種私密的交流是完全正確的。

人有聰慧和駑鈍的分別，但是道沒有南北導師的區分。

不論來自印度還是中國的老師，他們都無法有所幫助。你需要的是一個師父；你需要的是與一個師父達成直接而密切的交流，你需要的不是教導。在一個真正的宗教世界裡，你需要的不是一個老師，你需要的是一個師父。你需要的是一個已經達成的佛來引導你、挑戰你。所謂的佛就是一個對於眾人的清澈召喚：任何想要了悟的人都可以靠近他。師父是已經達成的人，而老師則只是曾經聽聞過某些訊息，卻還沒有直接切身經驗過真裡。

所以在一般的世界裡有著所謂聰明、不聰明的人，但是在這條道路上，不論聰明與否都不會有所幫助。在這條道路上，你需要的是某個已經超越頭腦、超越智慧、超越愚痴的人；你需要的是某個超越聰明、痴傻，已經進入那種超越性的寧靜之中的人。你需要的是某個已經發現真理的人。而這樣一個人對於真理的了悟讓他成為一個光源。在他的周圍有著一種能夠穿透你的能量場，一種能夠喚醒你的能量場。

奧祕源頭清晰而閃亮，支脈流經黑暗。

就一個師父而言，**奧祕源頭清晰而閃亮，支脈流經黑暗**。當師父開始說話的那一刻起，他的話語開始流向黑暗。當那些話語來到你身上時，它們就是那些在黑暗中流動的支流，它們就是那些流向黑暗的支流。你已經和一個師父達到一種深沉而私密的交流，所以你可以分享他的光亮，他的清晰，他的明澈和他的清明。如果你只是聽到他的話語，再把這些話語記錄下來的話，那你就已經走錯路了。師父並不是由那些語言文字所構成的。他或許會透過話語來召喚你靠近。但是師父是由絕對的寧靜，純粹的寧靜所構成的。

這整個世界都是相對的。愛因斯坦不是唯一一個提出「相對論」的人。在他之前，不同地域的神祕家就已經發現外在所有事情都是相對的。

這對哲學家來說曾經製造出很大的麻煩，但神祕家沒有這種麻煩。哲學家曾經聽神祕家說過外在每件事情都是相對的，而不論這些相對性是什麼，它都是一種幻象。為什麼它是幻象呢？這是比較微妙的部分，但是你也需要了解這一點。

當你看到一個美女時，你認為自己是樸素家常的；當你看到一個高大的男人時，你覺得自己是矮小的。但是你的矮小是相對的。在那個高大的男人出現之前，你是完全沒有問題的，每件事情都很好。你一點也不會擔心自己是否矮小。

在印度有一句諺語說：駱駝從來不喜歡上山。駱駝熱愛沙漠，因為在那裡**牠們**就是山。駱駝生活在沙漠裡，牠們一點也不喜歡高山，因為高山讓牠們覺得自己非常渺小。

這是一種心理上的幻象。你為什麼覺得自己是一個矮小、沒有價值、不值得尊敬、有罪的人呢？這些都只是相對性的事情。你長的漂亮，你學識淵博……這些也都是相對性的。而任何相對性的事情都是幻象，它之所以是幻象是因為一旦你不再比較時，你就是你自己，而他人也就是他自己。他個子高有什麼問題呢？你個子矮又有什麼問題呢？你的雙腳踩在地面上，那個高個子的雙腳也踩在地面上。你不會因為個子矮小，所以就懸吊在半空中。所以高矮有什麼問題嗎？比較永遠會製造出這種相對性的幻象。

樹木從來不會擔憂。玫瑰花叢是矮小的，而杉樹可以高達兩百英尺，但是玫瑰花叢不會擔憂為什麼杉樹長得如此高大，而杉樹也不會擔憂為什麼玫瑰花叢有著如此美麗的花朵。玫瑰就是玫瑰，杉樹就是杉樹。

曾經有人問禪師這樣一個問題：「我們為什麼這麼痛苦？」禪師說：「你看看院子中的柏樹。」

提出問題的人看了一下院子還有長在院子裡的柏樹。然後他說：「可是我還是不了解。」

禪師說：「再看一次。那棵柏樹旁邊有一叢玫瑰。我從來沒有聽玫瑰抱怨說：『為什麼我這麼矮小？』我也從來沒有聽過柏樹抱怨說：『為什麼我沒有玫瑰花，我為了尋找玫瑰花而長得這麼高——高達兩百多英尺——而我卻沒有玫瑰花，這是哪一門子的公平？』」

「不，它們從不爭論。我每天早上都到這裡來——偶爾我也會在黃昏時分或晚上來這裡——我來就只是為了看看它們是否有爭論、討論或對話。但是每一次都只有絕對的寧靜。它們兩者都滿足於自己既有的現況，因為它們從來不做任何比較；所以也沒有所謂優秀或低下的相對概念。」

這種相對性被稱為幻象是因為那是你自己創造出來的東西，它不存在於任何地方。不然的話你一定會瘋掉，你會在經過一棵美麗的樹木時想著：「我為什麼不是綠色的。」

你不會這樣做，因為你還沒有那麼神經質。也因為你不比較，所以沒有什麼問題。但是當你經過一個美女身邊時，如果你自己也是女人的話，那個比較馬上出現了，然後憤怒和嫉妒也會跟著出現。但是這其中真的有什麼問題嗎？她不過是鼻子長了一點而已。而你要一個長鼻子做什麼呢？在黑暗裡，每個女人都是一樣的。你只要把燈關掉就好了！這也就是為什麼人們總在黑暗中做愛。他們一定會把燈關掉，如此一來每個女人都是蘇菲亞羅蘭。有什麼差別嗎？同樣的骨架、同樣的骨頭、同樣的血液、同樣的黏膜、同樣的氣味、同樣的汗液，同樣都氣喘吁吁的……

黑暗擁有一種了不起的品質。它讓每個人都是平等的。誰會在意呢？在黑暗裡，你可以跟一個醜女做愛，卻認為她是個絕世美女。

不論何時，當你開始比較，那個比較就會把你帶入幻象裡。

……但是把自己視為絕對也並非開悟。

這就是哲學家所走的路徑。他們認為世界是虛幻的，所以神是絕對的，神是沒有相對性的，神是超越相對性的。世界是相對性的，它無時無刻不在改變當中；沒有什麼是永恆的，沒有什麼是穩定的，它是流動的。神是絕對的，這個絕對就是神的另外一個名字。他從不改變，他是一致的，他永遠都是同樣的狀態，從永恆到永恆。這就是哲學家的想法：因為有這樣一個虛幻的世界，所以他們創造了一個截然相反的極端——一個絕對的神。

我有一個教授叫羅伊——他現在已經是一個退休的老人——他非常喜歡我。也因為他所以我進了他擔任教授的那所大學。他一直不斷地試圖說服我……當時我原本在另外一所大學，但是我經常會去他那所學校進行辯論、討論等競賽。當我們第一次碰面時，他第一眼就非常喜歡我。他是當時的裁判——比賽總共有三個裁判——而他在一百分裡給了我九十九分。我拿到第一名；我贏得了獎章，當我正要帶著獎章離開時，他走過來對我說：「等一下，我必須向你道歉。」

我說：「為什麼？」

他說：「我原本想要給你一百分的，但是又覺得這樣做別人會認為我偏心，所以我減了一分。只給了你九十九分。請你原諒我，我其實是想給你一百分的，只是我沒有那樣的勇氣。我知道其他教授會說我太過偏心了。」

我說：「那沒有任何妨礙。無論如何我贏到了獎章，而其他裁判也給了我很好的分數。有一個給了我八十分，有一個給了我八十五分。所以完全沒有問題。其他參賽者的分數要比我低許多，所以你有沒有給我這一分沒有差別。」

他說：「這一分對你來說確實沒有差別，但是它對我有差別，因為我違背了我自己。我是想要給你一百分的。」

我說：「下一次吧。我會一次又一次的來這裡參賽的。」當時不論哪裡有辯論比賽，我都會去舉行比賽的大學或學院參加競賽。

我只拿過一次第二名；不然我有上百個獎章，它們全都是第一名。我拿到第二名的那一次，那所大學裡所有的聽眾都難以相信。我當時站起來，對著校長，也是競賽的主席說：「我知道我為什麼會拿到第二名，你一定也覺得很困惑。」當時拿到第一名的是一個女生。我說：「我必須澄清這整個情況，因為我知道發生了什麼事情。」

「裁判中有一個教授愛上了那個女孩，所以他給那個女孩很高的分數。而另外兩個裁判完全不知道這回事。他們兩人都給了我最高分，但是因為那個教授給那個女孩的分數過高，所以她比我多一分。」我說：「你應該問一問那個教授。因為我知道他們兩個人曾經晚上到公園裡去散步。」

「那個公園就在我家前面，所以我知道得很清楚。而且我還可以提供證人，因為所有公園裡的園丁都知道他們兩個人常常會在晚上公園關門後出現。他們賄賂園丁，然後進入公園，因為那是晚上最安全的地方。」

那個女孩和教授兩個人都開始不停的流汗。我說：「看一看他們身上的汗水！這整個大廳裡沒有人在流汗。」——當時那個大廳裡至少有上千人——「只有這兩個人在流汗。他們為什麼會流汗呢？」我對他們說：「站起來！」我的聲音是如此地響亮，以至於連那個教授也站起來了。

我說：「你必須取消這整個競賽；比賽必須重新舉行，而且這個教授不應該再擔任裁判。」

那個教授覺得非常丟臉，所以他當晚就從學校辭職，並且逃離那個城鎮。二十年後我在火車上遇到他時，我說：「嗨！」

他說：「老天！我希望永遠都不會再見到你。」

我說：「生命是一場奧祕。那個女孩到哪去了？」

他說：「你還沒有忘記啊？」

我說：「我既沒有遺忘，也沒有原諒。那個女孩呢？」

他說：「那個女孩因為你的關係拋棄我了！她覺得非常丟臉，再也不願意跟我見面。」

我說：「那很好！現在我原諒你了，而且我會忘記你。我想要結束那場關係，因為你對我做了不公平的事情。你以為我會保持沉默。」

從那天開始，每一個裁判都很小心的不做任何事情，因為他們認為「這個人很奇怪」。

當時每個人都覺得那是一件不公平的事。因為那個女孩甚至不應該拿到第四名！

而羅伊教授因為我為自己發言這件事對我產生了興趣。他非常喜歡我這一點，所以他說：「我會替你安排好所有的事，包括獎學金，不論你要什麼，我都可以安排；你只要轉學過來。我要你來當我的學生。」他當時是哲學教授。所以我轉學了。他是一個非常有名的學者，也是專門研究印度哲學家向克拉(Shankara)的專家。向克拉的整個哲學就是，這個世界是一個幻象，而神則是絕對的真理。另外一個英國哲學家布萊德雷(Bradley)也有著同樣的哲學觀：這個世界是個幻象，神是絕對的真理。羅伊教授的博士論文就是關於向克拉和布萊德雷這兩個哲學家的。

當我第一天進他的教室時……當時是他邀請我去的，可是他根本不知道這樣做其實是自找麻煩。當時他正在談論關於幻象和絕對，世界和神。我告訴他：「如果神是不會改變的，那麼他必然是死的。任何活的東西是不可能毫不改變的。你可以看看這個世界上所有活的東西，每一件活的東西都在變化著、成長著、移動著。它不停地流動著。生命是流動的。如果神是活的，那麼他不可能穩定不變。所以，你要如何區辨一個死的神和活的神呢？」

「只要告訴我。如果兩個神都坐在你面前的話，一個活的神跟一個死的神。不論是活的還是死的都不會改變的話，你要如何知道哪一個是活的神呢？」

他說：「我的老天！我根據這個假設拿到了我的博士學位，可是我從來沒有想過這一點。」

我說：「『絕對』這個字眼本身就是一種反彈。首先你說這個世界是個幻象，可是它不是。你很清楚知道你不會隨便進到別人的家裡。如果它是個幻象的話，那有什麼關係呢？你為什麼要每天回自己的家呢？那根本沒有差別，你可以去任何人家裡。」

他說：「你這種哲學討論是很危險的。我在討論問題，而你卻告訴我去別人家裡？」

我說：「沒錯，因為如果世界只是一個幻象，只是一個夢的話，那麼對方是你的妻子還是別人的妻子有什麼差別嗎？那些孩子是你的孩子還是別人的孩子又有什麼差別呢？都只是幻象而已。你的神只是一種哲學上的概念：你說因為這個世界一直不斷地改變，神必須是不變的。但是那只是一種邏輯推論而已，那不是事實。如果神存在的話，他必然是不斷變化的，否則他就是死的。」

當我第一次進他教室的那一天，我就告訴他：「你的神是一個死的神，那就是為什麼他從不改變。」

神這個概念只是一種哲學上的概念，那就是為什麼希遷說：**「對相對事物的執著是一種幻象……」**

他並不是說這個**世界**是個幻象，他說對於這個世界的**執著**是個幻象。讓你自己是不執著的，這個世界是完全真實的。那份執著才是幻象，這個世界不是幻象；女人不是幻象，而是那份對於女人的執著是幻象；金錢不是幻象，是那份對於金錢的執著才是幻象；身體不是幻象，是你那份對於身體的執著才是幻象。

希遷說出了極具意義的一段話。沒有任何一個哲學家曾經說出這種話。所有的哲學家都說世界是虛幻的。而希遷做出了清楚的區別：虛幻的不是世界，而是對於這個世界的執著，對於那些相對性的執著，那才是幻象。也因為哲學家認為世界是虛幻的，所以他們來到了另外一個極端：神是不虛幻的，神是最真實的，絕對真實的。

而希遷馬上反駁了這些哲學家，他說：

……但是把自己視為絕對也並非開悟。

不要從「絕對」這個字眼來思考。沒有什麼事情是絕對的，每件事情都是正在變化成為絕對的，但是它一直一直都在變化當中，它永遠不會來到一個完全的停止，因為一個完全的停止就是死亡。當存在變得絕對完美的那一天，它也就無處可去了，那是一個完全的停止。而完美就是死寂的。成為絕對的就是成為死寂的。

希遷所說的話只是一個神祕家會說的話，只有佛才會說：「甚至連佛的經驗都不斷地成長著，那個成長是沒有止境的。並不是一旦你成佛了，你就來到一個完整的點。不，道路是無止盡的，這趟旅程是無限的，這趟朝聖之旅是不斷持續著的。而這也正是存在所具有的美：沒有任何事情會結束。每件事情都永恆不斷地的變化著。」

所以關於「絕對」的概念是屬於哲學家的概念，而不是那些開悟者的概念。

一切主觀與客觀的領域互有關聯又各自獨立……

他的意思是外在和內在的世界兩者是獨立卻又互相關聯的，它們各有著不同的功能。內在和外在是互相關聯的，它們無法個別存在。外在無法沒有內在而存在，內在也無法沒有外在而存在，所以它們是互相關聯的。但是他們各有著不同的功能：外在是朝向客觀移動，內在則朝向主觀移動。它們的方向不同，它們的體現方式也不同，但是他們有一點是互相關聯的。

希遷的陳述有著無與倫比的意義，而只有當你來到自己的中心時——當你是絕對的清晰，你的眼中毫無塵埃時——你才能清楚了解這段陳述。然後你會發現客觀世界有它自己的美，有它自己的真實性，有它自己的生命，有它自己暗藏的意識，就像內在世界有它自己的星辰，有它自己的天空，有它自己的遼闊，有它自己的宇宙一樣。你的外在有一個無窮盡的宇宙，而你的內在也同樣有著一個無窮盡的宇宙。這兩者是互有關聯的，這兩者是互相依賴的，但又有著不同的功能。

如果你走在外在的道路上，你會發現自己變得越來越科學化。如果你走在內在的道路上，你會發現自己變得越來越奧祕。

互有關聯又作用不同，各自有其位置。形式帶來不同特性與外貌；聲音、滋味、嗅覺，舒適與不舒適。

黑暗讓萬物合一；光亮讓萬物分離。

但是這些差別都只是外表而已。你沒有辦法在黑暗裡看見事物，因此所有事物看起來都是一體的。你可以在光亮中看見東西，因此每件東西看起來都是分離的。但是這些分離的事物他們深處的根源是會合在一起的。我們在這個宇宙裡的中心都是會合在一起的。當我們是那些樹葉、枝幹時，我們是分離的，但是當我們來到根源深處時，所有的樹葉、花朵和枝幹都從同一個根源得到滋養。存在平等地滋養著你、樹木還有那些山巒和鳥兒。

所以存在能夠以這麼多不同的方式體現實在是一種奧祕。這些不同的表達形式讓生命變得美好。這些變化讓生命一點也不無聊。這種多樣化是一種豐盛，而這份一體性又讓所有生命是平等的。沒有什麼比較低劣，沒有什麼比較高等，因此也沒有比較的必要。

四種元素回歸本質，如孩子回歸於母親。

這就是我曾經告訴過你的。當生命的源頭成為生命的目標時，那個循環就完成了。不論何時，當那個循環完成時，你再也不需要進入誕生和死亡，然後再一次的誕生和再一次的死亡。你已經在這個生死輪迴當中經歷了上百萬年。現在是跳出這個循環的時候了。而跳出這個循環就是開悟。

火熱，風動，水濕，土硬。眼見，耳聽；鼻聞，舌嘗，一鹹一酸。

它們都各自獨立，但不同的枝葉卻又根歸同源。

你的滋味來自於你的舌頭，你的視覺來自於你的眼睛，你的接觸來自於你的手。你所有的感官都是不一樣的：你沒有辦法用你的手來觀看，你沒有辦法用你的眼睛來品嚐滋味，你也沒有辦法用你的耳朵來嗅聞氣味。這些感官都是各自分離的，但是它們會合在同一個大腦裡，然後它們也從那個大腦像枝幹一樣地分離出來。它們全都餵養著同一個大腦，而這同一個大腦也滋養著它們。

不論手從接觸上得到什麼訊息，它會傳達到大腦。不論鼻子從氣味上聞到什麼，它也會傳達到大腦。眼睛也會把它們對於世界的觀察送到大腦。這些感官就像不同的枝幹一樣，朝著各個方向散布，收集不同的經驗，它們讓大腦變得更為豐富。但是它們都源自於同一個大腦。

希遷只是舉一個例子而已。我們是分離的，獨立的，但是我們又是根源自同一個存在。我們必須是獨立的，我們必須是一個獨立的個體，但是我們不應該忘記我們終究是一體的，是同一個海洋中的不同波浪。

芭蕉(Basho)寫著：

多麼地快樂，
越過夏日河流，
拖鞋在手！

對一個開悟的人來說，每件事情都是一個奧祕。對於這麼細微的一件事，你會說：「那有什麼？」

多麼地快樂，
越過夏日河流，

你會說：「那根本沒有什麼大不了的。拖鞋在手？夏天的溪流必然變得很淺。那有什麼好高興的？」

但那就是禪的要點：你不需要任何理由讓自己快樂。光只是越過一條夏日的溪流，草鞋在手……那是多麼的快樂啊！

任何行動或不行動，做為或不做為都變成是全然喜悅的。喜悅不再需要什麼特定的原因。當你的快樂是有原因的時候，你就會開始執著於那個原因，因為你害怕一旦自己失去了這個原因，你的快樂就會消失不見。當你和一個女人或男人在一起感到快樂時，你會開始變得執著；甚至不只是執著，你還會開始為彼此製造出監獄，因為沒有這個女人或這個男人的話，你就無法快樂了。所以你的快樂會變成彼此的痛苦。

靜心為你帶來一種偉大的經驗，那就是快樂是不需要原因的，當你發現一種沒有原因的快樂——你就只是無緣由的快樂——那麼你再也不需要佔有任何人。你不需要摧毀任何身為人類的尊嚴，你也不需要奴役人們。你的愛，你的分享會是出於你的豐盛——而不是你期望得到任何回報。當你沒有要求時，更多的東西會來到你身上。而當你開始要求時，你就失去了快樂的根源。

因此，我一直反對耶穌的論點，他說：「尋找，然後你會找到。」我要對你說：「**不要**尋找，然後你會找到。」耶穌說：「要求，然後你會得到解答。」我會對你說：「不要要求，然後你**就是**那個答案。」耶穌說：「敲門，然後那個門會向你打開。」我則對你說：「不需要敲門，門已經打開了。它一直都是大開的；你只需要張開眼睛！」

問題

尼采譴責人們缺乏創造性，無法創造一種比基督教的神更好的神——他認為基督教的神是最病態、最破舊的，尼采說他是「基督教一神論中可悲的神」。你同意基督教版本的神是最醜陋的嗎？

所有神的概念都是虛假的，所以沒有任何神是醜陋或美麗的。神不存在，尼采忘記神已經死了。

這就是那些未曾開悟的人會做的事。他寫過「神已死」，然後突然間他又開始說人類沒有創造性，因為人類沒有創造出一個更好的神。但是那只會是一個較好的虛構物，一個較好的謊言而已。他完全忘記自己先前宣布「神已死」這回事。就算是人創造了一個較好的虛構物，它仍然還是死的。虛構就是虛構，謊言就是謊言；不論經過什麼樣的修飾，不論經過什麼樣的琢磨，你沒有辦法讓它變成真的。

所以不論那是一個基督教的神、印度教的神還是回教的神都不重要。神是虛構的，而這個虛構之所以會出現是因為人類頭腦的病。尼采對於東方的神沒有任何概念，他只知道猶太教的神和基督教的神。如果他知道印度教的各種神，他永遠不會說這種話。

基督教的神不是唯一醜陋的神；所有的神都是醜陋的，只不過形式不同罷了。但是從一開始，他們就是謊言，所以也沒有必要去修飾他們。人類確實不是很有創造力，但是那不表示人類應該創造出一個較好的神！一個較好的神只會是一個比較牢固的監獄而已。一個較好的神只會是一條更堅固的鎖鍊。一個較好的神會比一般的神更有效率地摧毀你。你想要一個比較好的神？一個比較牢固的監獄，一種更毒的毒素？

尼采已經完全忘記謊言就是謊言。沒有所謂比較好的謊言或比較差的謊言。謊言就只是謊言，它們是沒有區別的。真理就是真理。也沒有所謂比較「好」的真理，你沒有辦法修飾真理。謊言就是謊言。你可以修飾它，但是它們仍然會是謊言，它們沒有辦法變成真理。

所以我沒有辦法同意尼采的話；他已經忘記自己曾經說過的話。這就是哲學家的問題，他是一個偉大的哲學家，但是他從未超越頭腦。他沒有一個開悟者所擁有的那種明晰。

人類確實沒有多少創造力，但是人類的創造力不應該放在關於神這種事情上。人類應該把創造力放在如何創造出更好的世界、更好的社會、更好的文學、更好的詩詞、更好的繪畫、更好的雕像以及更好的人類這種事情上。一個比較好的神是完全沒有必要的，一個比較好的神只會更加危險。

我痛恨「神」這個字眼。而我更痛恨有人試圖修飾神的概念，因為謊言必須被摧毀！而且除非你痛恨它們，否則你沒有辦法摧毀它們。你需要解除所有你對神的愛。

迪力是老人之家的經理。有一天他沿路去募集款項。他走到一戶房子前按了門鈴。當屋主來應門時，迪力說：「先生，早安，你是否願意為老人之家貢獻點東西？」

那個男人說：「好！」然後他轉身對著房子大喊：「嘿，阿媽！戴上你的帽子，還有穿好你的外套！」

精神科醫生坐在椅子上，熱切地看著他的患者，他合上記錄然後微笑著說：「先生，我現在很高興宣布你已經百分之百痊癒了！」

那個病患嘆了一口氣，看起來很憂鬱地說：「鬼扯蛋！到底怎麼了？」

醫生有點猶豫地說：「我不了解，你難道不高興嗎？我已經把你治好了！」

病患說：「高興？我為什麼要高興？上個星期我還是耶穌基督。現在我只是個無名小卒！」

現在來到靜心：

安靜下來……

閉上你的眼睛，感覺你的身體全然的凍結。

這是你回到內在的最佳時機。聚集你的能量、你全然的意識，帶著一種迫切性衝向你的中心，就好像這是你最後的一刻。唯有帶著如此的迫切性，你才能立即到達自己的中心！

越來越快……

越來越深……

當你越來越接近中心時，一種偉大的寧靜會來到你身上。就像是細雨一樣，如此地實質，如此地涼爽。

再靠近一點，然後你會發現一股巨大的平靜圍繞在你內在。來自彼岸的花朵會開始灑落在你身上。

再一步你就到了中心。這是你第一次看見自己最初始的臉孔。這是你第一次遇見自己的永恆不朽。東方把這個最初的臉孔稱為佛的臉孔，覺醒者的臉。

它和佛陀沒有任何關係，它是每個人最初的臉孔：平靜、優雅、光輝燦爛，無比的清晰、清明和威嚴。你的光彩是耀眼的，你的珍貴是無可比擬的。

佛只有一個品質是你需要記得的。佛只由一個品質所構成：觀照。

這個小小的字眼：「觀照」含括了整個靈性的世界。

觀照你不是這個身體。

觀照你不是這個頭腦。

觀照你只是一份觀照。

當這份觀照變得越來越深的時候，你會開始沉醉在神性裡。這就是所謂的極樂。

讓這份觀照變得更深，更放鬆……

放掉你的身體和頭腦。

只要記得一件事：你是一個佛、一份觀照、一份純粹的覺知。然後一點一點地你會開始感受到某種融合；所有的區隔消失了。海洋般的意識就是禪最根本的精髓，也是一個真誠宗教的精髓。

收集你所能夠經驗到的極樂，所有那些神性的沉醉、那些灑落在你身上的花朵、那份優雅、那份美、那份真實與神性。你必須帶著它們，你必須在日常生活裡表達出它們最極致的美。

砍伐木柴時，你是一個佛。你就只是優雅地和樹木在一起，因為它也是一個潛在的佛。從井裡汲水時，你也是一個佛。

你的每一個行動必須成為優雅的，帶著感激的。唯有如此，那個佛才會越來越靠近你。

在你回來之前，誘勸這個佛的偉大存在來到你的背後。誘勸他和你一天二十四小時都待在一起。

他的存在將會成為你蛻變的煉金術。

這有三個步驟：第一步，佛來到你的後方，你感受到他的溫暖、他的愛、他的慈悲、他的善美；第二步，你成為影子，而佛來到你的前方；第三步，你這個影子開始消失在佛的存在裡。你消失了，只剩下佛存在。你消失了，只剩下存在本身。

神已死，而禪是唯一現存的真理。

回來，以一個佛的身分回來。

甚至你的移動都應該是優雅、美好、喜悅，且散發著你的意識與覺知。

靜靜地坐著一會兒，回憶那個剛才經歷過的金色道路，還有你碰觸到的內在空間，那份來自彼岸的芬芳仍然圍繞在你周圍。你背後那個佛的存在，幾乎正碰觸著你。

讓佛成為你最根本的現實，而你讓自己消失，完全的消失。

你是疾病；佛則是藥方。

你是生和死；佛則超越了生死的循環。

你是短暫的，就像泡沫一樣；而佛則是你的永恆。

第6章 神是你的空虛

希遷寫著：

因與果皆來自於這偉大的真實。「高」與「低」是相對的字眼。光亮裡有著黑暗，不要執著於那個黑暗。黑暗裡有著光亮，也不要去尋求光亮。光亮和黑暗是成雙成對的，就像行走時一腳在前一腳在後。萬物各自有他們本質上的價值，在功能和位置上與其他事物互有關聯。這種關聯就如同盒子與蓋子；它們互有關聯地發揮作用，就像在空中會合的兩支箭。

閱讀上面這些話語，你應該已經捕捉到這份偉大的真實。不要用任何標準來評判，如果你沒有看到路的話，你就是尚未了解它，即使你正行走在這條路上。當你在這條路上前進時，它不近，也不遠。但是如果你受到欺騙的話，你就距離它千山萬水。我帶著敬重對那些想要開悟的人說，不要徒勞無用地浪費時間。

我們先開始第一個問題。

問題　看起來，對於那些敬拜神的人，神的反義詞並不是「魔鬼」，而是「自然」。教士以及他們觀念中的神是如此的敵視生命，是什麼讓人這麼輕易地被他們所剝削？

提出這個問題的人非常清楚，也非常正確。表面上看起來，基督教的神學似乎是說和神相反的是魔鬼，但是如果你深入探討的話，你會發現跟他相反的不是魔鬼，而是自然。所有的宗教都反對自然，不是只有基督教而已。為什麼宗教都反對自然呢？這其中有著一種絕佳的心理策略。這個策略就是如果你被灌輸了違反自然的程式，那麼你的人生會是悲慘痛苦的，你會生活在焦慮、苦悶、病態和罪惡裡。

而你之所以會如此，就是因為你被灌輸了違反自然的程式。如果你是自然的，那麼你會像所有鳥兒一樣的快樂，像所有動物一樣的快樂。牠們從來不敬拜神，牠們沒有任何教堂，牠們沒有任何神學，牠們也沒有任何罪惡感，牠們就只是自然的。

在人類歷史上，那些傳教士很早就發現只有當他們迫使人們違反自然時，他們才能夠迫使人們接受神這個概念。一旦你開始違反自然，你會變得分裂。你整個人是自然的一部分；只有你的頭腦反對自然，也只有頭腦能夠被輸入程式，而不是你的身體。

所以你可能許下禁慾的誓言，但那不會改變你的生理狀態；那不會改變你的心理狀態。那只是一種頭腦的觀念，只是一些話語罷了。你的血液還是會持續製造出性能量，你的身體還是會持續製造出性賀爾蒙。

你曾經看過佛、馬哈維亞和耆那教二十四個先知的雕像嗎？你會很驚訝。他們全都沒有鬍鬚，他們沒有任何鬍子。你認為這些人真的都沒有鬍鬚嗎？這些雕像是由那些狡猾的傳教士製造出來的，只是為了讓你認為這些人是沒有性慾的，因為鬍鬚來自於某種特定的賀爾蒙。而這種賀爾蒙只有男人才有，女人沒有。那些雕像只是為了讓人們認為那些大師連生理機能都改變了，所以他們去除了雕像上的鬍鬚。以前沒有相片，那些師父的雕像又都是在他們死後三百年才製造出來的，沒有人知道他們到底是什麼樣子，沒有人見過那些人。但是你可以知道他們的想法。

克里希納沒有鬍鬚。拉瑪沒有鬍鬚。這些人到底發生了什麼事？你可以去看看那些禁慾的和尚，他們還是會長鬍鬚。他們的禁慾失敗了，這些鬍鬚顯示出你的男子氣息沒有任何改變，即使你曾經在耶穌或其他神的雕像前面承諾你將會禁慾。禁慾只停留在你的頭腦裡，而你整個人仍然是自然的。所以你分裂成兩個部分，而一個分裂的房子是隨時會倒塌的。

這些宗教除了製造出荒謬與瘋狂以外，沒有什麼作用。這種瘋狂、荒謬、分裂的意識與人格是那些宗教對於這個世界唯一的貢獻。還有一點——那就是頭腦沒有掌控身體的力量。它沒有辦法改變身體上的任何事情，由於某些既定的觀念，頭腦被輸入了程式，而當頭腦發現身體的行為違反了這個被輸入的程式時，它會覺得有罪惡感，它會覺得痛苦。它擔心某種巨大的懲罰會在死後降臨，自己將被丟入永恆的地獄之火中。

你的身體會有需求——這是很自然的，身體需要食物，身體需要養分，身體也需要愛。愛也是一種養分。如果沒有人愛你的話，你將會枯萎而死。曾經有些科學家在猴子身上進行過實驗。其中有一個實驗經過反覆驗證，被證實已是個事實：他們把小猴子帶到實驗室裡，實驗室提供了兩隻母猴子。那兩隻母猴子都是人造的。其中一個純粹由鐵絲所構成，上面有一根管子，小猴子可以經由管子喝到牛奶。但是小猴子沒有辦法擁抱那些鐵絲，所以當牠從這根管子裡喝到牛奶時，牠也沒有辦法感受到這隻母猴子的愛和溫暖。

另外一隻小猴子的人造母親則稍微有所不同。那隻假母猴的鐵絲外面包覆著毛料和毛髮。它也是假的，是人為製造出來的，但是這個它有著像母親一樣的溫暖。當然這些溫暖是由電流所維持的，讓小猴子能夠因為這些溫暖的布料而感受到一個溫暖的身體。這隻母猴子也有著提供牛奶的管子，它也經由電流維持著某種溫度。所以它有一個可以給小猴子吸吮的胸部，不是只有管子而已，那個胸部看起來幾乎就像真的一樣——它雖然是塑膠的，但卻是溫暖而有奶水的。而且這隻小猴子可以抱著這個母猴子。

很奇怪的，在所有這些實驗裡，那個得到溫暖而且覺得自己擁有一個真的母親的小猴子活下來了；而另外一隻小猴子死了。雖然他也得到了養分和照顧，但是不到三個月的時間，這隻小猴子死了。牠少的只有一件事：那就是母親溫暖的胸部。他少的只有一件事：那就是某種愛的感覺。即使是假的，但是人為的溫暖仍然幫助那些小猴子繼續生長。

在美國，印第安人幾乎全部都被殺光。只有少數的印第安人仍然還生活在保護區裡，他們會拿到一些津貼補助——因為美國使用他們的土地，整個美國的土地原先都是屬於印第安人的。這些印第安人的數量非常少，所以他們不是什麼大問題。美國認為給他們一些津貼、一些金錢補助，要比讓他們有機會製造出任何叛亂要好得多。

然而沒有工作卻能得到金錢是一件非常具有破壞性的事。因為工作讓你覺得自己做了一些事情，讓你覺得自己是有價值的，讓你覺得自己對生命、對整個存在是有貢獻的，你照顧了你所愛的人。但是這些印第安人沒有得到任何工作。那讓他們覺得自己是完全不被需要的一群人。如果他們死了，政府會很高興，國家會很高興，因為他們可以省下一大筆津貼。

而一個沒有工作的人要拿那些錢怎麼辦呢？他會去喝酒，去賭博，去嫖妓。然後他喝醉的時候會開始跟別人打架，強暴他人或是殺人。而當他們犯罪時，美國政府會馬上送他們去坐牢。

我現在告訴你的是一個奇怪的事實，凡是那些被迫入獄的印第安人，幾乎每一個後來都被宣布自殺了。但是我知道美國的監獄——我曾經在美國待過五個監獄——其中沒有任何能夠讓你自殺的東西。你甚至不能攜帶自己的手錶到牢房裡。牢房是絕對空曠的，裡面甚至沒有可以讓你敲擊頭部的桿子，那裡面什麼都沒有。而且他們會進行絕對的看護，讓一個人根本無法做出任何自殺的事情。但是我可以了解為什麼那些印第安人會死亡。他們要不是被謀殺，不然很有可能就是萎縮而死。他們死於萎縮——因為生命是沒有用的。生命以前是無用的，現在則更加無用。而且他們被判了三十年、五十年的徒刑，有些甚至是無期徒刑。在那樣一個沒有愛的牢房中生活——即使他們得到食物——卻沒有人把他們當人看待，他們完全失去了尊嚴。

我的感覺是一個人是有可能因為萎縮而死的；那裡沒有任何讓人可以自殺的東西。很可能是警察和監獄看守員認為他們自殺了，但是他們其實不是自殺。而是當你強迫他們來到一種覺得自己毫無作用，既不被愛、也不被受到尊重——沒有任何尊嚴可言的時候。他們萎縮了。因為生命再也沒有任何意義，再也沒有任何必要了……為什麼還要繼續生活在這種奴役當中，在這種毫無尊嚴的羞辱當中呢？

由於所有的宗教不斷地教導你違反自然，所以人類已經開始萎縮了。你是沒有辦法違反自然的，你唯一能做的就是變成雙重人格。在你家前門，你是一個基督徒、印度教徒或回教徒，你在人前戴著一張面具，一張假的臉孔。而在你家後門你是自然的。所以你開始感受到自己心裡的掙扎。

你的這些掙扎就是傳教士可以剝削你的根本原因；因為你覺得自己是如此的痛苦，你需要某個更有智慧的人來指導你，給你某種能夠脫離焦慮的方法。

所以宗教先是製造出各種焦慮、苦悶、痛苦和煩惱。而他們製造出這種狀態的方式就是讓你的頭腦違反自然——這是最容易的方式。然後光只是違反自然，你就會變得非常痛苦、空虛而不被需要，你會開始失去所有求生的慾望。這種狀況下，很自然地人們會往外尋求建議，而傳教士一直自誇他們知道如何脫離痛苦：祈禱。他們說：「如果你相信神的話，他會照顧你的。」

這就是所有宗教所使用的策略。首先他們製造出痛苦、苦悶與罪惡感，然後人們一定會去找這些傳教士，因為好幾個世紀以來，這些教士們還一直保有著神聖的經典。雖然其實那些經典一點也不神聖，那不過是他們的獨佔事業。

比如說在印度，只有在大英帝國來到這裡時，印度教的經典才有機會被印刷出來。而且當時的印度教非常反對印刷出版這些經典，因為一旦你把它們印刷出來之後，任何人都可以擁有它們。

他們一直保持著手寫的經文；而且只有某些特殊家族擁有這樣的權力——這種權力像是遺產一樣地由父親傳給兒子——那是他們的財產。一般大眾從來不被允許知道那些神聖典籍上寫著些什麼。唯有如此他們才能保有智者的地位。

印度有一半以上的人口，也就是女人，是不被允許閱讀宗教的神聖經文的。這一半的女性人口和另外四分之一未受教育的人口是不可以進入廟宇，或傾聽婆羅門誦唱《吠陀經》的。如果他們犯錯的話，他們會被處死。

其中到底有什麼祕密呢？它的原因在於如果每個人都知道這些神聖的經典，那麼會有兩種情況發生。一是你會發現其中沒有什麼神聖之處。其中百分之九十八的內容只是純粹的胡扯，或許只能從其中的百分之二找到一些具有啟發性的話語、或某些美。所以這會徹底暴露出他們的情況，人們會說：「你們一直藏著那些經典，結果其中什麼都沒有。」第二就是他們會開始失去原有的特權。人們會為了尋求慰藉而自行去閱讀那些經典。

印度教的傳教士非常反對出版他們的經文。最後他們之所以同意是因為在英國的統治之下，他們不得不同意；他們沒有反對的力量。那些傳教士同意了，但是他們只同意以梵文來出版這些經文，而梵文不是一種活的語言，只有傳教士了解梵文，只有婆羅門了解梵文。梵文從來就不是一項大眾流傳的語言。佛陀是用巴利文講道，而不是梵文。馬哈維亞用的是另外一種印度方言，也不是梵文，因為一般大眾對梵文根本一無所知。

他們不只把《吠陀經》當祕密隱藏著，他們也把梵文變成是婆羅門、傳教士的特權。而這種例子在世界各地都有，只是形式不同罷了。所以到最後，你只能被迫去找傳教士。當你覺得自己痛苦極了，你看不到任何一點光，夜晚是如此的黑暗，而且還繼續變得越來越黑暗，看不到任何一絲黎明的希望，那時候你能夠去哪裡呢？傳教士在那裡，他們宣稱自己認識神，他們宣稱自己是唯一知道神籲的人。

人類之所以會輕易地被傳教士所剝削是因為他聽了傳教士的話，而這些傳教士設法說服了人們。因為那些傳教士受過較多的教育；他們是當時唯一受過教育的人。他們知道如何辯論，如何說服人們——而大眾一直被保持在黑暗當中——所以那些傳教士勸服人們反對自然，他們說服了人們。而且他們是非常具有說服力的。比如說，每個人都因為婚姻而痛苦，可是婚姻正是由傳教士所創造出來的產物。婚姻是一種讓人們持續痛苦的好方法。

你應該以一個獨立個體的方式自由地生活。出於你的自由去愛人，而不是違反你的自由。如果你為了愛而出賣了自己的自由，那你一定會感到痛苦絕望的。所以婚姻是讓人們持續騷擾彼此、持續爭吵的一種方法，因為他們無法分手。沒有任何一個宗教允許人們離婚，而感到厭煩是人類一種自然的狀態。沒有人能夠每天吃同樣的食物——除了我以外。我的廚師，還有那些照顧我身體的人，**他們**變得厭倦。吃的人是我，但是他們變得厭倦，因為他們必須端來同樣的食物。

但是除非你開悟了，否則你一定會對每一件事物感到厭煩的。當事物還新鮮時，你覺得它很好。結果你必須每年換新車。你的新車不見得比舊車好，甚至很有可能比舊車差。舊車比較堅固，車體比較穩定，引擎也比較穩健。現在的新車變得越來越像玩具。可是因為你每年都要換車，所以他們也不需要再製造那些堅固的車子了。因為你要一輛堅固的車子做什麼呢？堅固的車子是為了能夠終生使用的。

現在越新的車子就越脆弱，事實上你每年換車對製造商來說是好的；否則他要如何製造新車子？工廠會關門的。因此他們花了很多精力來宣傳新車，但是其實真正改變的可能只是車罩，或是一點點設計上的改變、新的顏色、不同的顏色而已。而人們換車的理由是他們覺得厭倦了。

一個人也會對關係感到厭倦。一開始的時候，所有一切看起來都很棒。但是這種很棒的感覺能夠持續多久呢？很快你會開始熟悉彼此的體形。一旦你看到了女人的裸體，事情就開始走向結束了。

只有在印度，婚姻能夠持續是快樂的，而它的理由很簡單，那就是先生和妻子不能在日光下看到彼此。夫妻不能在長輩面前交談。印度所有的家庭都是大家族，一個家族裡可能有四十多個人住在一起，而其中有許多長輩。

我的母親曾經告訴過我，先生不只是不能在日光下看到自己的妻子，他甚至不能在長輩面前和自己的孩子玩耍。這是一種被灌輸的程式，好幾個世紀以來的程式。而當你在黑夜裡看著自己的妻子……你甚至不能交談，因為家人就在你的附近。你的長輩在睡覺；如果你們開始交談，你們很可能會吵醒別人。所以你們只能安靜地躺在棉被底下，甚至不能說「我愛你」，兩個人就只是做愛以便生兒育女，然後男的離開妻子回到自己的床上，以免打擾到家裡其他任何人。但是你不認識你的妻子，你甚至沒有見過他，所以你對她的興趣能夠一直持續下去。是那個黑夜讓這些興趣持續不斷。

否則，要終生保持對同一個女人的興趣是很難的一件事。在婚姻的蜜月期過後，婚姻就結束了。我認為蜜月期是你唯一快樂的時期，然後接著是一段痛苦而不快樂的冗長旅程。現在同樣的事情也開始發生在印度了，因為現在印度開始變得文明，開始進入二十一世紀。

所以人們會厭倦，但是他們無法說出事實，他們無法說他已經對你感到厭煩了。所以他會開始覺得憤怒，然後暴力會開始出現。結果是兩方都變得悲傷、難過。其實比較好的方式是減少彼此相處的時間。當你們一天二十四小時都掐著彼此的脖子時，沒有人能夠快樂的，你不快樂，和你在一起的那個人也不會快樂。

宗教使用各種方法來製造出人們的痛苦。它們還告訴人們不要注視別人的妻子或先生。

但是那是很自然的事。當你厭倦了自己的女人，你會開始四處尋找出口。可是所有的宗教都告訴你不貞是罪大惡極的。我不認為如此……

當你長大成人後，你是注定無法保持忠貞的。我把這種情況視為人類的本性，它偶一為之是好的。所以如果有其他的女人在你的週末出現的話，那會幫助你的情感關係保持鮮活。這並不是反對婚姻。它會幫助婚姻能夠長久地持續流動，因為在週末那兩天裡，你會再度發現你原來的那個女人比較好。

一個星期裡有五天待在婚姻裡是好事。而週末那兩天最好是保持自由。這是一種非常人性的方式。因為你會想要探索新的關係，你會想要盡可能地去愛多一點的人。

沙特筆下的一個人物曾經說過：「我會想去愛這個地球上所有的女人。」那是不可能的，但是有那樣一個慾望在那裡：「我會想要愛這個地球上所有的女人。」每一個女人都是一個獨特的個體；每一個女人都是一種不同的經驗。每一個女人都有她自己的奇異之處，而每一個男人都有他自己的狂亂之處。所以當兩個新伴侶接觸時，那是兩個不同類型的瘋子在碰面。這是好的，因為這給你機會去發現原來舊的那一個伴侶比較好。你已經跟舊的伴侶安頓下來了；新的這一個只會是不必要的麻煩。但是五天過後你又會再度忘記這一點；這也是頭腦的本性，它會持續不斷的遺忘。和原來那個女人一起生活五天之後，你會再一次覺得太多了。

不論何時，當我看到一樁婚姻時，我總是忍不住要從中破壞一下，因為我發現除非你從中破壞一下，否則人們會一直待在那種悲傷裡，然後一直被傳教士所剝削。

這個問題是一個重要的問題。「教士以及他們觀念中的神是如此的敵視生命，是什麼讓人這麼輕易地被他們所剝削？」是人們的痛苦讓他們被教士所剝削。所以這其實是一個大騙局。宗教是一個騙局。那些傳教士首先用各種方式摧毀了你的快樂，強迫你的頭腦違反自然，他們說：「自然是一種罪。」而一旦你變得痛苦難過時，教士們的生意就開張了，好讓你前去尋求建議。

一個醫生的兒子從醫學院回來，他已經拿到醫學博士了。這個兒子對老父親說：「現在我回來了，所以你不需要工作了。你這一生已經辛苦工作過了，現在我會接管你的工作，你就休息吧。」

三天之後，兒子對父親說：「那個你已經治療了三十年的富有老女人，我在三天之內就把她治好了。」

父親說：「你真是一個笨蛋！那個女人一直支持著我們的家庭。就是因為那個女人，你現在才會是一個醫學博士；就是因為那個女人，你其他兄弟才能接受教育——而你居然把她治好了？難道你認為我沒有辦法治好她嗎？我當然可以，但是治好她的毛病，也就毀了你接受教育的機會。她的診療費佔了我所有收入的一半！」

醫生會快速的治好窮人的疾病；對於有錢人，他則會慢慢來。這是自然的，其中沒有什麼不對。那些有錢人可以負擔得起醫藥費；那些窮人只會不必要地浪費醫生的時間。而且不只是浪費時間，那些窮人還會開始要求免費藥物，只因為他們沒有錢。所以醫生必須留著那些有錢的病人。如果病人厭煩了某一種疾病，那麼就給他另外一種病。只要在他的頭腦裡放入這種想法——「我覺得你可能有心臟病。」光只是這種想法，他的心臟就會在晚上開始心悸起來，而他會開始想要檢查自己的心臟，看看它是否有問題。你只要給他一點想法，他就一直會是你的病人。你只要告訴他：「你需要每個星期檢查一次。你的身體非常脆弱。」

醫生過著一種非常矛盾的人生。他們原本應該是要治癒人們的，但如果他們治癒了所有的人，那麼他們會變得如何呢？如果一個社會是完全健康，沒有人生病的話，醫生會開始生病、飢餓和死亡。他們會變成乞丐。

只有在中國，在老子的影響之下，一種新的方式出現了。出於老子極度的慈悲，他去找當時的帝王，並且對他說：「整個醫療界基本上是錯誤的，因為醫生是透過人們的疾病來維生，而他應該是要治好人們的。現在你把醫生放進一種矛盾的情況裡了。」

那個皇帝說：「你有什麼建議呢？」

他說：「我建議由皇帝付錢給醫生來維持人們的健康。當人們覺得自己不健康，當人們生病時，醫生的酬勞應該要減少。因為他沒有提供足夠的照顧。實際的情況應該跟現在是相反的：醫生應該透過讓人們保有健康而獲得酬勞，而一旦有人生病了，他的酬勞便要減少。這會為整個醫療工作帶來一種完全不同的情況。」

這就是一個開悟的人為人們所帶來的新觀點，人們一開始沒有辦法了解。他們不了解為什麼自己必須為健康付出費用。他們認為健康是自己的，跟醫生有什麼關係？而且如果你生病，醫生會因此而損失金錢？雖然這看起來很奇怪，但它卻是絕對正確的。

傳教士也是同樣的情況。如果每個人都沒有罪惡感的話……那些傳教士認為我是一個危險的人——因為我所有的努力就在於讓你免於罪惡感，免於道德觀念。我只要你學習一件事情，那就是一種超越頭腦的清晰。然後你會讓所有事情都從這樣一種清晰裡自然發生：你的愛、你的道德和你的行為。這種方式會完全摧毀掉那些傳教士。摧毀掉那些宗教和教堂，摧毀掉那些神。如果你是充滿喜樂的話，誰還會向神祈禱呢？如果你的生命就只是一場舞蹈，誰還會對神祈禱呢？還有什麼必要嗎？

如果你能夠保持健康，如果你一直是養分充足的……如果你能夠擁有長壽的人生，活到一百五十歲還仍然是年輕的……這些都是可能的。你應該還記得數學。在七十五歲時死亡的人比較多，在八十五歲時死亡的人少一點，在九十五歲時死亡的人又更少了。超過一百歲死亡的人更是罕見。超過一百八十歲，你大概就不會死了。一種簡單的數學！有誰聽過有人在一百八十歲以後死亡的嗎？從來沒有這樣的前例。

科學家說如果每件事情都是自然的話，人類身體的存活能力至少有三百年。讓人們生活在痛苦中是一種違反自然的事，而讓人們的壽命從三百歲減少到七十五歲更是一件違反自然的事。有的人甚至在六十歲左右就已經開始覺得：「活著有什麼意義？我最好還是死了吧。」

有一個老頭跟一個年輕女孩結婚。他已經九十歲而那個女孩子才只有十九歲。這個老人的兩個兒子——分別是七十歲和六十歲——兩個兒子都告訴他：「這不是你該結婚的時候，不要讓我們丟臉。每個人都會嘲笑我們的。」

那個老人說：「這件事跟你們無關。我戀愛了，我要結婚。」然後他結婚了，那個長期照顧他健康的醫生說：「你要結婚了……這對你的年齡來說是一件很危險的事。你家裡最好有一些寄宿的學生。」醫生的意思是要他留一些能夠照顧他妻子的年輕男人在家裡，這是可以理解的。

九個月後，醫生在市場上碰到了這個老人，他問說：「情況怎麼樣？」

他說：「很好！我太太懷孕了。」

醫生說：「那個寄宿學生怎麼樣了？」

他說：「她也懷孕了。」

這就是人生！

全然的生活，自然地生活，那麼你不會需要宗教，你不會需要傳教士，你不會需要神。然後也不會有任何人能夠剝削你和摧殘你的聰慧、你的人生，或是讓你生病。

現在，你能夠了解為什麼我是危險人物了嗎？

問題　為什麼神這個謊言這麼成功？

因為你失敗了。是你的失敗讓神這個謊言變得如此成功。在你的生命裡，你不曾全然地愛，你不曾全然地活，你不曾全然地做過任何事情；這就是你失敗的地方。

我所說的失敗不是你認為的那種失敗。在你的想法裡，你認為如果自己不是超級巨富，那你就是失敗的。如果你不是一個有名的政客、一個首相或總統，你就是失敗的。如果你沒有聞名全球的話，你就是失敗的。但是這些都不是失敗，這些都只是一種充滿自我與競爭的人生罷了。

而那種人生是極度痛苦的，因為你持續不斷地鬥爭、爭戰，不斷地扯別人的後腿，爬到他們頭上去，把人們當成你往上爬的墊腳石。你的生命是暴力的，而一個充滿暴力的人生不可能是美好的。你是無情的；因為唯有如此你才有可能成為巨富。你不可能是慈悲的；否則你怎麼能夠把上百萬個人剝削到饑荒的地步，而你仍然囤積著你用不完的金錢？囤積更多的財物是毫無意義的；但是這種囤積已經變成了一種習慣。

現在這個世界上最有錢的人在日本；他有二百六十億元。你要拿這二百六十億元做什麼呢？你沒有辦法拿這二百六十億元做什麼，但是他仍然持續忙碌在追逐著。

那些你認為成功的人還在不斷地忙碌追逐著更多的東西。但內在深處他們並不成功。

我曾經聽說有一個和朋友一起歡度七十五歲生日的人。當所有的人都在歌唱、跳舞、飲酒享樂時，這個人突然不見了。其中他最好的一個朋友同時也是一個成功的大律師去花園裡找他。他發現這個人正難過地坐在一棵樹下。

律師走向他說：「奇怪了。我們都在慶祝你的生日。我們為你安排了整個慶生會，而你卻在黑暗裡坐在樹下。到底怎麼回事？」

他說：「就是因為你！」

律師說：「因為我。我做了什麼事情嗎？」

他說：「你還記得嗎，五十年前我去找你時，我跟你說我想要殺了我的妻子，我問你謀殺妻子會帶來什麼樣的懲罰？你說那至少會是五十年的牢獄生活。現在我想如果我當時殺了她，今天我就會是一個自由的人了。五十年過去了，但是因為你，我還一直待在痛苦中。我原本可以在監獄裡休息五十年，然後今天我會是自由的，那才會是真正的慶祝。是你毀了我的一生！」

如果一個人真的跟隨自然的方式生活，並且盡可能全然地生活，他就是成功的。如果你想要成為一個樂師，你不會變成一個非常富有的人。如果你想要成為一名長笛演奏者，你不會變成一個有名的政治家，但是你會是全然快樂的。或許你擁有的只足夠你生活，但是能夠演奏笛子，誰在乎呢？你會消失在你的音樂裡。你的笛子會成為你的靜心。你的歌曲，你的舞蹈會成為你的靜心。

不論什麼事情，只要它是全然的，它就是靜心。你不再需要其他的靜心。而一個能夠一個片刻接著一個片刻生活的人，一個能夠根據自己的方式自然生活的人是不會有任何悔恨的，他是一個成功的人。所以一個快樂的人，一個喜樂的人是不需要神的。是你的痛苦，是你無法遵遁自然的這份失敗讓神這個謊言變得如此成功。神填補了你的空虛，但是一個全然生活的人是不會空虛的。

我不需要任何神——並不是因為我在哲學上是個無神論者，不，我就只是不需要神而已。我自己的內在是如此地滿足，以至於我不需要任何宗教，我不需要任何祈禱，我也不需要任何靜心。每一個片刻已經是如此的絕妙，如此的喜樂，誰還會去在意那些關於神、天堂和地獄的愚蠢問題呢？那些問題是神智不清的人才會問的問題，而這些神智不清的人是注定會被傳教士以神的名義所剝削的。

所以他們先逼得你發瘋，然後你必須奉獻一些東西給他們。這是一個奇怪的遊戲。傳教士玩的是這個世界上最醜陋的遊戲。他的成功與否完全來自於你的失敗，而你的失敗則來自於你的不自然。

如果你了解的話，我的方式是非常清楚、清晰的：只要讓自己是自然的，那麼神根本就不是什麼問題，天堂、地獄和那些傳教士也不是你的問題。每一個片刻你會是如此地與存在同調，你會像花朵一樣地盛開，你會像孔雀一樣地舞蹈，你會像夜鶯一樣地歌唱。你的生命會有著一種全然不同的芬芳。這種芬芳來自於一個滿足於自己也滿足於存在現況的人，他沒有慾望去做任何的改變，他沒有慾望試圖把這個存在變得更好，也沒有慾望去擔憂死後的事情。

關於這一點，蘇格拉底的話有著非常大的意義。當他面對死亡時，有人問他：「你會在今天落日之後被毒死，你害怕嗎？」

他說：「我為什麼要害怕呢？無論如何只會有兩種情況：一種是我死了，這樣的話，不會有人在那裡感到擔憂，再不然就是我沒有死——這樣的話，我又有什麼要擔憂的呢？只有這兩種可能而已：要嘛就是我完全的離開了，當我完全離開後，不會有人留下來；所以是誰要擔憂呢？是誰會痛苦呢？再不然就是我不會死。而如果我沒有死的話，那我為什麼要擔憂呢？我知道如何過我的生活。我已經如此喜悅的活過我的這一生。如果有任何死後的人生，我會繼續的活下去，我已經知道生活的藝術。而如果沒有死後的人生，那麼我會安息。我知道如何全然、永恆的休息。這也不是問題。所以我要不是繼續舞蹈就是會安息，而我知道這兩者都是美好的。安息有它的美——那是一種永恆的休息，沒有擔憂、沒有絕望、沒有苦悶。再不然我會持續地舞蹈下去，我了解這項藝術。我的舞蹈可以永遠地持續下去。」

一個真正成功的人會有著和蘇格拉底一樣的態度。誰會在意死亡呢？只有那些不曾真正活過的人會擔憂死亡。

這是一件很奇怪的現象。那些從來沒有真正活過的人，他們總是希望自己未來某一天能夠好好地活，不論是明天、後天或甚至死後在天堂裡——那些一直在延遲生命的人是唯一害怕死亡的人，因為他們還不知道生活的藝術。

生活的藝術其實很簡單。就是讓自己成為自然的。你不需要擔心摩奴、摩西、馬哈維亞、穆罕默德那些人——你不需要受到任何人的干擾。他們活過了他們的人生，他們從來不曾擔心其他人。

只要好好學習這個祕密。佛陀活過他自己的人生，他不曾根據任何經典、任何《吠陀經》、任何戒律來生活。他完全是根據他自己的洞見來生活。這也是他的偉大之處。也因為如此，他成為一朵美麗的花，像一朵蓮花美好地綻放在陽光下、在雨裡、在風中，他舞蹈著、享受著。馬哈維亞也活出了他自己的人生。所有那些人都全然地活出了自己的人生，沒有任何罪惡，不受任何教士的干擾，他們都是成功的人。

我只知道一種成功的方式，那就是你的人生必須是**你的**人生；你的人生必須是你自然存在的方式。但是如果你失敗了，如果你無法是真實自然的，那麼神的謊言就會成功。如此一來，你需要尋求某人來照顧你。如此一來，你會擔心死後的世界。你會認為或許神是存在的；如果你不敬拜他的話，你將來要如何面對他呢？所以最好還是敬拜一下，就算神真的不存在，那也無妨；如果神存在的話，你永遠可以說：「我有敬拜過你。」可是這種人是膽小鬼；他們其實不能被稱為是人類。

讓你自己成為真實且自然的，只要誠實地待在你的每一個行動裡。只有當你回到內在，找到自己的中心時，你才能夠真實且自然的活。這個世界上只有一種成功，那就是找到你自己的中心，並且讓那個中心引領你。然後會有一種光亮從這個中心散發出來，從你身上散發出來，而你會變成一個自然的人類。一個自然的人就是佛。

一個不自然的人是病態的、生病的。這麼一來，他是一定會被那些傳教士或是心理分析學家所剝削——心理分析學家是一種新的傳教士。他們無法給你任何東西。他們的心理分析就像宗教一樣的虛假。他們是新的猶太法學專家、新的主教、新的教宗。他們無法給你任何東西，他們只是剝削你而已。傳教士從來不曾為人類帶來任何貢獻，他們只是剝削你，他們是存在裡最大的寄生蟲。

問題

看起來，「神」這個概念來自於一種「這世界上有些什麼大於我們」的感覺。這種「大於我們」的感覺是來自於沒有頭腦(no-mind)的狀態還是其他狀態？

這世界上沒有什麼是大於你的。沒有什麼是大於你自己的，因為你就是這個宇宙。你就是存在，沒有什麼事情比你更偉大。有人把「聖人比你來得神聖」這種觀念輸入到你的內在。但是他們到底做了什麼讓他們變得比你神聖偉大呢？只因為他們一天只吃一餐嗎？但是看一看他們的肚子吧。他們可能只吃一餐，但是那其中有多少卡路里？

我不認為有任何聖人只吃一千六百卡的食物——一千六百卡是我一天食物的卡路里，只有一千六百卡。甚至連你的早餐都可能有兩千大卡！而我一天二十四小時只吃一千六百卡的食物。你一天二十四小時所吃的卡路里必然多達四千或五千卡——這還是當你不是美國人的時候。如果你是美國人的話，那麼還要再加上一千卡。

然後那些人譴責我，他們說我是一個享樂主義者。一千六百卡路里的食物和享樂主義！每餐只有兩小片麵包和一碗湯。然後是同樣的早餐，同樣的午餐，同樣的晚餐——全都是同樣的兩片麵包和一碗湯。

沒有哪一個聖人是靠一千六百卡的食物而存活的。然後他們說我是一個享樂主義者，我是一個物質主義者，我是一個沒有品性的人！只有**你們**知道我的品性。那些從來沒有見過我，從來沒有來過這裡，從來沒有智慧、勇氣或膽量進入這個社區的人，他們認為我沒有品性，只因為我沒有按照他們的經文來生活。

我根據我自己的意識來生活。而根據我的了解，所有世界上那些偉大的人物——蘇格拉底、佛陀、老子、莊子、閏察（Rinzai，禪師，著有《臨濟錄》）或希遷——他們全都是根據他們自己的光亮來生活的。而也是這一點讓他們變得偉大，並且為他們的生命帶來無比的光輝。他們所處的時代非常地反對他們，就像是我現在所處的時代反對我一樣。

但是我的敵人要遠比任何人都來得多，因為我提到的這些人都只生活在某個特定的區域。希遷在中國以外的地方並不為人所知。佛陀在比哈爾省——印度的一個小省分——以外的地方也不為人所知。馬哈維亞在比哈爾省以外的地方也不為人所知。而我卻是一個全世界惡名昭彰的佛——這是有史以來的第一次。但是我整天都待在我的房間裡。我只有晚上才會出來見你們。

我可以了解那些人的問題。那是同樣的老問題：他們沒有辦法接受一頭獅子；他們是綿羊，他們是膽小的人，他們飢渴於金錢、權勢與名聲。他們沒有辦法容忍一個按照自己的洞見與覺知生活的人，他們沒有辦法容忍一個不隨他人起舞，一個不根據宗教、經典而生活的人。因為這種人在上百萬個人身上創造出巨大的自卑感。不然我所做的事情對人們有任何傷害嗎？

但是因為我在世界的知名度——我不是一個區域性的人，一個區域性的佛——世界各地的人都知道我，所以我的敵人也遍布全世界。我也有朋友，我的朋友也遍布全世界。而且很明顯的我的這些朋友是那種少數能夠了解我的洞見，並且準備好依據自己的洞見來生活的人，他們不尋求任何神，他們不尋求任何經典，不尋求任何領導人，他們有勇氣，有膽量獨自前行並且喜悅地舞蹈。

這個世界上沒有什麼是比你偉大的。你的宗教教導你：「你是一個罪人、聖人比你神聖、神比你神聖，你只是一個在地上爬行的渺小生物。」宗教帶給你一種自卑感。這種自卑感會讓你永遠去尋找某個比你偉大的人。但這是不自然的，這是一種被灌輸、被制約、被植入的程式。你被矮化成為一種次人類。你的整個驕傲、尊嚴與光榮都被剝奪了。只留下一個沒有任何榮耀、自尊和尊嚴的你。所以很自然地，你認為一定有什麼人在那裡，比你更高、更偉大。

然後你碰到的是各種欺騙。你只看到他們的外表，你不知道他們的內在。外表上看起來，他們極盡所能地違反自然，而那卻給你一種「這些聖人都非常高等」的印象——因為宗教一直教導你：「除非你能夠超越自然，否則你沒有辦法了解神。」

其實他們唯一所做的就是自我折磨。對我來說，他們是一群需要精神治療的自我虐待狂。但是宗教卻把他們讚揚成聖人。把他們置於你和神之間，但是當然神才是最高的；他住在你上方高遠的天空裡。你曾經想過地球是圓的嗎？當我在美國時，神在我的頭上。但是現在，美國剛好是在我的腳底下。

神高高在上，但是地球是圓的，所以什麼是上，什麼是下呢？那些居住在地球另一端的人，他們的神是在你的腳下，而你的神是在他們的腳下。所以當你高舉雙手祈禱的時候，只要想一想——你正住在一個圓的地球上。所以不要傻了。沒有什麼人是較高的，也沒有什麼人是較低的，只有一個存在。

就是這一點啟發了希遷的開悟——他閱讀著先前師父的經文，那是一個在萬物中感受到同一個生命的師父，一個與存在同調、與存在絕對合一的師父。沒有什麼比你更高，沒有什麼比你更低。只有一個存在，一份生命。而我們是這同一份生命的各種不同展現，而且好的是這個存在有這麼多不同的展現。它讓整個存在更美好，它帶來各種變化，它帶來不同的色彩。它像彩虹一樣。它不單調，而是無比的有趣。

只要不斷的探索，你會發現一些新的東西。在外在世界，科學每天都會發現一些新的事實。而在內在的世界裡，那些一直不斷探索的人，他們會在每個片刻越來越深入自己，深入新的喜悅裡，深入新的歡欣裡。那裡有著一道又一道的門，一扇又一扇的門，這樣一個奧祕是沒有止盡的。

我熱愛這個奧祕的宇宙，我熱愛所有一切從這份奧祕展現的事物。它是深不可測的，也因此它是無可言喻的。

《參同契》經文的第二部分：

希遷寫著：因與果皆來自於這個偉大的真實。

所有一切都來自於這個偉大的真實。再也沒有其他的真實了；這是唯一的一個真實，這個偉大的真實。外在和內在都只是這個偉大真實的兩個面向。每一個因，每一個果，也都是這個偉大真實裡必然的部分。

「高」與「低」是相對的字眼。

不要在意這些字眼。它們是相對的。

但是甚至你那些所謂的偉人也一直為這種奇怪的觀念而受苦。拿破崙，這個你認為偉大與成功的人，他一直非常痛苦，只因為他身高只有五呎五。甚至連他的警衛都幾乎有七呎高。有一天他試著調整牆上的一幅畫，但是他搆不到那幅畫。他的警衛說：「我比你高，我可以替你調整它。」

拿破崙說：「閉嘴！不要用『比較高』這個字眼。你只是身高比我多，而不是比我高。」那個事件碰觸到他脆弱的傷口，而他終其一生一直有著這樣一個傷口。

另外創造出俄國大革命的列寧，他終其一生也有著自卑的痛苦。俄國大革命是這個世界上最大的革命，但是列寧卻一直躲在他的桌子後面，只因為他的腿比他的上半身要短。當他坐著的時候，他的腿總是懸在半空中，無法碰觸到地面。但是他也沒有辦法坐在比較小的椅子上，因為那看起來很奇怪，人們會問他：「你為什麼要坐在這麼小的椅子上？」所以他習慣坐在大椅子上，但是他前面永遠都有一張桌子擋住他的腿。他非常介意自己的腿，他從來不讓任何人真正的靠近他。你只能面對面坐在桌子的另一邊，因為從那裡你無法看到他的腿。就只因為這種不必要的自卑……

所有你認為較高、較低的觀念都是相對的——那都是你自己的想像——因為你持續不斷的比較。每個人都是獨特的，所有的比較都是錯誤的。

光亮裡有著黑暗——因為光亮和黑暗是沒有區別的。這些區別都是相對的。你可以把黑暗定義成沒有多少的光亮，你也可以把光亮定義成不那麼黑暗——這就像是溫度計可以用來測量冷水，也可以用來測量熱水一樣。熱水不那麼冷，而冷水不那麼熱；這些都只是度數問題，而度數是相對的。它們其實是一樣的。

光亮和黑暗是一個整體，是一個現實的兩個極端。有些動物能夠在黑夜裡看到東西。你知道貓頭鷹，你的白天正是牠夜晚的開始。牠會在日出的時候入睡，因為牠的眼睛非常敏感。在光亮之下牠無法張開眼睛，那會傷害牠的眼睛。牠的眼睛是如此的敏感，這讓牠只能夠在黑暗裡看見東西，你所謂的黑暗對貓頭鷹來說是完全的光亮，那種黑暗是光亮的。所以問題只在於你的眼睛所具有的能力。有一些特殊儀器能夠讓你在黑暗中看見東西，你的眼睛會開始有著像貓頭鷹一樣的敏感度。

平常你不會聽到廣播電波的頻率，但是它們必然都在那裡，因為只要你打開收音機，收音機會馬上會收到那些訊號。所以當你覺得周圍沒有廣播電波時，它們其實是存在的——只是你的耳朵沒有辦法捕捉到這些電波而已。

第二次世界大戰時瑞士發生過這樣一件事情，當時有個人耳朵中了一彈。雖然子彈後來被取了出來，他的耳朵也痊癒了，但是一種奇怪的事情發生了：他開始整天都能夠聽到最近的廣播電台的聲音——他無法把這些聲音給關掉。

他告訴護士這件事情。護士沒有辦法相信。她們說：「那一定是你的想像。那是不可能的。你怎麼能夠聽到廣播電台的聲音呢？」

他說：「去把醫生找來。」而醫生也沒有辦法相信他的話。所以他說：「如果你們不相信我的話，就做一些實驗吧，我快要瘋掉了！我沒有辦法可以停止這些聲音。」

雖然他說的話像是瘋子一樣——因為這個人看起來相當清醒——所以他們最後決定做一個實驗來滿足他。他們把一個收音機拿到隔壁的房間裡，然後告訴他：「你寫下你所聽到的聲音。」另外一個房間裡也有一個醫生寫下他從廣播裡所聽到的聲音。當他們比較兩份記錄時，它們是完全一樣的！那個男人的耳朵需要動另外一次手術，好讓他能夠恢復正常。

這顯示了一種可能性，那就是有一天你再也不需要任何收音機。你只需要在耳朵上安裝一個按鈕，而那個按鈕上有著所有的廣播頻道。你只要按下你要收聽的那個頻道，你的耳朵就可以直接收聽了。你再也不需要一個大的收音機或其他任何機器。

這也帶出另外一個還沒有發生的情況。就像是廣播電波一樣，電視電波也同樣經過你的周圍。所以或許未來有一天你只需要換一副眼鏡就夠了。你的眼睛只能接收到某種特定的波長，可是你的眼鏡上可以有著所有的電視電台。你把電視安裝在眼鏡上，只要戴上眼鏡你就可以安靜的享受電視而不受其他人的干擾。

我們從來沒有覺知到有許多事情正發生在我們的周圍。我們甚至沒有覺知到自己的存在，以及發生在我們內在的事情。

希遷是正確的。

> 光亮裡有著黑暗，不要執著於那個黑暗。黑暗裡有著光亮，也不要去尋求光亮。光亮和黑暗是成雙成對的，就像行走時一腳在前一腳在後。萬物各自有他們本質上的價值，在功能和位置上與其他事物互有關聯。這種關聯就如同盒子與蓋子；它們互有關聯地發揮作用，就像在空中會合的兩支箭。

這整個存在和你一起運作著。如果你能夠和存在同在，就像是兩支箭在空中會合一樣，那麼你就成功了。如果存在在這裡，而你的那一方並沒有靠過來卻走向了其他的方向，這就是你的失敗。你可以去任何地方，但是除非你和存在相逢、會和，並且讓你的心跳成為這整個宇宙的心跳，否則你是不會感到滿足的。與存在會和就是一種成功，就是開悟。

> 閱讀上面這些話語，你應該已經捕捉到這份偉大的真實。不要用任何標準來評判，如果

你沒有看到路的話，你就是尚未了解它，即使你正行走在這條路上。

你可能沒有覺知到自己是一個佛，但是你一直攜帶著這個佛。你可能不知道自己正朝著終極的方向前進，但是你正不自覺的走在這條路上。唯一的差別只在於知道和不知道。如果你不知道的話，你會是痛苦的；如果你知道的話，你會帶著喜悅和慶祝舞蹈著。

當你在這條路上前進時，它不近，也不遠。但是如果你受到欺騙的話，你就距離它千山萬水。

只有當你受到欺騙時——在你頭腦的虛構、幻象裡——它是遙遠的，千山萬水般的遙遠。但如果你沒有受騙的話，如果你就只是沒有念頭地保持寧靜，你就在其中了。你和真實之間是沒有距離的，你和存在之間是沒有距離的。就在這個片刻，只需要一些覺知，然後突然間你會發現自己消失在這個遼闊的光輝裡，消失在這個存在的偉大奇蹟裡。

希遷說：我帶著敬重對那些想要開悟的人說，不要徒勞無用地浪費時間。

這是他最後的一句話：「如果你想要開悟的話，不要浪費你的時間。不要延遲到明天。」

就是現在，就是這裡，投入你所有的精力，然後你將會開悟。開悟是你自然的一部分，你不會在其他任何地方發現它。你不需要走上任何朝聖之旅。你也不需要去探訪任何聖地。你不需要相信任何神學、任何宗教。你只需要在這個當下片刻裡，深深挖掘進入你自己的內在。突然間你會發現整個生命開始湧現。

然後你會極度訝異地發現自己就在其中——佛就在你的內在，而不在任何廟宇之中。你一直都在正確的道路上，在你的本性當中，你內在的子宮一直都攜帶著佛。只是你從來不曾看著他。

我對你所有的教導就是往內看，找到你的中心，那也正是整個存在的中心。

蕪村(Buson)寫著：

我日漸年老——
甜美的鳥兒，
你消逝
在秋日的晨曦裡。

他在說：「我日漸年老，就像一隻甜美的鳥兒消逝在秋天的晨曦裡一樣；你曾經看見牠在那裡，然後牠消失在藍天裡……」他是在說：「我也正在日漸年老，甜美的鳥兒，我秋日的晨曦也將會來臨。我也將消失在存在的藍天裡。」這是來自於一個領悟者的話語。

死亡是一道通往神聖的大門，死亡是一道通往存在最深奧祕的大門。你只需要消失，「你」是唯一的問題，「你」是唯一的障礙。只要放掉這個問題，放掉這個障礙，然後所有一切就只是純粹的歡欣和喜樂。

問題

尼采認為人類的能量就像湖泊一樣，而這個湖泊一直是「朝著神而流動的」。他期待有一天這個湖泊能夠停止流向外在，然後創造出一個水壩，讓能量能夠在其中提升得越來越高。看起來尼采的方向是對的，因為他認為人類需要往內。但是這種讓能量在水壩中不斷累積的方式聽起來很危險，好像某種苦行一樣。能否請你就這一點做一些評論。

尼采是一個思想家，一個哲學上的巨擘。但是不論他說了些什麼，那都只是一種邏輯、理性和哲學上的陳述。那不是存在性的。所以試著去了解這一點，一個還沒有超越頭腦的人仍然可以做出某些非常接近真理的陳述。但是即使它非常的接近，它還是有一段距離。

他說到目前為止，人類的能量像是湖泊一樣朝著神的方向往外流動。「他期待有一天這個湖泊能夠停止流向外在，然後創造出一個水壩，讓能量能夠在其中提升得越來越高。」他距離靜心非常的近了。

你的能量往外流向物質、金錢和權力——如果最後你走向宗教的話，你的能量會流向天堂和神，但是所有這些都是外在的。所以你的能量是不斷流失的，最後的結果就是一種絕對的空虛、空無、失敗與無價值感。尼采只是思考著遲早有一天人們必然會開始築起一道水壩來避免這種能量的流失，讓整個能量能夠在內在聚集起來。讓能量與其淺薄地散布於外在，不如讓它像水柱一樣地向上升起。

他說的沒錯，但是那並不是他自己的經驗。他只是想像著或許——「有一天」。而我在這裡提供的就是他想像的那一天。靜心是什麼呢？靜心就是把你所有放在外在的能量帶回到內在最深的空間。而當能量持續不斷的累積時，它們不只是往上提升，它們同時會越來越深入，就像一棵大樹的根一樣。當樹木的根不斷地越扎越深時，它也將不斷地越長越高。

你的意識，你的生命能量完全就是這樣地同時往上提升和往下深入著。它碰觸到地球的最深處——那是你物質的部分。它也碰觸到星辰——那是你靈性的部分。就像樹木不能沒有根一樣，任何無法扎根於大地的靈性是注定會失敗的。

東方清楚地知道它靈性的部分已經失敗了，但是它們仍然繼續堅持物質是違反靈性的。因為這種觀念，整個東方一直飽受貧窮、饑荒之苦，東方從來無法發展出任何能夠有助於人們的科學與科技。而西方的痛苦則在於它們認為只要有根就夠了，不需要有樹木、花朵和果實。但是這麼一來，你要那些根做什麼呢？

西方在科學、科技和客觀研究上有著深植於大地的根，但是內在卻全然的空虛。東方有著巨大的樹木以及朝向星辰伸展的枝葉，但是它們不斷地失敗，因為沒有根基你是無法讓樹木保持挺直的。兩者都需要某種會合。東方和西方，物質和靈性，內在和外在，較高和較低——這兩者必須達成某種融合，唯有如此人類才會是完整的。

而你的擔憂是沒有必要的。你說：「但是這種讓能量在水壩中不斷累積的方式聽起來很危險，好像某種苦行一樣。」

尼采從來沒有意識到任何關於靜心的事情，所以他用的是「水壩」這個字眼。關於他所用的「水壩」這個字眼，你必須把它看成是一個仍然還在頭腦向度裡的哲學家所使用的象徵。尼采的頭腦必然是有史以來地球上曾經有過的偉大頭腦之一，因為即使生活在頭腦的向度裡，他卻可以想像某種超越頭腦的事物。生活在一個沒有出路的黑暗斗室裡，他卻仍然能夠在他的夢想中想像著日出。他並沒有真的看見過它。他可以在他的夢裡想像美好的花朵——想像那些他從來沒有見過的花朵。他的想像能力是偉大且值得被讚揚的。

不，他不是一個苦行者。他完全反對苦行的方式，所以他的意思不是你所擔心的那一種。雖然把你的能量積聚在內在聽起來像是為能量創造了一個牢籠，讓它們無法往外流動。但那只是他沒有辦法找到適當的象徵字眼，只是因為他從來沒有過經驗。

當你讓能量像水柱一樣地上升，而同時深入到最極致的深處時，你會同時擁有這兩個世界——內在的世界和外在的世界，因為內在和外在是同一股能量的兩種向度。當然你不會朝著神的方向流動，因為神是虛構的。你會朝著真正的意識海洋流動；你會消失於其中。

那不是一種苦行。尼采絕對不是一個苦行者，所以那不是他的意思。但是一個沒有眼睛卻談論著光亮的人——而且他是**如此地接近**它了！——是絕對值得讚揚的。他沒有眼睛能夠看，所以他對於光亮毫無概念，但是光透過思考，他已經非常接近了。同樣的，他沒有辦法做出正確的陳述，那些陳述是大約正確的，但是從來沒有任何哲學家曾經如此地接近過真實。尼采的美是偉大的。

現在該是來點笑聲的時候了。

有一天下午在天堂珍珠色的大門邊，聖彼得正在檢查二十個剛剛抵達，即將要接受審判的已婚婦女。

聖彼得說：「現在，各位女士們，如果你們有任何人在地球上對先生不忠的話，請往前走一步！還有記得，不要說謊，不要作弊！我總是有辦法可以檢查出來的。」

馬上，十九個婦女往前跨了一步，只有一個女人單獨待在原地。聖彼得沉默地點了一下頭，然後走道電話旁邊。他撥了通往地獄的電話。

聖彼得說：「嗨，撒旦。我現在把二十個不忠的婦女送到你那裡去——但是小心一點。其中一個已經完全聾了！」

有一天早上，謝爾比醫生辦公室的電話響了。醫生拿起電話，很高興的說：「早安！」

布倫達在電話另外一端急促的說：「對你來說，這或許是個美好的早晨，但是自從你替我先生進行治療後，我就沒有哪一天早上是安寧的。」

醫生說：「布倫達女士，我很抱歉聽到這一點。是有什麼問題嗎？」

布倫達發牢騷地說：「在我先生去找你之前，他是一個完美的先生和父親。但是現在他簡直就像個流氓一樣。以前他會告訴我我有多美——現在他總說我是一個又老又醜的惡婆娘！他以前熱愛我們的家庭生活，但是現在他老是批評我做的家事，他痛恨孩子，而且不停追著路上那些走過的單身婦女！我認為是你替他注射的賀爾蒙完全改變了他的人格！」

謝爾比醫生說：「嗯，我只是想讓你知道，我沒有替你先生進行任何一種注射。我唯一做的就是幫他換了一副隱形眼鏡而已！」

靜心：

安靜下來……

閉上你的眼睛，感覺你的身體全然的凍結。

這是你回到內在的最佳時機。聚集你的能量，你全然的意識，帶著一種迫切性衝向你存在的中心，就好像這是你生命中的最後一刻。

唯有帶著如此的迫切性，人們才會開悟。

越來越快……

越來越深……

當你越來越接近中心時，一種偉大的寧靜會來到你身上。它就像是細雨一般地落在你身上，如此涼爽、如此真實，又如此奧祕。

這個大佛堂已經成為絕對的寧靜，就好像沒有人在這裡一樣。

再深一點，更加靠近你的存在。突然間你會很驚訝的發現一股巨大的平靜之泉在你的周圍湧現出來。

再靠近一點，然後一種神性的沉醉感第一次出現在你身上，那是你從來沒有經驗過的深沉喜樂和歡欣。

再往前一步，你就到達了最深的中心。突然間你會看見自己不存在了。

在這個中心裡有的是你隱藏起來的本性，你最初的臉孔。

我們以佛陀的臉為象徵，他代表了每一個人最初的臉孔。所以讓我這麼說，你會消失，而只有佛存在。換句話說，你不在了，只有存在還在。而這是一種偉大的經驗，它同時是意識的最高峰和最深之處。

你在這裡唯一需要記得的是佛只由一種元素所構成，那就是意識、覺知與觀照——這些都是觀照的不同名稱。

就像是鏡子映照般地觀照著——沒有批判，沒有欣賞，沒有認同。

觀照你不是這個身體。

觀照你不是這個頭腦。

觀照你只是一份觀照。

放鬆下來……但是持續盡可能清楚地觀照。

佛曾經把這份觀照稱為sammasati——正確的記憶。你必須記得你是一個佛。你不是這個身體，你不是這個頭腦。你只是一份純粹的意識。

而當你的觀照越來越深時，你開始像冰塊一樣地溶解在海洋裡。這個大佛堂會變成一片汪洋，而你像冰塊一樣地消失在其中。沒有波浪，沒有漣漪——如此地寧靜！

你是這整個存在的中心。現在你可以感受到你的心跳和整個宇宙的心跳是同步的。全然的未知，陌生的花朵灑落在你身上。

整個存在正歡欣於你進入這個屬於超越的世界。超越頭腦就是進入這整個宇宙裡。頭腦是你的監獄。超越它就是你的自由。

盡可能收集更多的經驗：所有這些花朵，這些芬芳，這份寧靜，這份安詳，這份澄澈，這份安寧，這份平靜，以及這份神聖的喜樂與光輝，顯示了你就是佛，你與這個存在是合一的。

在這個片刻裡，你是這個世界上最幸運的人。因為全世界的人都只在意那些枝微末節。我說你們是一群受到祝福的人，那是因為你們所關注的是那個最終極、最本質、最永恆的。

神已死，禪是唯一現存的真理。

禪的意思正是你在這個片刻裡所經驗的：一個天真的明鏡。

有一件事情是你必須記得的：不要忘記說服這個佛和你一起回來。他已經來了，他是你的自然本性，而且他好幾個世紀、甚至幾千年以來一直隱藏在你的中心裡。而他一直等待著你的邀請。邀請他！歡迎他！請求他！

這個佛需要來到你的日常生活裡，來到你的行動中，來到你的舉止間，來到你的話語中，來到你的寧靜裡……你必須感受到他的優雅和他的存在。

當你完全被佛所充滿時，所有這些寧靜、善美、喜樂和神聖喜悅的經驗，會開始洋溢在你的每一個舉止當中……

在你的存在中有著一種能量場；這是第一次你成為你自己的一個奧祕、一個神壇、一個神聖之地；這也是那個佛即將成長綻放之地。

你的這個身軀就是佛的身軀，這個世界就是蓮花天堂。

回來……以一個佛的方式回來，帶著同樣的平靜，同樣的寧靜，同樣的安寧。

靜靜的坐著一會兒，只要記得你剛剛經歷過的金色道路，你剛剛經歷過的經驗。

必然有些芬芳跟隨著你回來。

必然有些寧靜圍繞在你的周圍。

有些平靜會從你身上洋溢出來。

而你仍然會感受到某種沉醉感。

記得在你的後方有著一種新的存在矗立在那裡，那是佛的存在，一個覺醒者的存在。

曾經有過上千個佛出現。佛不是某一個人的專屬權力，他是每個人與生俱來的權力。

有三個成為佛的步驟。

第一步：佛的到來是因為你的邀請，他會像影子一樣的跟隨著你。

第二步：當你越來越能夠與這個佛同步時，他會來到你的前方。你會變成影子跟隨在佛的後面。而當你變成一道影子時，你會開始消失。影子是不存在的。

第三步：你已經全然的消失了，你甚至不再是個影子。你已經完全消失進入那個佛裡面。你已經融化成為那終極意識的一部分。你已經和存在合為一體了。

這是唯一實存的真理。

我不教導你任何哲學。我教導你存在、真理、美和光輝。所有這些都會毫不費力的出現在第三個步驟裡——那是從一個人類質變成新人類的步驟。

這個新人類就是尼采所說的超人，他是覺醒的人，也是東方奧祕裡所說的佛。

我的整個努力就是讓東方和西方會合，甚至不只是會合，而是融合在一起，讓物質和靈性深深地融合在一起，讓左巴和佛陀融合在一起。當你同時是這兩者——外在世界是左巴，而內在世界是佛——的時候，你就是一個完整的人。而完整的人是唯一具有神性的人，除此之外，沒有其他的可能了。

第7章

神是傳教士的生意

當隱峰（五台山隱峰禪師）向馬祖辭行時，馬祖問他：「你要去哪裡？」

隱峰答道：「我去希遷那裡。」

馬祖告誡他：「石頭路滑。」

隱峰說：「我有一根雜耍的竿子——我可以隨時作戲。」

隱峰帶著竿子離去。當隱峰到了希遷那裡，他繞著希遷的禪座走了一圈，他呼喝著用竿子敲擊著石座問說：「此性的宗旨是什麼？」

希遷說：「難過啊！難過！」

隱峰無言以對，他回去告訴馬祖整個情況。馬祖說：「你再去一次，然後當希遷要開口說『難過啊！』的時候，你就開始哭。」

所以隱峰又回到希遷那裡，又問了一次：「此性的宗旨是什麼？」

那個時候，希遷開始哭了起來。

隱峰再一次無法應對而離開，回到馬祖那裡。馬祖說：「我已經告訴過你：石頭路滑。」

朋友們，我們先回答問題。

問題

人類似乎喜歡被告知該怎麼辦。就算我們沒有一個「神」，我們也會找其他人來告訴我們什麼是好的、壞的，什麼又是對的、錯的。為什麼我們如此抗拒自己思考？

問題不在於思考。事實上你的思考已經太多了。問題在於如何停止思考，然後正視每一個你當下面對的處境。如果你不思考的話，其中不會有任何障礙，你的眼睛也不會有塵埃；你可以清楚的看。而當你擁有這樣一份清晰的時候，你不會有好或壞這種二擇一的情況。伴隨著這樣一份清晰，會有一種毫不選擇的意識出現。而你只會去做那些好的事情——它並不是出於你的努力。它是非常自然地從一個人的覺知、意識與清醒裡出現的。這種人沒有辦法想像任何壞事或邪惡的事。他的整個覺知都指向那些良善的事情。

所以你的問題並不是因為你抗拒為自己思考。你沒有辦法為自己思考的，因為良善的視野是不屬於頭腦的。而你只知道頭腦的向度，所以你才會有這些問題的出現。因為你只知道頭腦的向度，你還沒有一種清晰度。你有上百個思想不斷地在頭腦裡運轉著。那裡二十四小時都是交通尖峰期；一堆思緒不斷進行著，像雲霧般不斷地快速移動著，以至於你完全淹沒在這些雲霧裡。你的眼睛幾乎是盲目的，因為你內在的敏感度完全被那些思緒給遮蔽了。

透過頭腦你沒有辦法知道什麼是好的，什麼是壞的。所以你必須依賴他人。這份依賴是絕對自然的，因為頭腦本身就是一個依賴的現象；它一直依賴著他人；它的所有知識都是外借來的。

所有你頭腦裡所知道的不是來自於父母，就是來自於那些傳教士、老師或社會。只要觀察一下，你無法找到任何一個思想是來自你自己的。

所有一切都是借來的；頭腦透過這些外借來的知識存活。不論什麼樣的情境，它都想要有人引導它。你的一生一直是由他人所引導的。一開始的時候是你的父母告訴你什麼是對的，什麼是錯的。後來是你的老師，之後是你的傳教士，或是你的鄰居……他們並不是真的知道，他們所知道的事情也是向別人借來的。

這種外借而來的情況延續了好幾個世紀，一代又一代不斷的發生。每一個新世代都遺傳到所有的疾病，他只是前一代的複製品、一種反射、一道影子，他沒有自己的原創力。因為這種情況，所以你需要一個神，一個最終極的引導。你沒有辦法再依賴你的父母，因為當你逐漸長大後，你開始看見他們的虛偽和謊言，你開始發現他們的建議並不完美；他們也是會犯錯的人類。而孩子一直相信自己的父母是不會犯錯的。

但那並不是父母的錯，而是孩子的天真；孩子信任他的雙親，他們兩個都愛他。但是當他長大變得稍微成熟一點的時候，他會發現父母所說的不見得是真的。

在我小的時候，有一天當我在玩耍的時候——當時我大概五歲或六歲……那時常常有一個人會來找我父親，他是一個很無趣的人，我父親開始對這個人感到厭煩。所以我父親把我叫到他面前，他告訴我：「我看到這個人又要來找我了；他只會不必要的浪費我的時間，要擺脫他是很困難的一件事。我以前總是告訴他我必須出門了，所以我跟他說：『我現在有其他的約會。』雖然我不見得真的有約會，我只是想要擺脫他而已。但是他甚至會跟我說：『我跟你一起走吧，這樣我們在路上還能好好聊一聊。』可是那根本不是什麼聊天，只是他一個人在自說自話而已。他不停的說，然後用這個來折磨其他人。」

我父親對我說：「我現在進去裡面，你繼續在外面玩耍，當那個人來的時候，你就告訴他我出門了。」

事。

我父親過去一直跟我說：「永遠不要說謊。」所以我當時很震驚，這是完全相互矛盾的事。

當那個人來問我：「你父親在哪裡？」我說：「他在裡面，但是他說他出門了。」我父親在裡面聽到我說的話，然後那個人跟著我進門，我父親在他面前完全說不出話。那個人在兩三個小時後離開了，我父親當時不是對那個人生氣，而是對我生氣。

他說：「我告訴過你跟他說：『我出門了。』」

我說：「沒錯，這就是我告訴他的話。我就是這樣告訴他的：『我父親要我告訴你他出門了。但是他在家裡，事實是他在家裡。』你一直教導我無論如何都要說實話。所以我已經準備好接受這個結果。如果你要處罰我的話，那就處罰吧。但是記得，如果說實話被處罰的話，那真實就被摧毀了。真實是必須被讚賞的。給我一些獎勵，不論任何情況，我還會繼續說實話。」

我父親看著我說：「你很聰明。」

我說：「這一點你早就知道了。只要給我一些獎勵。我剛剛說了實話。」

他不得不給我一些獎賞；他給了我一魯比的紙鈔。而當時一魯比幾乎可以讓人維持半個月的生活。他說：「去買任何你想要的東西吧！」

我說：「你要記得。如果你要我說謊的話，我會告訴對方是你要我這樣做的。說謊的不是我。而每一次你做出相反的事情時，你都必須給我一些獎勵。所以不要再說謊了。如果你不要那個人來拜訪你的話，你應該直接告訴他你沒有時間陪他，而且你不喜歡聽他那些無聊的話語，因為他總是一再重複同樣的事情。你到底在害怕什麼？你為什麼要說謊呢？」

他說：「問題在於他是我最好的顧客。」

我父親擁有一家很美的服裝店，而那個人是個有錢人。他常常會買許多衣服給他的家人、親戚和朋友。他是一個很大方的人——他唯一的問題就是他很無趣。所以我父親說：「我必須忍受他的無聊，因為他是我最好的客戶，我不能失去他這個顧客。」

我說：「這是你的問題，不是我的問題。你之所以說謊是因為他是你最好的客戶，我會去告訴他這一點的。」

我父親說：「等等！」

我說：「我不能等，因為我必須馬上讓他知道，你之所以忍受他的無趣，是因為他是你最好的顧客——而且你必須因為我的實話而給我一些獎勵。」

我父親說：「你真是一個麻煩的孩子。你會毀了我最好的顧客，而我還必須獎勵你？千萬別這樣做。」

但是我做了。而我得到了兩份獎勵——其中一份來自於那個無趣的人，因為我告訴他：

「事實是值得被鼓勵的，所以給我一些獎勵，因為我毀了我父親最好的顧客。」

那個人給了我一個擁抱，還給了我兩個魯比。我說：「記得，繼續去我父親的店裡買東西，但是不要讓他感到無趣。如果你想要說話的話，你可以對著牆壁說話，對著樹木說話。整個世界都在那裡。你可以把自己關在房間裡對自己說話。然後**你**會開始覺得無趣的。」

然後我告訴我父親：「別擔心。你看我從你這裡拿到一個魯比，我從他那裡拿到兩個魯比。現在我還缺一個魯比；你要給我一個魯比，因為我說了實話。但是不用擔心。我讓他變成了一個比較好的顧客，他再也不會來煩你了。他答應過我的。」

我父親說：「你製造了一個奇蹟！」自從那一天起，那個人從來沒有來找我父親，就算他來了，也只會待上一兩分鐘，打個招呼然後就離開了。而他還繼續在我父親的店裡買東西。

他對我父親說：「因為你的兒子所以我繼續來這裡買東西。不然我其實是覺得很受傷的，但是那個小男孩做到了兩件事情。他讓我不再來煩你，而且他要求我：『繼續在我父親的店裡買東西，他需要你的生意。』他從我這裡拿到了兩個魯比——而且他告訴我一個讓我如此震驚的事情。從來沒有人有膽子告訴我：我是一個無趣的人。」

他是鎮上最有錢的人，每個人都多多少少和他有些關係。有的人跟他借錢，有的人跟他租借田地來耕作。他是鎮上最有錢的大地主。每個人多少都受惠於他，所以沒有人有勇氣告訴他：他是一個無趣的人。他說：「我覺得非常震驚，但是我知道那是事實。我知道自己很無趣。我甚至對我自己的念頭感到無聊。那就是為什麼我去別人那裡騷擾他們，就只為了擺脫我自己的念頭。如果我對我自己的念頭都覺得無聊了，我知道別人一定也會覺得無聊的。但是每個人都接受過我的幫助，只有這個男孩沒有人情上的問題，也不害怕結果。而且他有膽量！他要求我獎勵他。他對我說：『如果你不獎勵真實的話，你就是在鼓勵謊言。』」

這就是為什麼這個社會處在一個如此瘋狂的狀態裡。每個人都教導你要誠實，但當你誠實的時候，卻沒有獲得獎勵，他們製造出這種精神分裂的情況。印度政府有這樣一句座右銘：「Satyameva jayate——真實永遠會勝利」。那是他們的座右銘。但是每一個政客都持續不斷地對人們說謊，持續做出那些他們知道自己沒有辦法達成的承諾。每一個法院裡都寫著「Satyameva jayate——真實永遠會勝利」。但是每一個法院裡獲得勝利的都不是事實，而永遠是那些比較有效率、比較善於辯論的律師。至於他是支持還是反對罪犯一點也不重要。

我曾經認識一位副校長，他是這個世界上最厲害的法律專家。他有三間辦公室，一間在倫敦，一間在新德里，一間在北京。他總是不斷地在每個國家裡來回穿梭，而他從來沒有輸過任何一場官司。他處理的都是牽涉到上百萬美元的官司……印度各地區的國王都是他的客戶；但是他卻是一個酒鬼。

有一次，他在倫敦的樞密院為一場法律訴訟進行辯論，那是大英帝國底下的印度最高法院。印度的高等法院位於印度，但是如果你要上訴到最高法院的話，那就必須到英國倫敦的樞密院。這個副校長是樞密院裡的一員；他不斷地在樞密院進行法律辯護。

有一天他在舞會上喝太多酒了。因此隔天他有宿醉的情況，而且是醉醺醺的。但是那一天他必須到法院去，那場訴訟牽涉到印度的兩個行政區，烏代普爾(Udaipur)和齋浦爾(Jaipur)——為了某一塊地的歸屬問題而進行訴訟，那塊地廣達上千英畝。而他因為宿醉的關係，忘了自己到底是為哪一方——烏代普爾還是齋浦爾——進行辯論。

他不斷的批評齋浦爾那一方；他所有的辯論都在反駁齋浦爾那個行政區。他的祕書好幾次試著拉他的外套，但是他根本不理會。到了午餐時間，法院休息一個小時，他的祕書告訴他：「你毀了這整個訴訟，你是替齋浦爾這一方辯論的人，而你剛才所說的完全是反對齋浦爾的話。而且你為對方的律師製造了一個大麻煩，他原本應該要反駁你的，但是那個優秀的律師完全不知道該怎麼辦才好。所有他準備好的辯論詞，都被你用來反對齋浦爾了。」

那時候，他的宿醉已經清醒了；他說：「別擔心，我們還有時間。」

午餐之後，他對法庭說：「午餐之前，我提出的所有辯論都是對方可能會提出的。現在我要開始就對方的辯論進行反駁，透過反駁來辯論，因為我站在這裡代表了齋浦爾。」然後他非常聰明地反駁了自己之前的辯論內容。

當他告訴我這個事情時……我過去時常會去看他。他非常喜歡我。他總是對我說：「你應該加入法律系，而不是哲學系。」

我說：「那不是我的領域。」但是他喜歡我的各種辯論。

他說：「這會是法律界和法律組織的一項重大損失。你有著如此的辯才，你可以成為舉世聞名的法律專家的。」

我說：「我會變成全世界惡名昭彰的非法專家。你不要擔心我了。」

但是他很喜歡我，所以他告訴我這件事情。

那些訴訟跟事實一點關係也沒有，它的問題在於誰是比較好的辯論員而已。就某方面來說，每個政府、宗教和傳道者都不斷地說：「你應該說實話。」但是社會並不獎勵實話。

我最近收到馬德拉斯一家法律事務所的威脅信函，信上說我冒犯了他們客戶的宗教情感。我對我的法律祕書說：寫信告訴他們，第一，沒有宗教情感這回事。宗教是超越情感、超越思想也超越頭腦的。只有宗教迷信這回事。一個真正具有宗教精神的人是不會受傷的。因為他知道真理。讓你受傷的是你生活裡的那些謊言。真理永遠會讓謊言受傷。所以你應該告訴你的客戶成為一個真正具有宗教精神的人。超越頭腦，超越那些感情用事、情緒和思想，這麼一來他就不會覺得受傷了。但是如果你要上法院的話，你可以去。我這一生一直在法院上就「人們的宗教情感受到傷害」這一點進行辯論。我一直告訴法官：「如果我說的是事實，而某人的情感因此而受到傷害，你認為我必須因此而受到懲罰嗎？是對方需要進行心理治療。如果對方的宗教情感是如此脆弱的話，那表示他所擁有的不過是信念而已。他根本還不知道宗教是什麼。而如果真理讓人們受傷，你會做什麼樣的建議呢？我應該開始說謊嗎？」通常這時候那些法官會開始左顧右盼——因為他們能怎麼辦呢？他們沒辦法對我說我應該開始說謊，所以他們變得完全不知如何是好。

當我第一次進行法院訴訟時，他們讓我在《聖經》、《可蘭經》和《博伽梵歌》裡選擇我屬於哪一個宗教。然後他們要求我拿著我選擇的那本經書——所有那些書當時都放在桌上——宣誓說我只會說實話。

我說：「有一個理由讓我沒有辦法這樣做，因為這三本書裡都充滿了謊言。而要根據一本充滿謊言的書來進行宣誓是一件絕對荒謬的事；你是個聰明人，你知道我的意思。第二，我沒有辦法宣誓，因為我一直都說實話。如果我宣誓的話，那意味著除非我發誓，否則我不會說實話。這其中的暗示非常清楚。你在暗示我：我是一個不誠實的人。你這是在侮辱我。如果我侮辱你的話，你會說這個法庭受到侮辱。但是透過你要求我發誓，你正在侮辱我。我不能做這個宣誓，因為我只會說實話。根本不需要宣誓。」

那個法官看著我說：「我可以了解你的意思，但是這帶來一個麻煩。因為如果不進行宣誓的話，我們沒有辦法開這個庭。」

我說：「那不是我的問題。誰想要開這個庭呢？這場訴訟是對方想要的。我可以現在就回家。」

他說：「我會給你一個特例，因為你說你待會會說實話。」

我說：「我沒有這樣說過，我說的是我只說實話。而那就是問題所在，這些人對實話感到受傷。我說神不存在，而他們相信神。所以應該是他們要證明神的存在，這是他們的問題，不是我的問題。我再說一次：神不存在。現在他們必須提出證據證明神的存在。」

我問法官說：「你的看法如何？你相信神嗎？你有任何證據、任何證人曾經見過神嗎？你能夠說你見過神嗎？」

他說：「看起來你像是這裡的法官，而我是這裡的犯人。」

我說：「真理永遠獲勝。這句話就在你背後。你看一看它。」

他們放棄了那個訴訟。我有上百個訴訟是這樣結束的。但是這個社會不斷地獎勵那些安慰你的人。即使他們是用謊言來安慰你。

曾經有一次有一個人過世了，他太太非常的絕望難過，她一直不停地哭。我的一個鄰居去看她時說：「不要擔心，靈魂是不朽的。你的先生沒有死，死的只是他的身體而已；他的靈魂是不朽的，不會死的。所以你不需要這麼難過、絕望地哭泣，這是沒有必要的。」

我站在他旁邊聽著。我當時想：「讓我等著看吧。當這個傢伙的家裡有人過世時，我會去看看他的情況。」兩年之後，這個人的父親過世了。我馬上去他家裡。

我父親問我說：「你要去哪裡？」我說：「我去的地方和你要去的地方一樣。」因為他正要去參加他們的喪禮；那個鄰居過世了，而那是他的老朋友。我父親對我說：「他是我的老朋友。但是你為什麼要去呢？」

我說：「我要去照顧他的兒子，因為那個笨蛋曾經告訴過一個先生過世的女人『不要哭，靈魂是不朽的』。現在，我要去看看他是否在哭泣。」

而他確實在哭泣。我說：「停止你的眼淚。你曾經告訴過那個可憐的女人『靈魂是不朽的』。現在怎麼了？你父親的靈魂難道不是不朽的嗎？停止你的眼淚。」

他說：「你是一個奇怪的人。我現在是這麼的難過。」

我說：「那兩年前又是怎麼回事？當別人的先生過世時，你卻告訴她一些偉大而動聽的話。那些都是謊言！你現在的淚水證明了你當時在說謊。如果你當時說的是實話，那麼你是不會有這些淚水的。你父親的靈魂是不朽的。」

他說：「我知道這一點。但是能怎麼辦呢？我覺得難過。」

我對他說：「當時那個女人也同樣知道這一點。」

所有的知識都是外借來的；所有外借來的知識都是謊言。在你的內在深處，你並不同意它們；在你的內在深處，你懷疑它們。

所以你現在問我：「人類似乎喜歡被告知該怎麼辦。就算我們沒有一個『神』，我們也會找其他人來告訴我們什麼是好的、壞的，什麼又是對的、錯的。」而你覺得並且認為會有這種情形發生是因為人們抗拒為自己思考。不，事情和你想的不一樣。問題不在於抗拒思考。因為思考是沒有辦法解決問題的。

比如說，一個人掉進了井裡。現在把他拉出來是好還是壞？你可以透過思考來決定嗎？你可能認為拯救那個人是件好事；但如果你救了他，而明天他殺了另外一個人的話，那麼你是有責任的，至少你要為那個謀殺負百分之五十的責任。如果你沒有救起那個人的話，不會有謀殺事件發生。

印度有一個宗教叫做特往盤斯(Terapanth)，它的教義說：「不要干涉他人的生命。如果有人溺水，你仍然繼續前進。不要傾聽他的呼救。那個人可能高喊著：『救我！』但是你不要去傾聽，因為他現在的痛苦是來自於他過去邪惡的行為。如果你介入的話，你會犯下兩種罪。首先，你干涉了他個人的生命。他的痛苦是因為他個人邪惡的行為。他必須因此而受苦；如果你現在不讓他受苦的話，未來有一天他會再度掉下去。最好現在就讓他結束他過去的惡行。第二點，透過拯救他，你承擔了無比的責任。他可能會去強暴某個女人，他可能會去謀殺某個人。他可能變成一個小偷，而你必須為這些事情負起責任。所以你等於把不必要的責任承擔到自己身上，而那會干擾你自己的靈性成長。

所以特往盤斯教派的追隨者說：「不要給乞丐任何食物。他現在之所以是乞丐是因為他前世的業力所造成的。」他們不相信慈善行為，他們不相信慈悲，他們不認為你要協助任何處於困境中的人。他們認為你應該要保持疏離，否則你會承擔一些不必要的責任，而那會變成你的負擔。你的首要任務就是擺脫你自己的惡行，而現在你居然去承擔屬於別人的責任？你這樣是永遠不會開悟的。所以這個教派的跟隨者變得非常不人性；對他們來說所有一切都不重要。

思考沒有辦法決定任何事情，因為在某種情況下好的事情，在另外一種情況下可能是壞事。有時候毒藥可能變成解藥，而有時候甚至連解藥都可能變成毒藥——你必須了解生命這種不斷變化的流動性。

所以你沒有辦法透過思考來決定事情。問題不在於某種邏輯推理後的決定，問題在於一種毫不選擇的覺知。你需要一個沒有思想的頭腦。換句話說，你需要的是沒有頭腦的，就只是純粹的寧靜，好讓你能夠直接洞悉事物。然後你會出於這份澄澈自然地做出選擇；而不是你在選擇。如此你將會像一個佛一樣地行動，你的行動裡會有一種美，你的行動裡會有一種真實，你的行動裡會有著神性的芬芳。而不需要由你來做任何的選擇。

你之所以必須尋求指引是因為你還不知道自己內在的指引就隱藏在你身上。你需要找到這個內在的指引，那就是我所稱的「你的觀照」。那就是我所稱的你的道，那就是我所說的「你本質上的佛」。你必須喚醒這個佛，然後你的生命會開始出現喜樂與祝福。你的生命會散發出善美與神性，而那是你無法想像的一種狀態。

就像光亮一樣。當你的房間是黑暗的時候，你只要把光亮帶進來。即使是一道小小的燭光都會帶來改變，所有的黑暗都將會消失。一旦你有了這道燭光，你會知道門在哪裡。你將不再需要思考：「門在哪裡？」只有盲目的人會思考：「門在哪裡？」那些有眼睛，可以看到光亮的人不會做這種思考。你曾經思考過「門在哪裡嗎？」你就只是站起來走出去而已。你完全不會有任何絲毫的考慮去想著門在哪裡。你不會去摸索尋找門的位置，或是讓頭撞在牆上。你就只是直接看到門在那裡，而這其中甚至沒有一點點的思考。你就只是直接走出去。

當你超越頭腦之後也會是這樣的情況。當你發現天空裡沒有任何雲霧，而又充滿光亮的陽光時，你不會去思考：「太陽在哪裡？」只有當有許多雲霧遮蔽了太陽的時候，你才需要去想：「太陽在哪裡？」

你自己的存在被思想、情緒、情感所遮蔽著，這些都是屬於頭腦的產物。只要把它們放到一邊去，如此一來，不論你做什麼都會是好的——這並不是因為你遵循了某個經典，也不是因為你遵循了某個戒律或跟隨了某一個宗教領袖。你會根據你自己的權利來引導你的人生。這正是身為一個人所擁有的尊嚴：成為自己人生的指引。這會讓人成為一頭獅子，把他從一頭一直尋求他人保護的綿羊蛻變成一頭獅子。

但是，不是只有你會碰到這樣的問題，這是整個人類的問題。你一直被他人灌輸「什麼是對、什麼是錯」的程式。

所以神不存在，那些神聖的經典不存在，也不會有所謂耶穌基督這種神的兒子來拯救你，然後那個代表了耶穌基督神之子的教宗也就沒有任何意義了，因為神之子這回事根本不存在！你要如何成為某個不存在的人的兒子呢？要當一個不存在的人的兒子，那只表示你是一個瘋子，而教宗正代表了耶穌基督這個瘋子。

每個教宗都說自己是不會犯錯的，而每個教宗卻又和其他教宗彼此互相矛盾。這兩千年來時常會有這樣的情況，那就是某一個教宗有某一種特定的做法，然後另外一個教宗出現時推翻了這種做法，改變了規則。不可能兩個都是對的。不可能兩個都沒有錯。倒是很有可能兩個都是錯的，但是不可能兩個都是對的。兩個教宗裡必然有一個是錯的——但是如果有一個教宗是錯的，那麼那種保證教宗不會出錯的說法必然也是錯的了。

而且這些教宗是被選出來的，你會選出一個佛嗎？你能夠透過選舉決定誰是佛嗎？這麼一來你的那些政客都可以變成佛，而你真正的佛不會得到任何選票，因為你的佛不會向人乞討。一個佛不會在意你是否認為他是一個佛。

教宗是被選出來的。而且你會很驚訝的知道甚至連耶穌也是在他過世三百年後，由康斯坦丁所主導的會議選拔他成為一個神聖的人。這場會議就是著名的尼西亞宗教會議（Nicene Council）。耶穌是透過選舉、投票而被決定他是一個神聖的人的。

你沒有辦法透過投票來決定耶穌是神聖的。你沒有辦法透過投票來決定愛因斯坦是對還是錯的——你沒有辦法讓那些完全不懂數學、不懂物理學的人來投票做這種決定。由一群對神性毫無經驗的人來投票決定支持耶穌還是反對耶穌！決定他是否神聖！而且還是在他過世三百年以後！當時的人們對耶穌一無所知，而且他們對於神性毫無經驗也毫無概念，但是卻是由這些人來投票表決的。

那個投票表決的過程完全是由康斯坦丁大帝一手所主導的；他強迫人們投票贊成耶穌是神聖的。而因為那些人無法對抗皇帝，所以他們也只好投票支持耶穌是神聖的。在這之後，康斯坦丁要他們投票表決的第二件事情就是：雖然耶穌是神聖的，雖然他是一個彌賽亞，但是他的任務失敗了。康斯坦丁對與會人士說：「我是**真正的**彌賽亞，你們現在投票支持我吧。我是一個真正的彌賽亞，而且還是一個成功的彌賽亞。」他把整個羅馬帝國轉變成基督教。那就是為什麼梵諦岡是在義大利。義大利是當時羅馬帝國的中心，在康斯坦丁的影響之下，整個羅馬帝國都轉變成基督教。所以他當然要比耶穌來得成功許多。

你不會認為耶穌是成功的。他被釘死在十字架上，他是一個可憐的傢伙，你會說那是一種成功嗎？當耶穌被釘在十字架上的時候，他的兩旁各有一名罪犯……甚至連他們都在**嘲笑**他。那兩個人也被釘上十字架，但是他們是真的罪犯，所以那不是什麼問題；他們知道這種懲罰是公平的。

而耶穌對那兩個人說……首先他對其中一個罪犯說：「不要擔心，你會和我一起上天堂的。我是神的兒子，所以我會幫助你進入天堂。」然後他對另外一個人也說了同樣的話，之後兩個人開始嘲笑他。他們說：「你甚至沒有辦法拯救你自己了！而且我們知道你不是罪犯，我們知道。你沒有犯下任何罪，但你卻被釘在十字架上。你現在連自己都救不了了，然後你還承諾說你會拯救我們？」

康斯坦丁強迫尼西亞會議接受他是真正的彌賽亞——當然還是一個成功的彌賽亞；他把整個羅馬帝國轉變成基督教。

耶穌只有十二個使徒，他們都是沒有受過什麼教育的木匠和漁夫，他們是未經教化的——他們之中沒有任何法學專家或老師，也從來沒有任何一個受過教育的人跟隨過他。那些受過教育的文化之士從來不曾聚集到他身邊來。

但是羅馬帝國的總督彼拉多——猶太地區當時受到羅馬帝國的統治——曾經從他的妻子那裡聽過關於耶穌這個人的事。因為有一次當耶穌對群眾演講時，她意外地經過，她停下馬車。她在馬車上聽著耶穌的演講，她很喜歡他所說的話。那些話語非常的優美。所以她告訴她先生：「這個人有點不一樣，他有一些特殊的品質。我從來沒有聽過任何人的話語有著如此的權威性以及美感。而且他還是一個沒有受過教育的年輕人。」——耶穌當時才三十歲，他是三十三歲被處死的。彼拉多身為總督無法直接去聽耶穌演講，所以他假扮成一個路過的士兵，然後站在距離不遠的樹後面聽這個年輕人演講，他覺得他的妻子說的沒錯。

彼拉多是一個滿腹學識的人，但是他從來沒有聽過有人能夠如此權威地演講著；這些話語還是來自一個沒有受過教育的人！所以他非常喜歡耶穌，並且希望能夠拯救他免於被釘在十字架上，但是當時的猶太人極度反對耶穌——不是因為他犯了什麼罪，而是因為他說了一些猶太人無法接受的話。他宣稱：「我是你們最後的先知，我是你們等待了好幾個世紀的先知。我來了。」

但是他只是一個木匠的兒子，而且要人們相信他是他父親的親生兒子都有困難，因為他在父母婚後四個月就出生了。這就是為什麼後來會有處女瑪麗和聖靈的種種故事。真實的情況是那個女孩在嫁給木匠約瑟夫的時候就已經懷孕了。那不是什麼聖靈，而是某個不神聖的鄰居而已。耶穌不是什麼神的兒子；他甚至不是他父親的親生兒子！

但是如果你說出事實，如果你說他是個私生子，那麼基督教徒會覺得他們的宗教情感受到傷害。而我就只是說出事實而已！是他們必須證明聖靈的存在，而且如果他強暴了一個處女，你卻稱他是聖靈，這是什麼樣的一種邏輯？但是人們卻因此而覺得受傷，因為他們不知道什麼是真正的宗教精神。你帶著種種外借來的概念生活著，所以當神不在了，耶穌不在了，教宗不在了，還會有誰來指引你呢？

如果神不存在，那麼印度教裡那些所有神的化身都是假的。當神自己都不存在時，他又怎麼能夠化身為克里希納、拉瑪……？這些都是極度自我主義者的宣言，其中沒有什麼能夠被證實的。從來沒有任何一個神的化身能夠證明他自己，或是提出理由說明他為什麼是神的化身。這些自稱是神的化身，自稱是先知和彌賽亞的人製造出了你的道德規範、你的宗教，而你也一直依靠著他們。你認為真理能夠透過這些人而出現嗎？

真理只能夠從你的內在升起。沒有任何人能夠給予你真理。而隨著真理，美與善會隨之而來。這才是一個真正宗教人士的聖三體：真、美、善。當你進入你自己的主體之中，開始探索你自己存在的內在世界時，你會開始經驗到這三種經驗。

你一直生活在你自己存在的大門之外；你從來不曾進入。一旦你進入其中，你會在那裡發現你的佛性、你的覺知以及你不作選擇的意識。這麼一來，你不需要決定什麼是好的，什麼是壞的。這一份毫不選擇的意識會帶領你毫不費力地朝向善的方向。那是毫不費力的，也因為它是毫不費力的，所以它將為你帶來莫大的喜悅。

當你努力的時候……你曾經想過這一點嗎？努力就只意味著壓抑，否則你沒有必要做任何的努力。你需要努力去感覺飢餓嗎？還是你需要努力去感覺飢渴呢？當你渴的時候，你知道你口渴了，當你餓的時候，你知道你餓了。但是你卻必須努力去禁慾。所有這些努力都是徒勞無用的，是違背自然的。我可以對你說從來沒有任何一個人是無慾的，除非他是無能的。但是無能不算數。我之所以能夠這麼說是因為沒有人能夠違反自然。

那些試圖違反自然的人必須努力。所有的努力都是違反自然的，而所有的放鬆都是與自然同調的。與自然同調就是虔誠的，與自然同調就是與這個宇宙同調。你不需要尋求任何引導。當你與自然的頻率越來越一致時，那會讓你轉變成為一朵美麗的花，充滿芬芳的花。那不是來自你的努力；而是一種自然的成長。

所有的宗教都是違反自然的。奇怪的是——你從來沒有想過這一點——所有的宗教都說是神創造了這個大自然。但是，如果神真的創造了這個大自然，那麼違反自然就意味著違反神。這是多麼簡單的論點啊，不需要多少聰明才智也可以理解。如果神創造了這個存在，那麼與存在同調就是唯一讓自己具有宗教精神的方式——與神的存在同調。

但是很奇怪的，所有的宗教都教導你違反自然。他們都要你斷食——斷食是不自然的。如果你偶一為之或許是自然的，但是如果你需要偶爾斷食一下的話，那也是因為你先前以一種不自然的方式對待你的胃。如果你曾經不必要的填塞你的胃，那麼你每隔一段時間或許會需要斷食一段時間。但是如果你一直是自然的，你一直都只攝取你身體所需要的食物，不多吃任何東西的話，你一輩子都不會需要斷食。

所有的宗教都教導你不要睡滿八個小時，而八個小時是自然的睡眠時間。他們教導你減少睡眠，像聖人就只睡三個小時或兩個小時；越是偉大的聖人，他睡眠的時間越少。

有一天一個女人來找我，她是一個錫克教徒的妻子，她說：「我先生瘋了。」

我說：「你先生怎麼了？」

她說：「他一直跟隨一個所謂的聖人，那個聖人教導他各種愚蠢的事情，而他就一直照著做……」

那個聖人告訴她先生：「首先，你應該只吃純淨的食物。」

根據印度教的頭腦，什麼是純淨的食物呢？唯一**純淨**的食物是牛奶。但是事實上這是違反自然的。你曾經見過任何成年動物依靠母乳為生的嗎？通常只有當動物剛生下來的時候才需要母乳，因為大部分的動物幼兒沒有辦法消化固體食物，但即使如此，牠們也只需要依靠母乳幾週而已。一旦牠們能夠開始攝取固體食物時，牠們會完全忘記母乳這回事。所以那只是一種暫時性的現象。只有人類在可以攝取固體食物後還仍然在喝牛奶。而且那個奶水不是來自自己的母親，因為母親無法提供你一輩子的奶水。只要餵食母乳四、五年就足以毀掉一個母親的胸部，更別說一輩子了。你已經七十歲了，如果你還要喝母奶的話……你會殺了那個可憐的女人！所以你不會這樣做，而其他女人也不會讓你這樣做，即使是你自己的妻子也不會允許這一點。

你喝的奶水是其他動物的奶水——像是牛、羊之類的奶水。而你不了解其中的化學成分，牛奶其實是給小牛喝的，不是給你喝的。所以那個可憐的女人跟我說：「那個聖人要他只喝牛奶度日，然後還要禁慾。所以他的整個性慾都跑到頭部去了，他整天除了想著性以外，再也沒有其他事情可做了。」

這就是你那些聖人的頭腦。你只需要在他們頭上開一扇窗戶，然後你會在裡面看到瑪麗蓮夢露赤裸裸地站在那裡，蘇菲亞羅蘭赤裸裸地站在那裡，還有其他一成串的女人……我希望有一天我們能夠在頭上開一扇窗戶，讓人們能夠往內看。

當你壓抑性的時候，它就會變成一種頭腦的東西。它會進入你的頭腦，因為真正性的中樞位於你的腦部。它會開始創造出各種幻想和性的幻象……這麼一來你又會需要再一次去找那個聖人尋求其他的建議：「怎麼辦呢？我的頭腦成天想的就只有一件事情：女人。」然後那個聖人會告訴你減少睡眠時間。

所以那個聖人告訴這個可憐女人的先生：「減少你的睡眠時間。」然後他開始每天只睡兩個小時，結果一整天他都處於一種昏昏欲睡的狀態。他沒有辦法去工作，因為他的工作是危險的。他在一家製造槍枝的工廠裡工作，如果他打瞌睡的話，他可能會被周圍的機器弄死。或者做錯什麼事情而把整間工廠給炸掉，所以連他的上司都對他說：「你先想辦法治好你身上不對勁的地方。你整天看起來都昏沉沉的。我們不會讓你這樣操作機器的。」

因此他又再一次去找那個聖人——這就是你為什麼不斷地尋求引導，不斷地尋找那些傳教士、老師和聖人的原因。他們一直告訴你一些無法解決問題的意見，而這些意見事實上還製造出越來越多的疾病。那個聖人告訴他：「如果你覺得整天都昏昏欲睡，那意味著你的前世(tamas)出現了……」在印度哲學裡，tamas指的是你那些黑暗的前世；當那些黑暗浮現了，你的前世也開始出現了。這種時候你必須整天重複拉瑪的名字——拉瑪是印度神祇的名字。

所以這個男人開始不斷地重複唸著「拉瑪、拉瑪、拉瑪」，甚至當他在街上走路時，他也必須持續重複著。到後來，這些重複性的誦唸變得如此地機械化，以至於他根本聽不見路上卡車和公車的喇叭聲音。他整個人只充滿了「拉瑪、拉瑪、拉瑪…」的聲音。他的妻子很害怕他會因此意外死亡。因為已經有人說他們看見他直接走在卡車前面，卡車一直發出喇叭聲，但他根本聽不見。她對我說：「所以我才來找你。你一定要幫幫我。還有他現在根本就不讓任何人睡覺，我們全都開始生病了。他會在早上三點鐘起床。而在他一點鐘上床之前，他會一直誦唱著『拉瑪、拉瑪、拉瑪……』，大聲到整個房子都聽得到，孩子們跟我哭訴說：『我們就要考試了，可是他根本就不讓我們睡覺。』然後清晨三點鐘他起來之後又繼續開始誦唱，甚至連鄰居都來跟我說：『這太過分了，我們再也無法忍受了。清晨三點鐘他就開始大吼著：『拉瑪、拉瑪、拉瑪……』她說：『這種情況不能再持續下去。』」

我說：「當然。你把他帶來找我。」

但是他根本無法聽到任何外在的聲音，因為他在我面前一直持續不斷的誦唱著：「拉瑪、拉瑪……」我說：「閉嘴！」

他說：「但是這是神的名字。」

我說：「誰跟你說的？」

他說：「我的聖人告訴我的。」

我說：「他可以確定拉瑪就是神的名字嗎？」

他說：「這是他的師父跟他說的。」

我說：「這不過是一個笨蛋把某一個神話傳到另外一個笨蛋身上罷了……而你是這一列笨蛋裡的最後一個。這其中沒有什麼特別神聖或神性的部分；它只是一個名字而已。印度有上百萬個人有這個名字——難道你認為他們都是神嗎？」

他說：「不。」

我說：「你的名字是什麼？」很巧的是他的名字是沙達拉瑪錫克。我說：「你真是個笨蛋！你只不過在重複你自己的名字而已。」

他說：「我從來沒有想過這一點。」

我說：「你從來沒有想過任何事情！你的師父還告訴過你什麼事情？因為你沒有好好的睡覺，所以你整天都昏昏欲睡。還有因為你試著禁慾，所以你的頭腦不斷地想著性的事情。也因為你滿腦子都是性的念頭，你的師父說你吃的食物一定不夠純淨，所以你只能喝牛奶。事實上牛奶只會讓你性慾更高；你只會變成一頭公牛！很快的，沙達拉瑪錫克，你會變成一頭公牛！」

他說：「我的老天啊！所以我該怎麼辦呢？」

我說：「首先，停止以牛奶為主食。只要當一個平常人。你可以在早上喝茶的時候加一點牛奶，但不是整天只喝牛奶。你喝了多少牛奶？你的身體看起來已經過胖了。」

他的妻子說：「他整天都在喝牛奶，好讓他能夠禁慾。他的工作沒了，而所剩不多的一點存款也浪費在兩頭母牛身上，然後他還喝掉那兩頭母牛生產的所有牛奶。」

我說：「你帶他來的正是時候，不然很快他就會變成一頭公牛了。他剛好就在邊緣。」所以我對他說：「賣掉那兩頭牛，開始像正常人一樣的吃東西、睡覺。另外，你不需要持續不斷的重複『拉瑪、拉瑪』……」

我說：「你可以做一件事情。早上你說過一次『拉瑪』之後然後說『Ditto——適用二十四小時』，這只是一件小事。你可以把它寫下來：『Ditto』適用二十四小時。然後你隔天再說一次『拉瑪』和『Ditto』」。

他說：「這個祕訣太好了！我已經開始疲倦厭煩了，當我持續不斷誦唱、誦唱、誦唱時，我變得再也聽不到任何其他的聲音。連睡覺的那兩個小時我都不斷地在內在重複著『拉瑪、拉瑪……』。」因為當你一天重複二十二個小時的時候，你在那兩個小時的睡眠裡也沒有辦法放掉它；它會像暗流一樣的持續著。

我說：「兩個星期之內，你就會恢復正常。你不需要做太多事情，只要讓自己正常和自然。然後停止去找那個你認為是聖人的笨蛋。」

他說：「那麼，我可以來找你嗎？」

我說：「不，你不需要任何外在的人；你需要回到自己的內在。第一步，這兩個星期你讓自己恢復正常；然後你可以來找我，我會教你如何靜心。而且你也不需要整天靜心；你只需要傍晚靜心一個小時。此外你也不需要用吼的，因為你並不需要祈求鄰居的幫助，而且不論你多大聲，也沒有神在那裡傾聽著。你曾經得到任何回答嗎？」

他說：「不，我從來沒有得到任何回答，我得到的只是大家的譴責。我的孩子反對我，我的太太反對我，我所有的鄰居反對我。我的老闆也反對我。這個宗教已經讓我惹出許多麻煩……」

每個人多多少少都有同樣的情況。所有的宗教都在逼瘋人們。

而他們給你的建議看起來好像非常有意義，因為所有那些經典已經這樣傳述了好幾個世紀。它是這麼的古老，你沒有辦法質疑它。

你不需要任何人來告訴你什麼是好的，什麼是壞的。你唯一需要的是喚醒你內在的意識，然後讓自己看見事物本來的面貌。這麼一來，再也沒有什麼選擇的問題了。

沒有人會選擇不好的意識。它只是無意識的，是你內在的黑暗選擇了邪惡的部分。意識會把光亮帶到你的整個存在；你會變成如此地光亮。你沒有辦法做出任何傷害他人的事情。也沒有辦法做出任何傷害自己的事情。你會突然覺知到你和整個宇宙是合而為一的。

所以你的行動會是善、美、優雅的；你的話語會開始有著某種詩意，你的寧靜會變得如此地深、如此地喜悅，以至於你的喜悅會開始四處洋溢感染著人們。

這份洋溢出來的喜悅是一個開悟者唯一有意義的徵兆。當你和這樣一個人在一起的時候，光只是他的存在就足以讓你體會到那種超越性的滋味。但這並不仰賴於其他任何人，這完全取決於你自己的覺知。

所以我說神已經死了，你唯一剩下的就是你自己的意識。而你的意識是圍繞在你周圍這整個海洋意識中的一部分。一旦你開始覺知到你的內在時，你也會開始覺知到四處都有著同樣的意識在悸動著、舞蹈著。它在樹裡，在河流裡，在山巒裡，在海洋裡，在人們的眼裡，在他們的心裡，那是同樣的一首歌，那是同樣的一隻舞蹈——而你正參與其中。你的參與是好的，而你的不參與則是壞的。

問題　是誰發明了神？只因為人類不願意為自己的生命負責嗎？那些傳教士不是也跟其他人一樣，都只是害怕看向自己內在的受害者？

恐懼創造出神。

教士和你是一樣的受害者。只是他比你更狡猾一些。

人類對於黑暗的恐懼、對於生病的恐懼、對於年老的恐懼……對於死亡的恐懼等等讓人類需要某人來保護他。而他到處都找不到任何保護。當你到處都找不到任何保護時，你必須創造出一個保護來安慰自己。

今天，我剛聽完一首由偉大烏都詩人迦利布(Ghalib)殿下所寫的歌，其中有一句是：

「我們非常清楚地知道關於你天堂的事實，它和一個慰藉同樣地好。」

我們知道它不存在，我們知道它是個謊言，但是我們安慰自己，在死後會有天使在天堂彈著豎琴等待著我，聖彼得會在珍珠之門迎接我，而神會等待著我……迦利布是對的，作為一種慰藉，它是一個很好的主意。

傳教士們知道的很清楚，他們或許比你還清楚神是不存在的。但是傳教士是這個世界上最狡猾的一種職業——也是世界上最醜陋的一種職業，它比賣淫還醜陋。各種賣淫的現象是傳教士所造成的；所以賣淫還是其次。首先是傳教士，然後才是賣淫的人，然後才是這個世界上各種其他病態的事情。

那些傳教士們看到每個人是如此地害怕，如此地渴望尋求保護。

所以是人們的恐懼創造了神，把他當成一種安全感，當成死後的保障。否則，感覺起來死亡之後有的只會是無盡的黑暗。當人們死亡之後會發生什麼事呢？你會到哪裡去呢？你所有的朋友都會被留下來，你的家人會被留下來，沒有人能夠和你一起走。死亡之後你沒有辦法帶著任何錢財。你是全然的乞丐，赤裸裸的，就像是一具骷髏般地朝著死亡前進。然後，永無止盡……？那為人們帶來一種巨大的焦慮——死後的生命到底是什麼樣子？

所以是我們的恐懼、害怕和死亡創造出了神。然後那些傳教士馬上就看到這個剝削人們的大好藉口。他成為中間的仲介。因為你沒有辦法看到神，所以那些傳教士才有機會能夠持續不斷堅持神的存在，並且創造出各種哲學、神學、宗教典籍、廟宇、雕像、儀式、祈禱等諸多戲碼……他站在你和神的中間，他對你說：「我和神有著直接的聯繫。你沒有這種直接聯繫。所以你向我懺悔，告訴我你所犯下的罪，然後我會告訴神來寬恕你。」

你沒有辦法看到神，這是很明顯的事情。有人知道神在那裡，有人能夠直接聯繫到神。這讓你覺得如釋重負。然後你覺得這實在是太划算了。你犯了罪，你害怕自己將來必須在地獄裡受苦。但是只要有傳教士在那裡；你只要去向他懺悔承認自己的罪，然後那個教士就會對你說：「投五塊錢在捐獻箱裡，我會為你祈禱的。」

然後神是非常慈悲的；他總是都會寬恕你。所以你犯的罪只要五塊錢就會被寬恕——那五塊錢進了傳教士的口袋裡；那些錢不會到任何其他地方去，因為根本沒有神在那裡接受那五塊錢。

神要拿那五塊錢做什麼呢？他是單獨的，他那裡沒有什麼購物商場，他要拿那五塊錢做什麼呢？而且到目前為止，他必然已經累積了十億和上兆的錢了——它們全都是無用的垃圾。他要拿這些銅板、錢幣和紙鈔做什麼呢？他不會到這個世界來購物，而我從來沒有看過哪本經文上說天堂裡有購物超市這種事情。聖人什麼都不需要。在天堂你不需要食物。在天堂你不需要任何東西，每件事情都已經被滿足了；你就只是過著永恆的生命。你再也不是一具身體，你只是靈魂。而靈魂不需要食物、不需要水、不需要醫藥。靈魂永遠不會生病，它也永遠不會老，永遠不會死。所以神要拿那五塊錢做什麼？

但是每個星期天，天主教的傳教士都會收集到一筆不少的錢，而其他的傳教士也有他們自己的方式。印度教的傳教士則是從一開始的時候就逮到你了。甚至在孩子還沒有出生之前，他已經落入了傳教士的手裡。在過去，印度教的教士甚至會告訴你應該在哪一天、哪一個晚上、哪一個時間和你的妻子做愛，好讓你能夠生出一個聰明而富有神性的孩子。而整個印度其實證明了這些傳教士是錯的。因為不論在哪裡，我都沒有看到那些神性的孩子。孩子們從一開始就已經落入了傳教士的掌控裡，甚至在更早之前。在孩子還沒來到母親的子宮之前，傳教士已經告訴你要在哪一個晚上的什麼時候……！

我曾經和印度最老的國會議員住在一起過。他擔任國會議員的時間長達六十年。人們通常把他稱為「議會之父」。只有兩個人曾經擔任過六十年的國會議員。一個就是我這個朋友塞斯・葛敏・達斯博士，而另外一個則是英國的邱吉爾，兩個人都是毫無間斷地被選為國會議員長達六十年。塞斯・葛敏・達斯是一個非常虔誠的印度教徒，所以我必須忍受他各種不斷的宗教狂熱行為。

每當我到新德里去演講時，我通常會住在他新德里的家裡。而他是一個極度的宗教狂熱份子……印度有很多這種宗教狂熱份子，他並不是唯一的一個。他常常會問他的傳教士他該何時回到他的選區？他何時應該從家裡出門？他會根據經典和占星術拿出各種出生圖、占星圖來諮詢他的傳教士，何時是他該出門的**正確**時機？

可是火車不會根據占星圖來運作。火車可能會在晚上十二點離站，而他的占星圖說：

「你必須下午三點從家裡出門。」結果我必須和他一起在火車站從下午三點坐到晚上十二點。

我對他說：「在這裡等待實在是一件很蠢的事情。最好的方式是你三點從家裡出門，然後從後門回到家裡。這是一種不必要的折磨……」

但是他說：「不，我必須**離開**。」

我說：「有上百萬個印度教徒不斷地詢問這種事情，但是還是有各種火車意外發生。說不定有很多印度教徒都曾經在諮詢傳教士時被告知：『這是對的時間，這是你出門旅行的好時機。』結果整個橋還是垮了下來，火車淹沒在河裡！」

在印度，橋樑時常會崩垮，因為這是一個講求宗教的國家，一個非常靈性的國家！它相信神。不相信水泥。所以他們在建造橋樑時所用的水泥是盡可能的少；其中很大一部分只是沙子。那些橋樑只能用來給首相進行啟用儀式，對他們來說那樣就夠了。因此常常當火車通過時，橋樑和火車一起墜入河裡。而那些火車上的印度教徒必然都跟他們的占星師或傳教士諮詢過：「這是出門的好時機嗎？」照理說，印度不應該有任何意外才對。

我對塞斯．葛敏．達斯說：「那些意外是怎麼發生的？在印度，不應該有這些意外才對。」

他自己就曾經發生過意外車禍。當我去探望他的時候，我說：「你的占星術怎麼了？」

他說：「就這一次，當我現在正受苦於多重性骨折時，你就不要再跟我辯論了。」

我說：「現在是讓你清楚自己這一輩子那些愚蠢行為的好時機。你出門前諮詢過占星師嗎？」

他說：「我問過了。」

我說：「那為什麼還會有這個意外發生？」

但是人們沒有勇氣和膽量去對抗過去，即使那是一個全然腐敗的過去。在印度，婚姻是由占星師來安排的，但是每一樁婚姻都失敗了。我從來沒有見過任何一樁不失敗的婚姻。

我以前住在一個叫做瑞普洱(Raipur)的地方。我在那裡擔任教授，我在那裡住過六個月。那座城市是如此地老舊，以至於我後來非常厭倦和那些人住在一起。在那裡你到處都會在牆上看到：「如果你受到鬼的騷擾，來找我。」然後後面寫著住址。「如果你受到巫術的騷擾，來找我。如果你受到黑魔術的騷擾，我能夠治療你。」整個城市充滿了黑魔術、巫術和鬼。

當時在我隔壁住著一個非常有名的占星師，他常常透過出生圖來安排人們的婚姻。他後來跟我慢慢變得熟悉起來。我跟他說那種方式是不管用的：「甚至連你自己的婚姻都行不通了。」他太太常常會毆打他。我說：「這是怎麼回事，你是這麼棒的一個占星師。你安排過上百樁婚姻。沒有得到你的肯定，人們根本無法結婚，因為他們的星星不相合。」在兩個人的星象圖裡的某些星星必須有某種程度的和諧。「怎麼回事，你有看過你太太的出生圖嗎？」

他說：「我看過。」

我說：「哪裡出了問題呢？」

他說：「不要煩我了。我已經被我太太騷擾過了，現在你又搬到我隔壁來騷擾我。」

我說：「我不會騷擾你。我只是想知道你是否相信你自己的占星術。」

他的確是一個誠懇的人，他對我說：「不要跟任何人說。雖然這是我的工作，但是我一點也不相信它。事實上有時候有些出生圖根本就不相合。但是男方很有錢，只要我告訴他他的婚姻會成功的話，他就會給我至少一百魯比。所以有時候我會改變出生圖。我把女方的出生圖改得跟男方的出生圖是相合的。」

那些傳教士們很清楚知道神不存在。他是唯一知道這一點的人。但是那是他的工作；他透過剝削人們為生。所以他持續堅持著神的存在，神是他的生意。那是他賴以維生的方式。有上百萬個教士屬於各種不同的宗教。在每一個國家或許都有著不同的傳教士，但是他們所有人都靠著安慰人們來剝削他們。「這一樁婚姻會很棒。」而結果每一樁婚姻都是一場悲劇，我還沒有碰到任何一樁婚姻是喜劇的。

只有當人們沒有婚姻時，他們才能夠是快樂的。因為唯有如此他們才是自由的。也唯有如此，人們在一起是出自於自由，而不是因為一份契約、一樁生意或是社會的強迫。不是因為法律的規定而是因為愛——因為愛，你們在一起。而當愛消失時……

每件事情都會消失，記得這一點。永恆的愛這回事是詩人所虛構出來的。不，你所知道的愛不是永恆的愛，那些詩人所知道的愛不是永恆的愛；它是會消退的。只有當愛人不在一起時，那個愛才會持續。

整個歷史上只曾經有過三對或四對令人讚嘆的情侶——因為他們從來無法相聚。所以他們不會有爭吵，他們的愛也不會出現失望這種問題。當時的社會讓他們無法在一起，他們的父母讓他們無法在一起。

在印度，我們有一個關於萊拉(Laila)和馬弩(Majnu)、施羽(Shiri)和法海德(Farhad)的故事。這些情人從來無法在一起，因為社會不允許他們在一起。他們分屬於不同的階層、不同的社會、不同的宗教，所以他們的婚姻是不可能的。他們被認為是偉大的情侶，他們的愛永不褪色——那是因為它從來不曾開始！一旦它開始了，它的終點也就不遠了。

每一個開始都會有終點。甚至當你出生時，死亡也不遠了。它每天每天都越來越近。

但是一旦你結婚之後，問題就會變得更複雜。原本你是出於自由而和某人住在一起，因為你知道你們是出於自由而決定住在一起；你任何時候都可以搬出來。你仍然帶著對彼此的友誼和感謝：「你曾經給予我如此美好的時光，如此美好的白天與黑夜。我們曾經生活在詩裡，我們曾經生活在音樂和歌曲裡。這些相聚的日子是金色的時光，但是現在這些時光已經過去了，春天結束了，蜜月結束了。我們最好分開。」你能夠帶著感謝分手……其中沒有報復，沒有怨恨，沒有生氣。雙方都付出了他們所能夠給予對方的；他們兩人都變得比以前更為豐富。這段經驗讓他們變得更豐富。

但是婚姻不讓你們分開。即使愛結束了，但是你必須假裝你仍然還愛著對方。而不論何時，當你必須偽裝的話，它會是你心上的一個重擔。當你偽裝的時候，你是虛偽的——你知道這一點，你的伴侶也知道這一點。

當愛褪色時，那是沒有辦法欺騙彼此的。或許你可以透過每天買冰淇淋來欺騙對方幾天，但是你能夠騙多久呢？事實上，當你開始買冰淇淋的時候，就是一個徵兆了，這表示那老而溫暖的愛已經結束了，現在出現的是冰涼的冷意了。

只有像戴爾卡內基(Dale Carnegie)那樣的人……而且那種狀況也只會出現在美國這個國家，別的地方不會有這種狀況。戴爾卡內基是美國唯一的哲學家。他的書籍銷售量僅次於《聖經》。而那本書的書名是《如何贏得朋友以及影響人們》。那本書裡所提到的每件事情都是虛假的。他說：「每個先生在他去辦公室之前應該要親吻自己的妻子。」他是否愛她並不重要，但是他應該要親吻他的妻子並且說：「親愛的，我愛你。」然後當他回到家時，他應該要帶回一束玫瑰，再一次擁抱她說：「親愛的，我一整天都想著你。」然後平時他也要常常讓她知道他愛她，白天至少要三次，晚上也至少要三次。同樣地，太太也應該如此對待先生。男女雙方都跟隨卡內基的意見；但是那其中沒有愛。你只是不斷說著……

「虛假（phony）」這個字眼在美國出現得要比任何其他國家都來得多。這個字眼來自於電話（telephone）這個字，因為在電話裡，你的聲音會變得不一樣，它聽起來像是假的。

先生白天必須打一次或兩次電話給太太，就是為了向她確認他愛她。而當他打那通電話的時候，他的祕書正坐在他的大腿上！這種情況發生在每間辦公室裡，幾乎沒有例外。而那些祕書跟老闆進行面試時，之所以能夠成為祕書也不是因為她們比別人有效率……

我曾經聽過這樣一件事。一個祕書來面試時說她自己是一個非常有經驗的祕書，她擁有各種證照，而且打字的速度也很快。然後另外一個人來面試了；她非常年輕、活潑但是沒有經驗。然後第三個、第四個也面試過了；前後總共至少有十二個人來進行面試。最後當那個經理問老闆說：「你要選哪一個當你的祕書？」老闆說：「選擇那個胸部最大的。」

祕書面試成功的理由是因為胸部？但是事情就是如此。

每當你開始覺得自己被任何事情所困住時，你會馬上想要從中脫離，因為它變得像是一個牢籠。你的神、你的傳教士都是你的獄卒。他們不斷地為你創造出新的監獄——各種道德、婚姻、對孩子的責任等各式各樣的鎖鍊和束縛。而它最根本的目的就是為了讓你痛苦，因為除非你感到痛苦，否則你是不會去教會的。除非你感到痛苦，否則你是不會去祈禱的。只有當你覺得痛苦時，你才會記得神——你自己知道這一點！只有當你覺得痛苦時，你才會記得神，你才會想到《聖經》，想到印度經文，然後你會去廟裡——只有當你覺得痛苦的時候。

當羅素說：「如果我們可以讓整個人類快樂起來的話，宗教就會消失。」他是完全正確的。我完全同意他的說法，但是他不知道如何讓這整個世界快樂起來，而我知道如何讓這整個世界快樂起來。

出於深沉的靜心，一種喜悅會自然升起，然後你整天、整夜是如此地快樂……沒有任何理由的快樂。它從你的內在湧現。它是你的自然本性，你的法(dharma)。這麼一來，你不需要任何神，你不需要任何傳教士，你也不需要生活在任何一種痛苦和牢籠裡。當你覺得有些事情變得虛假，有些事情變得不再真實，有些什麼變成只是一個面具時，你就放掉它。你始終對你自己的意識保持著一份真實——這是你唯一的責任。然後其他的自然會隨之而來，而你的生命將會是一個喜悅的人生。

不只是你的人生會是喜悅的，連你的死亡也會是喜悅的。死亡不會摧毀任何事情。身體裡的五種元素會回歸它本來的根源，而意識只會有兩種可能：如果它從來沒有品嚐過靜心的話，它會來到另外一個子宮裡；如果它曾經品嚐過靜心的話，如果它知道自己的永恆與不朽，它會回歸宇宙而消失在這寬廣的存在裡。這種消失是生命裡最偉大的片刻。因為你已經和你最初始的源頭合而為一。你已經回歸源頭，並且消失其中了。

真正的宗教不需要任何神，不需要任何傳教士，不需要任何祈禱。它唯一需要的就是探索你內在的世界。

我把這種探索稱之為禪。在梵文裡它被稱為Dhyan；在中文它被稱為禪；在日文它被稱為Zen，但是這些指的都是同樣的意思。回到內在，到達你內在深處的那一點，從那裡你能夠觀照，在那裡有著一道通往神性的大門。駐立在那一點上，你就是佛。而且你的整個生命將會有所改變；那是一種本質上的改變。你成為了一個新人類。

我們迫切地需要這種新的人類。我們對於這種新人類的需求從來沒有像現在這樣地迫切。因為這種新人類是人類唯一的希望。如果這種新人類不及早出現的話，舊的人類將會準備好自殺，一種全球式的自殺。

問題

曾經，我聽過一個基督教基本教義派的人說：「你有發現奴隸要比主人來得自由嗎？這是因為主人肩負了所有的責任，而奴隸則沒有任何俗世的煩憂。我們很幸運有神是我們的主！」你是否願意就此有所評論？

這句話在某種程度上是完全正確的，因為當你讓某人變成奴隸的時候，你也開始變得依賴他。你必須照顧他，你必須照顧他的健康。你必須肩負起巨大的責任。

但是當奴隸失去了他自己的責任時，他也失去了自己的自由；他也失去了自己的尊嚴與人性。他變成一種像是牲畜一樣的負擔；他就像是一個機械一樣。你需要照顧你的機械。你清洗你的車子，你整理你的車子，你總是注意著車子是否有什麼不對勁，有什麼需要更換的。就像是你照顧你的機械一樣，你也需要照顧你的奴隸。

所以主人某種情況來說也依賴著奴隸，這一點是事實。但是告訴你這句話的那個基督徒並沒有發現他這句話裡的暗示：如果神是他的主人的話；那意味著神也是他的奴隸。這是他所說的話；他說：「你有發現奴隸要比主人來得自由嗎？」所以神比你更不自由！

但是一個比你更不自由的神變得比你更差勁，一個比你更不自由的神無法為你帶來自由。他自己都不自由了。所以為什麼要去打擾一個在自由度上無法與你平等的神呢，更不要說就自由這一個優勢而言——他比你更不自由。

但是那些狂熱份子不了解邏輯，不了解辯證。那些狂熱份子只是一群盲目的人。否則這個人不會說：「這是因為主人肩負了所有的責任，而奴隸則沒有任何俗世的煩憂。我們很幸運有神是我們的主！」他會說：「我們很幸運有神是我們的奴隸，因為他照顧所有一切，承擔所有責任；他創造這個世界，他創造了罪，他創造了各種麻煩，他創造了各種解決之道，他還把自己的兒子送來拯救這個世界。」

然後他還送了一個又一個的先知來對抗彼此，殘殺人們——他涉入了這麼龐大的一樁生意，他是如此的忙碌，然後他得到了什麼樣的回饋呢？就是這些宗教狂熱份子嗎！

如果神真的存在的話，人類不只是奴隸而已，人類根本無法存在。人類只會是玩偶而已。如果根據基督教所說的：神用泥土製造了人，然後吹了一口氣到那個人偶裡。那麼人類只是被神製造出來的人偶而已，而這個人偶所有的繩子都掌握在神的手裡。只是在某一個異想天開的片刻裡，神創造了人……那麼這之前他在做什麼呢？一個人只需要問這個問題就好，因為根據基督教的說法，神是在六千年前創造這個世界的。但是這根本就是胡扯，因為在印度，我們發現過偉大的古老文化與文明——莫汗佐達羅(Mohenjo Daro)與哈拉巴(Harappa)，而那是由基督教的探險家所發掘的。那些探險家自己都沒有辦法相信這項發現——神難道在七千年前，在他還沒創造這個世界之前，就摧毀了那些古老城市！還有在中國，有人發現北京人的骨骸，而那些骨骸有八千年之久。

可以確定的是這個世界比你的神要來得更古老。或許可能是人類在六千年前創造了神——這點比較可能是事實。不過笨蛋就是笨蛋……

有一個著名的法學專家對北京人、莫汗佐達羅與哈拉巴文明非常狐疑，另外他也對住在普那的著名學者路克曼亞・提拉克(Lokmanya Tilak)所說的話感到非常狐疑。路克曼亞・提拉克說印度教的《吠陀經》有九千年之久的歷史，而他提出來的證據是無法被反駁的。因為他提出的證據不是邏輯上的辯證，而是科學上、天文學上的證據。在《吠陀經》其中一部經文裡描述著鉅細靡遺的天文星象圖；而根據科學家的判斷，那個天文星象圖發生在九千年前。《吠陀經》必然是由那些見過那種天文星象圖的人所撰寫的，否則他無法描述的這麼詳細，因為在那之後，那樣的星象圖再也不曾發生過。或許未來它可能會再次發生，但是在過去九千年裡，它不曾出現過。這個天文星象的描述是一個有力的證據，說明《吠陀經》是由某個曾經見過那種天文星象圖的人所撰寫的；因為除非親眼見過這種星象圖，否則他們是無法這麼清晰地描述星辰所在的位置的。而且他們描述的方式是如此地科學化，以至於沒有任何需要改進的地方。

另外，在喜馬拉雅山的頂峰，曾經發現過海洋動物的骨骸。那意味著在某個時期——或許是一億年前——喜馬拉雅山所在的地方曾經是海洋。否則海洋動物不可能從海裡出來，穿越整個印度到達喜馬拉雅山的山頂，然後在那裡死亡。所以唯一的可能就是——現在這已經是科學上的事實——喜馬拉雅山是從海洋中升起的。因為喜馬拉雅山是從海洋升起的，因此許多動物的化石停留在那裡。當喜馬拉雅山變得越來越高時，那些化石也就被冰雪所覆蓋了。而在這個巨大的喜馬拉雅山出現後，海洋也因此變小了。

一億年前，大印度洋就在現在喜馬拉雅山所在的位置。那些海洋動物證實了這一點，因為那些海洋動物的骸骨已經有一億年之久。現在有一些方法可以確認動物的骸骨是多久以前的，而這些方法已經非常的精準。

那個法學專家知道這些事實之後就瘋了，因為所有這些事實都違反了《聖經》的內容。所以他發明了一個理論——這就是為什麼我說宗教狂熱份子看不到任何事實；他只會試著在謊言裡堅持他的信念，試圖找出各種理由和藉口。這個法學專家的藉口值得我們去了解一下。他發明了一個理論，他說神在六千年前創造了這個世界，就像《聖經》裡面所說的一樣，但是因為神的全能，所以他創造了海洋動物，並且把牠們安置在喜馬拉雅山頂。而且神是刻意創造了那些海洋動物，讓牠們看起來像是有一億年之久。另外神也創造了莫汗佐達羅與哈拉巴廢墟，讓它們看起來像是七千年之久；他也創造了北京人，讓他看起來像是有九千年之久……神之所以如此，就只是為了測試基督徒對他的信心！

這是多麼偉大的邏輯啊！神看起來像是個騙子：「這只是你的信心問題。」根據科學顯示，地球事實上已經有四十億年之久。而人類至少已經有一百萬年之久，人類歷經各種不同的階段來到佛陀的狀態，那是意識的最高峰。

這個基督教基本教義派的人說：「我們很幸運有神做為我們的主人。」那神本身呢？他是否也幸運的有你是他的責任呢？如果神必須為所有一切負責的話……而且他必須如此；如果他創造了這個世界，那麼他必須為希特勒、第二次世界大戰、廣島和長崎負責。不然是誰要負責呢？如果他是那個照顧這個世界，拉扯著人偶繩索的人，那麼是他拉動了杜魯門總統身上的繩子，讓他在廣島和長崎投下了原子彈。現在杜魯門變得是沒有責任的——因為是神拉動了他身上的繩子；所以他能怎麼辨呢？當操縱人偶的人扯動人偶身上的繩子時，人偶會舞動起來。當操縱人偶的人以不同的方式拉扯繩子時，人偶就戰鬥。當操縱人偶的人放下人偶時，人偶就躺下來睡覺。然後當操縱人偶的人再度拉扯繩子時，人偶又再度回來，開始所有行動。如果神創造了這個世界，那麼我們都是人偶；我們沒有任何的靈性可言，我們只是一堆塵土而已。

神對於所有這些人偶在這個世界上所製造出來的紛爭感到滿意嗎？這些全是他的責任！但是宗教狂熱份子不會看到任何邏輯的部分。這個基督教基本教義支持者的論點顯示了神是他自己奴隸的奴隸；他不是主人。你是主人；而他照顧你。

與其直接看見事物的實相，人們不斷的製造各種假設、謊言、虛構、想像、幻象。頭腦擁有所有這些能力。

除非你超越頭腦，否則你沒有辦法確定你所看見的是否是真實。一旦你超越了頭腦，你才有可能覺知到什麼是真實。而真實是沒有人發現過神。

佛陀找不到任何神。在他最終的開悟狀態，他沒有發現任何神，而且他也沒有發現這個宇宙有任何起始點。馬哈維亞在他最終的開悟裡沒有發現任何神，他也沒有發現任何創造者。這個世界、這整個存在都是沒有起點也沒有終點的。耆那教的另外二十三個先知，當他們在三摩地狀態時也沒有發現任何神。當他們超越頭腦時，他們沒有恐懼、沒有憂愁；他們不需要任何關於神的假設。神就像是頭腦的陰影一樣消失了。

就像當你清醒時，你的夢會消失一樣……開悟什麼都不是，它就只是一種覺醒，然後你所有的夢都會消失。有超過上千個開悟者已經證實神只是一個夢。

只有無知的人會相信神。只有那些對於尊嚴毫無所覺的人會相信神。那些已經實現潛能的人，那些已經像蓮花一樣綻放的人，全都否定神的存在。

這個世界上有三個宗教：一個是由佛陀的啟發而出現的宗教，另外一個是出於埃狄納(Adinatha)的啟發而出現的宗教，第三種則是出於老子的啟發而出現的宗教。這三種宗教是人類有史以來意識的最高峰，這三種宗教裡都沒有神。

和這三種宗教相比，回教、基督教、印度教、耆那教都顯得非常的幼稚。他們就像玩具一樣，只是一種慰藉而已，他們無法解決任何問題，他們也不會給你任何的自由。他們不會帶領你超越生死。他們只會讓你成為奴隸。

我痛恨奴役，我的整個努力就是讓你從各種束縛當中解脫、自由。只有當你免於各種束縛，你才會擁有一種無與倫比的美與光輝，而那是連一個帝王都會感到嫉妒的。

現在來到經文：

當隱峰向馬祖辭行時，馬祖問他：「你要去哪裡？」

馬祖是一個偉大的開悟師父；而且他不只是偉大，他還非常的怪異。不論在哪裡，都沒有人可以跟他相比。他的行為是一種絕對怪異的行為。據說他像動物一樣用四肢走路，因為他是如此地與自然同調，以至於他放棄了用雙腳站立的想法。他說：「用雙腳站立創造出了頭腦。」也因為如此，所以動物沒有任何宗教和神祇。動物比人好太多了；他們不會去任何教會，他們不會向任何石頭雕成的神像敬拜。動物就只是路過而已；驢子不會在意這些東西。只有人看起來是愚蠢的。

如果動物能夠笑的話——有一些科學家們懷疑，動物其實是有一些符號，有一些特定語言的，只是不同於人類的語言——那麼他們必然會大笑。他們一定會私底下對著彼此眨眼說：「看看那個對著猴神下跪敬拜的傢伙！」

馬祖認為人類因為用雙腳站立，所以大腦開始獲得發展。而這其中有它相當的道理。大腦無法發展——科學家會同意馬祖的說法——當你持續用四肢走路時，你的大腦沒有辦法有所發展，因為當你像動物一樣水平移動時，大腦會接收到許多血液，因此那些微小纖細的神經無法在大腦裡生長。過多的血液會摧毀它們。而當人類用雙腳站立時，到達頭部的血液量變少了，那是違反地心引力的。所有一切都被往下拉扯，而你的心臟必須把血液往上輸送。那不是一件容易的事情。這也是為什麼只有人類會有心臟病——動物不會有心臟病。只有人類會持續不斷地生病，因為人類一直在對抗地心引力。地球把每件事情往下拉，而你卻把每件事情往上提，你不斷地對抗地心引力。那是一種掙扎。

馬祖用四肢行走，就只是為了超越頭腦與自然同調。當時每個人都嘲笑他。他們說：「這太奇怪了！」

而且他看起來像是一隻老虎。他有一雙炯炯有神的眼睛，那讓他看起來像是一隻老虎。那些聚集在馬祖身邊的門徒都是一群非常有勇氣的人，因為馬祖有時候會跳到人們身上，毆打他們。馬祖把跳到人們身上、毆打或打巴掌都當成是一種靜心！你沒有辦法相信這一點，但是因為他而開悟的人要比因為佛陀而開悟的人多。因為他找到了其中的祕訣。當他跳到你身上時，你的頭腦突然間停止了。你沒有辦法思考：「發生什麼事了？」你沒有辦法理解，這是以前從來沒有發生過的事情。

頭腦只知道那些已經發生過的事情；頭腦只知道那些你已經學習過的事情。過去從來沒有人跳到你身上過；你也從來沒有見過有人用四肢行走。當你第一次看到馬祖用四肢行走時，你的頭腦會受到驚嚇：這是怎麼一回事？然後當他像一隻老虎般地看著你——那又是另外一個驚嚇——然後他突然間抓著你，當然他是一個非常強壯有力的人，就像一隻大猩猩一樣。最後他坐在你胸口上問你：「懂了嗎？」

在這種狀況下，一個人只能說：「懂了！」因為你不懂的話，他可能會繼續下去。他可能會揍你或是打你一耳光，他會做任何事情。他跳到你身上的這個行為讓你的頭腦停止運作，一種絕對荒謬的事情發生了，頭腦完全無法運作。因為頭腦是一種邏輯推理的機制，它無法在荒謬的情境下持續運作。

當隱峰向馬祖辭行時，馬祖問他：「你要去哪裡？」

隱峰答道：「我要去希遷那裡。」

希遷在那時已經非常有名，許多人都去拜訪他。

馬祖告誡他：「石頭路滑。」

你可以去，但是記得希遷這個石頭和尚……因為他總是坐在石頭上，而他剃髮之後的光頭看起來也像顆石頭，所以人們稱他為「石頭希遷」。他是一個絕對獨特的師父。甚至連馬祖也認知到他所具有的獨特性，而當馬祖認可某人時，那是一種真正的認可。

馬祖說：「小心！石頭路滑。」

隱峰說：「我有一根雜耍的竿子……」

你必然見過一些走鋼索的人。每當有人走在鋼索上時，為了保持平衡，他手裡一定會拿著一根竿子。走鋼索的人必須不斷地保持平衡，否則他會從鋼索上掉下來。整個走鋼索的祕訣就在於平衡，而這種平衡需要某種助力……有時候當你太過傾向左邊時，你就把竿子往右移，竿子可以幫助你保持平衡。而當你覺得太過傾向右邊時，你就把竿子向左移。那根竿子只是為了幫助你保持左右平衡，讓你能夠持續地待在中間。沒有任何一個雜耍者可以在沒有竿子的情況下走在鋼索上。這根竿子就是整個祕訣所在。它是走鋼索的人的一種支持；否則當他向左邊傾斜，而又沒有任何東西能夠幫助他保持重心平衡時，他會從鋼索上掉下來。

隱峰說：「我有一根雜耍的竿子。」他的意思是：「不用擔心。不論石頭路是多麼的滑，我帶著一根竿子，我可以走在鋼索上。不用擔心；我會完美地保持住我的平衡。」「我可以隨時作一場表演。」然後隱峰帶著竿子離去。當隱峰到了希遷那裡，他繞著希遷的禪座走了一圈，呼喝著用竿子敲擊著石座問說：「什麼是此性的宗旨？」

這是一個很重要的問題。他問的是：「什麼是**這個**(this)的意思？」透過用竿子擊打希遷所坐的石頭，他在問說：「什麼是此性(thisness)的本質？」就佛陀的語言來說：「什麼叫做如是(tathata)？」佛陀的整個教導可以歸納成一個字眼：如是、此性(thisness)、在(isness)、當下。而這個當下的意思是什麼呢？

當他這樣問：「此性的宗旨是什麼？」時，希遷說：「難過啊！難過！」

他為什麼這樣說呢？他這樣說是因為如果你知道「此性」，你就不會問這個問題。而如果你不知道「此性」的話，你也無法問這個問題。

你看到這其中的問題了：如果你知道「此性」——如果你知道這個當下、這份如是、這份寧靜——如果你知道這一點的話，你不會提出這個問題。而如果你不知道它的話……你又怎麼能夠在不知道它的情況下提出這個問題呢？

這就是為什麼他說：「難過啊！難過！」你只知道這個問題，但是你不了解你在問的是什麼。這個問題是無法被提出來的，它只能夠被體悟。看起來你似乎是個飽學之士，你必然讀了一些經文上的描述。佛陀一次又一次地說：「這個當下就是一切。」如果你可以了解這個當下的奧祕，你就了解了存在的每一件事情，因為存在永遠都只在這個當下。它從來不在過去，也不在未來。過去是你的記憶；未來是你的想像。存在永遠只在這個當下。它沒有過去，沒有未來。

所以如果你了解「是」，了解這個當下的存在，那麼你就了解了所有的奧祕、所有的祕密。再也沒有其他任何事情了。

隱峰是以一個學者的方式提出這個問題，而不是以一個靜心者的方式。那就是為什麼希遷說：「難過啊！難過！你知道這個對的問題，但是你尚未知曉這個對的經驗。沒有這樣一份經驗，這個問題是無意義的。而如果你有過這種經驗的話，那麼你也不會提出這個問題了，你就只會坐在我的旁邊經驗這份『如是』。它圍繞著這座山。這份寧靜、這份難得的平靜與安寧……你打在我石座上的竿子打擾了它。那是唯一打擾這山上寧靜的事。否則它是如此地寧靜。我替你感到難過，你是一個仍停留在頭腦向度的人，你還不知道那個『沒有頭腦』的奧祕。」

頭腦沒有辦法知曉任何關於存在的事物，頭腦只能透過經文還有他人的話語來理解事物。頭腦所有的知識都是外借來的。它沒有辦法知道任何直接的體悟，而唯有直接的體悟能夠讓你解脫、自由。

「難過啊……」隱峰無話可說，他不知道該說些什麼。他從來沒有想過這個人會說：「難過啊！難過！」希遷沒有回答他的問題！而他現在開始覺得困窘。

隱峰無言以對，他回去告訴馬祖整個情況。馬祖說：「你再去一次，然後當希遷要開口說『難過啊！』的時候，你就開始哭。」

馬祖在玩一個遊戲，就像是希遷也在玩一個遊戲一樣。在他們兩個人之間的這段過程裡，他們試著讓隱峰覺知到這個片刻。馬祖說：「你惹上麻煩了。我從一開始就告訴你石頭路滑。現在你知道了。你居然馬上就回來了。只是一個問題而已，你就忘記了你的竿子！現在再去一次，再問一次同樣的問題。」這是馬祖的策略。他再一次把隱峰置於困難之中。他告訴他：「再去問一次同樣的問題，然後當希遷說：『難過啊！』的時候，你就開始哭。」

所以隱峰又回到希遷那裡，又問了一次：「此性的宗旨是什麼？」

那個時候，希遷開始哭了起來。

這是兩個師父之間的偉大策略，他們沒有彼此交談過，他們不認識彼此，他們從來不曾會面過！但是兩個人都已經開悟。

這個隱峰和尚不了解開悟的語言。當馬祖給他這個答案，把他送回去時，他非常清楚知道希遷不會重複同樣的回應「難過啊！難過！」，因為一個開悟者從來不重複任何事情。他總是以一種鮮活的方式回應新的情境。

現在，這是一個新的情境。當隱峰第一次來的時候，他不知道自己會說些什麼；現在當他第二次來的時候，他非常清楚知道自己要說什麼。這改變了整個情況。這個人來了，他知道希遷先前是如何回應他的，這個舊的回應方式不再適用了。而別人的答案無法成為你的答案。

所以馬祖給隱峰這個答案：「你再去一次。當希遷說：『難過啊，難過』……」——雖然馬祖清楚知道希遷不會這樣說！——「當希遷這樣說的時候，你就開始哭。」他還是給隱峰這樣一個答案。

但是任何由他人所提供的答案都是沒有用的，因為開悟者總是鮮活地回應每個片刻。所以當希遷再度被問道：「此性的宗旨是什麼？」時……

那個時候，希遷開始哭了起來。

現在他的意思是：「這太過分了！我之前已經感到難過了；而似乎這個難過一點也沒有影響到你。你居然還是問著同樣的問題！這讓我哭泣！」

再一次，可憐的隱峰無言以對的離開了，因為他被告知的答案是：「你要哭泣。」但是現在希遷已經在哭了，他能怎麼辦呢？

隱峰再一次無法應對而離開，回到馬祖那裡。馬祖說：「我已經告訴過你：石頭路滑。」

「你的竿子到哪裡去了？你滑了兩跤！你讓我丟臉！」——那是馬祖的意思——「當我的門徒，你滑了兩跤，而你沒有辦法回應。」

這讓我想起一個能夠讓你了解這種情況的小故事。

在日本有兩座廟彼此水火不相容。其中一個廟宇屬於神道，另外一個廟宇屬於禪宗。他們彼此爭吵、辯論了好幾世紀。兩邊都有師父，也都有年輕的男孩追隨者，因為兩邊的師父都已經年老了，他們都需要有人幫忙他們準備蔬菜還有烹煮食物。這些都是由年輕的男孩來進行。

兩邊的師父都跟他們的男孩說：「不要跟另外那一邊的男孩說話——永遠不要！我們好幾世紀以來都是敵人，我們沒有談話的交情。」

但是男孩子就是男孩子，因為兩邊都受到禁止，兩邊都很焦慮……所以有一天，當他們到市場上去購買蔬菜的時候，他們在路上碰到了。其中一個男孩——來自神道寺廟的男孩——問另外一個男孩：「你要去哪裡？」

禪宗的男孩說：「不論風把我帶到哪裡去。」他聽過他的師父談論各種事情，所以他也有了幾分禪意。他說：「不論風把我帶到哪裡去。」

神道的男孩被這個答案嚇了一跳。這是什麼答案啊？他原本想要交朋友，但是這個男孩看起來像是沒有任何興趣的樣子；他把他的話擋了回去。他們根本不可能繼續交談下去——因為他還能說什麼呢？對方說的是：「不論風把我帶到哪裡去……」

這個神道的男孩非常難過地回到他師父那裡，並且告訴他：「我很抱歉我沒有聽你的話。我只是對另外那邊的男孩感到好奇而已。我覺得孤單，我想他一定也覺得孤單。你們雙方的寺廟或許好幾世紀都是敵人，但是我們只是兩個男孩子，我以為我們可以當朋友。「但是你是對的；我不應該開口詢問他的。那些人確實是很危險的。我只是問那個男孩：『你要去哪裡？』他卻回答說：『不論風把我帶到哪裡去。』」

這個師父說：「我警告過你的。明天，你再去一次，站在同樣的地方，然後當那個男孩經過時，你再問他一次：『你要去哪裡？』如果他說：『不論風把我帶到哪裡去。』的話，你就問他：『如果風不吹的話，那……？』」

那個男孩去了。他站在同樣一個地方。禪宗的男孩經過時，他問他：「你要去哪裡？」

禪宗男孩說：「不論我的腳帶我去哪裡。」

現在，這個神道的男孩無法按照師父告訴他的答案問說：「如果風不吹的話……」那樣的回應會很荒謬。所以他更難過的回到他的師父那裡去，他說：「那些人很奇怪！那個男孩完全改變了他的方向！我問他同樣的問題，但是他回答：『不論我的腳帶我去哪裡。』」

師父說：「我警告過你的。結果你現在遭受到這種不必要的失敗，這也代表了我們這座寺廟的失敗。這不好。你再去一次！明天你站在同樣的地方，當那個男孩經過時，你問：『你要去哪裡？』然後當他說：『不論我的腳帶我去哪裡。』」時，你問他：『如果你殘廢了，那麼你還會去任何地方嗎？』」

所以那個男孩非常高興的再次離開，他又站在原來的地方，觀察著。當禪宗的男孩從廟裡出來的時候。他問說：「你要去哪裡？」同時他很高興自己知道要如何回應。

而那個男孩說：「我要去市場買一些蔬菜。」現在情況再一次變得完全不同。神道的男孩沒有辦法接著問「如果你殘廢的話……」，他也沒有辦法問「如果風不吹了……」，所以他回去了，他非常生氣地對他的師父說：「那些人真的很奇怪！甚至連那個男孩都很奇怪。」

師父說：「我之前告訴過你，但是你當時無法了解。」

這是一模一樣的故事。其中的意義在於每一個片刻是如此地嶄新，如此地鮮活，你無法重複任何事情。那個禪宗的男孩從他的師父以及師父和門徒之間的對話裡了解到這一點：你無法重複任何事情，因為情況永遠在改變。

所以你必須出於你的意識鮮活地回應每一個片刻——就像一面鏡子一樣。如果有一面鏡子在那裡，你看著鏡子，那麼你會看見自己的臉。如果是一隻猴子看著鏡子，那麼那隻猴子會看見他自己的臉。如果是一隻驢子看著鏡子，那麼那隻驢子會看見他自己的臉。鏡子的工作只是映照著，它沒有任何意見。你沒有辦法說那面鏡子是自相矛盾、前後不一的：有時候它呈現的是人的臉，有時候是猴子的臉，有時候又是驢子的臉，那是一面什麼樣的鏡子啊？它應該是前後一致的！禪不會和過去是一致的，但是它絕對和這個當下是一致的。禪的一致是一種截然不同的一致，它和世界上其他地方所發生的現象都截然不同。它是獨特的。

哲學家和他們過去的話語是一樣的。不論他們之前說過什麼話，他們的回答終其一生都是一樣的，但是這種一致性是死寂的。當他第一次說出那番話的那一天，它就死了。然後即使情況改變了，他還是持續不斷地重複同樣的話語。

禪的一致性不在於時間，而在於存在。它就只是觀看著存在，不論出現的是什麼就是什麼。那不是製造出來的反應。當那個男孩第一次說，「不論風要帶我去哪裡」時，那是他當下的回應。當然他下一次無法再重複這句話，因為另外那個男孩必然帶了事先準備好的反應而來，而這種事先準備好的反應不適用於禪宗的世界。

雖然他還只是一個男孩，但是他生活在一種禪的氣氛裡，他從中了解到一件事情：永遠不要重複，因為存在從不重複。你在世界上不會找到兩個同樣的人。你不會在一棵樹上找到兩片一模一樣的樹葉；你也不會找到兩朵完全一樣的玫瑰。存在從來不重複，它永遠是原創的；它不相信任何複製。

事先準備好的答案在禪的世界裡是不適用的。

所以你可以猜想禪師的每一次回應都是鮮活的。他永遠是年輕而鮮活的，而且他總是回應著當下的情況。他不會在意他記憶中過去的答案，他和那些記憶沒有任何關係。他總是對當下保持敞開，就像是一面鏡子一樣。

蕪村寫下：

我離去，
你留下——
兩季秋天。

這個俳句的意思是什麼呢？在日本秋天是很美的一個季節；因此秋天一次又一次的出現在各種俳句裡。因為那是一年裡最美的季節。蕪村是一個禪師，一個已經覺醒、開悟的禪師。當他說：「我離去，你留下」的時候，他是在對秋天說話。這個秋天正在消逝，而秋天的消逝是一件讓人難過的事。所以他對秋天說：「你留下，我會離去。我也是另外一個秋天；就像你是那麼地美好、燦爛，我也和你一樣。與其是你離去，我可以走，而你留下來。」

這其中顯示了莫大的慈悲：「當我準備好替代你而走的時候，你為什麼要離開呢？人們喜愛你，人們享受你。人們在秋天來臨的時候舞蹈。不要打擾他們的享受。就離開而言，我已經準備要走了。」

我離去，
你留下——
兩季秋天。

「你是一季秋天，我也是一季秋天。你已經綻放，我也已經綻放。所以這其中沒有任何問題，我可以替代你。而你留下來。」

那就像是你在跟一朵即將從枝上凋謝消失的玫瑰說話一樣。你感受到一種對玫瑰的無比慈悲，然後你說：「不要離去。我可以走；你留下來。人們是如此地喜愛你。當你在風中、在雨中、在陽光下舞蹈時，人們是如此的歡欣。每個人都喜愛你。而我的時間已經到了。我已經綻放了，我已經來到我最終的高峰。我再也沒有什麼地方要去了。我已經來到路的盡頭。我可以走；你留下。」

只有禪師會有這樣的對話，因為他感受到自己和自然是同調的。不論那是春天、夏天、秋天還是冬天，那並不重要。他感受到自己和這個宇宙是同調的。而他會希望那些美好的事物能夠留下來，讓人們繼續享受。他已經準備好要離開，要消失進入存在的遼闊海洋裡。這是極為了不起的徘句。

我離去，
你留下——
兩季秋天。

正如你有著美好的氣氛，我的內在也有著同樣的部分。我的秋天已經來到了。所以我可以離去。而你不需要走。人們是如此地喜愛你。

最後一個問題。

問題　在尼采《拂曉》(*Daybreak*)這本書裡，他寫著：

「在成為海洋之流裡的時候，我們這些冒險者與候鳥，清醒於一個不比船大的島嶼。我們盡可能清晰地望向四周，看看還有多久，風會把我們吹走，海浪會把我們沖走；不留下任何一物。」

「我們生活在一個探測與求知的不安時刻裡。我們喜悅地拍著翅膀，彼此啁啾著；我們勇敢地冒險越過海洋，帶著不亞於海洋的驕傲。」

尼采對於生命的歡欣、勇氣與愛這種三位一體的贊頌，難道不比基督教和印度教神祇裡的三位一體要來得更偉大嗎？而且尼采的神智不清難道不比基督教那些所謂的神智清醒的人更為有意義嗎？後者是寧死也不願意放下自己的幻想。

尼采是一個偉大的詩人，也是一個非常獨特的詩人。他用散文體來寫詩——那是非常罕見的。他從來沒有寫過韻律詩，但是他所有的散文都是純粹的詩。他的每一句語句都是詩意的，都帶著某種象徵寓意的。他所說的話語是如此的美，即使他從來不曾超越過頭腦。

就像希遷曾經對那個提出問題的和尚說：「難過啊！難過！」我也想要對尼采說：「難過啊！難過！」這個人應該要成為一個佛的。但是只因為他誕生在西方，所以他沒有辦法找到脫離頭腦的方式。

你說的沒錯，基督教和印度教的三位一體無法跟尼采「歡欣、勇氣與愛」的三位一體比。而這個「歡欣、勇氣與愛」也是我一直在教導你的。

基督教的三位一體只是一種虛構，神、聖靈、還有那個聖子耶穌基督全都是虛構的。耶穌基督有百分之九十九是虛構的，只有百分之一是事實。在基督教的三位一體中，只有耶穌基督這個人類有著百分之一的真實性。但是所有那些奇蹟都是捏造出來的。他行走在水上的事情是胡扯的；他讓死人復活是荒謬的；他的處女誕生、無瑕受孕則是不合邏輯、不科學化的；他的復活是一種偽裝和欺騙。他根本沒有死在十字架上，所以當然也沒有復活的問題。他只是從洞穴裡逃離了；那是羅馬總督彼拉多和耶穌追隨者之間的一場陰謀。彼拉多自己覺得把耶穌送上十字架是不對的，他不想把耶穌送上十字架。但當時他是無能為力的。

猶太人的傳統是，在每個猶太慶典時，那些被判處死刑的罪犯會被吊死在十字架上，而猶太教的法學專家，特別是耶路撒冷猶太大教堂的主教，有權力釋放某一個罪犯來表達他的慈悲。

當時有三個人即將被送上十字架。其中有兩個是殺人犯。而兩個殺人犯中的其中一個罪犯巴拉巴更是一個罪大惡極的人，他曾經殺了七個人，並且犯下強暴以及其他種種罪行，他是一個酒鬼，他非常的身強力壯。另外一個人也是罪犯。彼拉多原本希望猶太人會要求釋放耶穌。他是完全無罪的；他沒有犯過任何罪行，他也沒有做過任何非法的事情。他是完全無辜的。

但是那些猶太人對耶穌感到非常的憤怒，因為耶穌宣稱他自己是神的兒子。而猶太人不相信神有任何家人，因為一旦神有了家人，那會是沒完沒了的。神會有兄弟，神會有姊妹，神會有各種姻親和親戚。然後神還會有妻子、有父親和祖父，而且誰知道這些祖先要追溯到哪裡為止？神會變成一個大家族。甚至連遙遠的表親、堂親也會自稱是神聖的。猶太人不接受任何一種三位一體的說法，神是單獨的；他沒有兒子也沒有聖靈。所以猶太人非常憤怒這個人宣布自己是神唯一的兒子。

為什麼是唯一的呢？神發生了什麼事嗎？他變無能了嗎？他難道不能像印度教徒一樣的多產嗎？在印度一打孩子是極為普遍的事情，兩打孩子才算是某種成就。神只有一個兒子，他甚至無法有個女兒來跟這個兒子一起玩耍嗎？這完全違反了猶太人的頭腦；所以他們沒有要求要原諒耶穌。彼拉多不是猶太人，所以他無法了解問題到底出在哪裡。他是一個羅馬異教徒，他不相信任何神。所以問題到底在哪裡？神不存在，所以就算這個人有點怪異，認為自己是神的兒子，那也不會造成什麼真正的傷害。這個無傷的人所說的話只顯示了他有點神智不清、怪異和瘋狂罷了！但是你不會把一個瘋子送上十字架。你會把這些瘋子當成一種娛樂，而不會把他們送上十字架。這個傢伙有點愚蠢；你可以把他當成一項娛樂，但是他是無辜的。你可以嘲笑他，但是把他釘死在十字架上不是一種公平正義的事情。

所以彼拉多等待著，但是猶太人沒有要求釋放耶穌；相反的他們全都高喊著，所有的猶太傳教士——而那個猶太教堂裡至少有兩千個猶太傳教士。那是猶太教曾經被摧毀過的教會裡最大的一個教會。而那個教會裡的大主教幾乎就像是國王一樣——所有傳教士都一致高喊著：「我們要求釋放巴拉巴。」

巴拉巴自己都沒有辦法相信。他原本也認為應該是這個年輕的傢伙被釋放，因為他才三十三歲……而且他聽過這個人的演講，他總是在轉角處演講。他騎著他的驢子在耶穌撒冷到處走，每當他能夠召集到一些聽眾時，他就會開始演講。他是個街頭訓話人——所以巴拉巴偶爾會聽到他的演講，而他喜歡這個人。他是個好人，總是說一些好聽的話語。當然他也希望自己被釋放，但是當他聽到猶太人要求釋放他的時候，他自己都沒有辦法相信。他被嚇到了，當他被帶離十字架的時候，他仍然沒有辦法相信那是真的。當他走向某個酒館時，他還一次、一次又一次的往回看。然後在七天之內，他又殺了另外一個人。

所以彼拉多是刻意這麼做的，那個安置耶穌的洞穴是由羅馬人所看守的。當時猶太人無法做任何事情，因為那天是他們的安息日，安息日是一個猶太人不能做任何事情的日子。耶穌被送上十字架的事情發生在星期五，那是經過刻意安排的。所以這整個功勞是屬於彼拉多的，不是神或什麼復活。他們刻意把刑罰安排在星期五——因為星期六是猶太人的安息日；他們在那一天裡不能做任何事情，所有一切都必須停止——當時這個把犯人送上十字架的處罰被拖延得很晚，因為除非彼拉多到達，否則他們不能開始進行刑罰。而彼拉多刻意到得很晚，所以刑罰是在中午十二點之後才開始的。猶太人的這種刑罰，如果是一個健康的人被吊在十字架上的話，四十八小時才會死亡——那是一種非常緩慢的過程，一種緩慢的折磨。血液開始從手和腿上緩慢的流出來，因為他們只用四根釘子，兩根釘在手上，兩根釘在腿上。所以一個人要花四十八小時才會在十字架上真的死亡，而且因為血液流得很慢，還會不時的凝結；所以需要有人把凝結的血液剝除，新的血液才會再次流出來。那個刑罰至少需要花上四十八個小時，但是耶穌在十字架上只待了六個小時——從十二點到六點。當太陽落下時，他就從十字架上被帶下來，鎖到洞穴裡了，因為星期六是不能做任何事情的。所有一切活動都必須停止；甚至連釘上十字架的這種刑罰也必須停止。一個三十三歲的年輕人是不會在六小時裡死亡的，這是科學上的事實。而且當時沒有猶太人願意去看守那個洞穴，因為那違反了他們的宗教；即使看守也是一種工作，一種職責。所以看守洞穴的是一個羅馬人——而這實在是再好不過了。所以耶穌的跟隨者搬開了洞穴口的石頭，帶走了耶穌的身體。他還活著，只是受了傷而已——他們帶他離開猶太地區這個小地方，把他藏了幾天直到他痊癒。然後他們建議他不要再回到猶太地區：「他們明年還是會把你送上十字架的，他們不會放過你的。」所以他到了印度。

耶穌曾經到過印度——那就是為什麼他知道印度這個國家—在他十三歲到三十歲的這段時間。《聖經》上從來沒有說過耶穌那十七年裡發生過什麼事情，或是他人在那裡。他當時是在印度的那爛陀(Nalanda)、塔克西拉(Takshsila)、拉達克(Ladakh)學習著，或許還有西藏。

當時佛陀才剛過世五百年；他的芬芳仍然還在。那爛陀、塔克西拉有兩座大學，那是世界上最古老的大學，那裡絕大部分的教導都是靜心，因為佛陀的整個教導就是靜心。所以耶穌在那裡學習著東方的方法。這少掉的十七年從來沒有被記錄在基督教的《聖經》上。但是在那爛陀一座佛教僧院裡記載著耶穌第二次的到訪。

一百五十年前，有一個蘇俄探險家在那爛陀的一座佛教僧院裡見過關於耶穌清楚的記錄：他到訪過這個僧院，他待了三到四個月，他是一個猶太人，他來自耶路撒冷，他曾經被吊上十字架，然後在六個小時之後逃離……那裡記載了所有一切。這個蘇俄人後來寫了一本書，你還可以找到這本書，書上寫著這整個過程。但是當基督徒知道這件事情——當時印度正處在英國的統治之下——他們摧毀了那爛陀那座僧院裡記載耶穌事蹟的那幾頁。少的剛好就是那兩頁。而你知道少的是哪兩頁，因為所有的頁面都標記著頁碼，而那個蘇俄人的書裡正好提到了記載耶穌事情的頁面，就是缺少的那二頁。大英帝國摧毀了那兩頁記錄，以確保沒有人能夠證明耶穌曾經到過印度、那爛陀或西藏。

但是在喀什米爾接近帕哈岡(Pahalgam)的地方有一座墳墓……而且非常巧合的是那裡也有一座摩西的墳墓，它剛好就在耶穌的墳墓旁邊。兩個人都來到了印度。摩西是在他年老之後，為了尋找猶太人迷失的那一群族人而來到印度的，他後來到喀什米爾之後就在那裡安頓了下來。因為他年紀太大以至於無法回到耶路撒冷，而喀什米爾看起來真的就像是神的土地一樣，它是那麼地美。全世界沒有其他地方能夠跟喀什米爾相比了。摩西後來在那裡過世。耶穌也來到這裡，而且待了相當長的一段時間……他一直活到一百一十二歲。所有這一切都寫在他的墳墓上。那兩座墳墓是猶太人在印度的唯一兩座墳墓，因為在印度沒有其他猶太人。而墓碑上的碑文是希伯來文。在印度沒有人看得懂希伯來文，在印度只有回教徒才會有墳墓；印度人會直接火化身體。而回教徒的墳墓總是朝著麥加的卡巴聖殿（Kaaba）；他們的頭必須朝向卡巴聖殿。即使過世，他們也不可以用腳對著卡巴聖殿；那會是一種侮辱。所以所有回教徒的墳墓總是頭朝著卡巴聖殿。只有這兩座墳墓不是如此，因為他們不是回教徒的墳墓。在印度所有的墳墓裡——我曾經看過許多的墳墓——只有這兩座不是朝向卡巴聖殿，因為除了他們以外再也沒有其他的猶太人了。

而所有其他曾經在印度安頓下來的猶太人都被強迫成為回教徒。當回教統治者來到印度時，他們把所有的猶太人轉變成回教徒。只有一個猶太家庭被留下來照顧那兩座墳墓，只因為他們對摩西和耶穌的敬重。所以那個家庭一代又一代地延續著傳統，照顧著那兩座墳墓。

那附近的村落叫做帕哈岡；在喀什米爾語裡它的意思是牧羊人。耶穌曾經自稱是牧羊人，把人類稱為綿羊。所以帕哈岡的名字是說得通的；那是一個牧羊人的村落。而那兩座墳墓就在帕哈岡的外圍地區。

耶穌從來不曾在十字架上過世，也從來不曾復活過。所有這些都只是由基督教所虛構的。耶穌那個時代的文獻甚至沒有提過他的名字。你沒有辦法相信這一點——因為如果有一個人能夠在水面上行走，能夠用雙手接觸治療人們，讓盲眼的人開始看到東西，讓耳聾的人能夠聽到聲音，讓死人復生，你認為那整個國家的人不會大肆談論這些事情嗎？所有的文獻、所有的報紙都會提到這個人的。這種人不可能被忽略的。但是當時的文獻甚至沒有提過耶穌的名字。

所以在所謂的三位一體中只有其中的百分之一是事實，那就是木匠的兒子耶穌基督這一點。而印度教的三位一體甚至連這百分之一的真實性都沒有。它是完全虛構的東西。一個擁有三個頭的人——那只會是不斷的困擾和麻煩而已！其中一個頭想要往這一邊，另外一個頭想走到那邊，第三個頭想要去另外一邊，除非他們全都同意，否則他們哪裡都去不了。而這三個頭都各自有妻子……我實在無法理解，因為他們只有一個身體，所以也只有一個性器官，但是三個頭各有自己的妻子？他們是怎麼辦到的？

這是絕對的神話故事，一種醜陋而下流的神話。當我這樣說的時候，有些人會覺得他們的宗教情感受到傷害——但是我能怎麼辦呢？是你自己的那些宗教經典傷害了你的宗教情感。你可以上法院去反對那些宗教經典——他們全都應該被摧毀才對。

尼采的三位一體是美好的：對於生命的歡欣、勇氣與愛。這也可以說是每一個追求者的標誌：對於生命的歡欣、勇氣與愛。

在如此嚴肅的討論之後，一些笑聲是絕對必要的。

瑪芬一直受到神經緊張的困擾。所以在經過一段長期的酗酒和憂鬱之後，他終於決定去看精神科醫生。

那個醫生問瑪芬幾個問題之後開始了解他大致的狀況。

醫生說：「瑪芬先生，你的問題大了。你和某個恐怖、邪惡的東西生活在一起——那個東西從早到晚都糾纏、佔據著你。你需要找出那是什麼，然後摧毀它！」

瑪芬非常小聲而緊張地說：「噓。不要這麼大聲——她就坐在外面等著我。」

由於教士性醜聞的影響，天主教教會的成員變得越來越少。而所謂傳教士的禁慾已經變成是一種大笑話。

所以波蘭教宗找來了他的媒體祕書，要他製造一些宣傳活動來掩蓋這些醜聞。

祕書說：「教宗陛下，就這個部分我已經進行過相當的思考。我認為我們需要改變我們穿著的方式。現在，人們看到我們時，他們只看到一堆惡習！」

教宗說：「沒錯，你或許是對的。所以我們該怎麼辦呢？」

媒體祕書說：「簡單，我認為我們應該將我們的形象做個徹底的改變。我們將用一個穿著比基尼的修女海報來貼滿這整個城市。」

波蘭教宗說：「什麼？一個穿著比基尼的修女？這要如何鼓吹世人禁慾呢？」

祕書解釋著：「關於這一點，這張海報的模特兒會長得跟泰瑞莎修女(Teresa)一樣。」

現在來到靜心：

安靜下來。閉上你的眼睛，感覺你的身體全然地凍結住。

這是你回到內在的好時機。帶著你全部的能量，你全然的意識，衝向你內在的中心——帶著一種迫切性，就好像這個片刻是你生命裡的最後一刻。除非帶著這樣一種迫切性，否則沒有人能夠到達自己的中心。

越來越深……這全都仰賴於你的強度，遠的不是距離。

當你開始越來越接近你的中心時，一種偉大的寧靜會降臨到你身上，就像一陣細雨一樣。你可以感受到它的清涼。

再靠近一點，你會開始被一種莫大的平靜所環繞，神祕家把它稱為超越理解的平靜。

只要再一步，你就到了那個中心。

突然間你覺得自己沉醉在神性裡。一種無比的喜悅從你的內在升起；你變得光亮，所有的黑暗消失了。你再也不存在了，突然間你領悟了你最初始的臉孔。

在東方，我們把佛的臉孔當成是每個人最初始的臉孔。他只是一個象徵。而你現在正在和這個佛會面，這不是一種外在的會面，而是來自於他內在深處的根源。你已經變成了他的心。

只要記得一件事情，那就是觀照。佛的存在就是由觀照所構成。你可以稱呼它為覺知，你可以稱呼它為觀照，你可以稱呼它為全然的意識，或是按照佛陀的說法把它稱為sammasat——正確的記憶，但是觀照是其中最重要的一個字眼。

只要成為一份觀照，觀照你不是這個身體。觀照你不是這個頭腦。還有最後觀照你只是一份觀照，除此之外，你什麼都不是。

在這個片刻裡，你進入了你中心裡最奧祕的部分。

這讓你開始了一個漫長的朝聖之旅，那就是消失進入這個宇宙裡。這是通往宇宙的大門。我們和這個整體是一體的。

只要不斷的觀照，而每件事情都會變得越來越深，越來越深……

為了讓這份觀照變得更清楚……

放鬆。放下。但是持續的觀照。

當你的觀照變得越來越清晰時，你會開始像冰塊消失在海洋裡一樣地溶解在這個意識裡，在這個宇宙性的意識裡、永恆的意識裡、不朽的意識裡、這個超越了生與死的意識裡。

這是你最真實的存在。

消失的只是人格的部分。現在，只有那個最本質、最實存、經驗性的部分被留下來。而這個實存的意識不只是你的，它也屬於這整個宇宙。你就只是一顆從蓮花葉片上掉落到海洋裡的露珠。

在其中歡欣著。

你是這個世界上最幸運的人。這個片刻裡，當所有人都只關心那些枝微末節時，你在探索著最莊嚴、最輝煌的經驗；你所進入的是那個最具神性、最神聖的空間。

集合所有這些經驗——這份喜悅、這份觀照，這份寧靜……就是這個。抓住它，還有說服那個佛和你一起回來。

他是你的本性，他是你的法，他是你最終極的奧祕。

把他帶在你身邊。

開悟有三個步驟：首先，佛會以一種存在感的方式來到你的後面。你會感受到他，他會圍繞著你，他是一種能量場；他會改變你的整個行為，他會給予你的人生一種新的方向感。他會給予你一種新的道德，一種屬於你自己自發性的存在。他會給予你對生命的熱愛，一種你不知道的歡欣，還有勇氣。當你知道你是永恆的那一刻，所有的弱點都消失了，所有的自卑感也消失了。

在第二步的時候，佛會來到你的前面——你變成一道影子。第三步，你的這道影子將逐漸消失。你不在了，只剩下佛存在。他是你的永恆，他是你的真實，他是你的美，他是你的神性。

現在……回來，但是帶著那同樣的優雅，同樣的寧靜，同樣的平靜回來。靜靜的坐著一會兒，只要記得你內在所經歷過的那個道路。它是一個金色的道路。你所到達的中心不只是你自己的中心，它也是整個存在的中心。

我們全都會合在這個中心裡。那些鳥兒、樹木、河川、山巒，所有一切都會合在這個中心裡。在外圍，我們是不同的，但是在中心，我們是一體的。

知道這份一體性就是開悟。

原文書名：*The God Conspiracy*, by OSHO

奧修靈性智慧 4

神(新版) *THE GOD CONSPIRACY*

作　　者　奧修 OSHO
譯　　者　莎薇塔 Sevita
編輯顧問　舞鶴
責任編輯　林秀梅

版　　權　吳玲緯
行　　銷　巫維珍　蘇莞婷　何維民
業　　務　李再星　陳紫晴　陳美燕　葉晉源
副總編輯　林秀梅
編輯總監　劉麗真
總 經 理　陳逸瑛
發 行 人　凃玉雲
出　　版　麥田出版
城邦文化事業股份有限公司
104台北市民生東路二段141號5樓
電話：(886)2-2500-7696　傳真：(886)2-2500-1967
發　　行　英屬蓋曼群島商家庭傳媒股份有限公司城邦分公司
104台北市民生東路二段141號11樓
書虫客服服務專線：(886)2-2500-7718、2500-7719
24小時傳真服務：(886)2-2500-1990、2500-1991
服務時間：週一至週五09:30-12:00・13:30-17:00
郵撥帳號：19863813　戶名：書虫股份有限公司
讀者服務信箱E-mail：service@readingclub.com.tw
麥田部落格：http://ryefield.pixnet.net/blog
麥田出版Facebook：https://www.facebook.com/RyeField.Cite/
香港發行所　城邦(香港)出版集團有限公司
香港灣仔駱克道193號東超商業中心1/F
電話：852-2508 6231
傳真：852-2578 9337
馬新發行所　城邦(馬新)出版集團〔Cite (M) Sdn Bhd.〕
41-3, Jalan Radin Anum, Bandar Baru Sri Petaling,
57000 Kuala Lumpur, Malaysia.
電話: (603) 9056 3833
傳真: (603) 9057 6622
E-mail：services@cite.my

設　　計　黃瑪琍
印　　刷　沐春行銷創意有限公司

2011年5月1日初版一刷
2020年10月29日二版一刷
定價／450元
ISBN：978-986-344-829-7

國家圖書館出版品預行編目資料

神：從迷信到超意識之路 / 奧修(OSHO)作；Sevita譯. --
二版. -- 臺北市：麥田出版：家庭傳媒城邦分公司發行,
2020.11
面；　公分. --(奧修靈性智慧；4)
譯自：God conspiracy : the path from superstition to
superconsciousness
ISBN 978 - 986 - 344 - 829 - 7(平裝)
1. 靈修　2. 神
192.1　　109014171